中国基金会发展独立研究报告（2016）

CHINESE FOUNDATION SECTOR INDEPENDENT DEVELOPMENT REPORT (2016)

基金会中心网　主编

北京联合出版公司
Beijing United Publishing Co.,Ltd.

图书在版编目（CIP）数据

中国基金会发展独立研究报告 . 2016 / 基金会中心网主编 . -- 北京 : 北京联合出版公司 , 2016.7

ISBN 978-7-5502-8086-1

Ⅰ . ①中… Ⅱ . ①基… Ⅲ . ①基金会—发展—研究报告—中国— 2016 Ⅳ . ① D632.1

中国版本图书馆 CIP 数据核字 (2016) 第 142041 号

中国基金会发展独立研究报告 (2016)

主　　编：基金会中心网
选题策划：上善益道
项目统筹：田秀丽
责任编辑：李　征
封面设计：曹　佳

北京联合出版公司出版
（北京市西城区德外大街 83 号楼 9 层 100088）
北京美精达印刷有限公司　新华书店经销
字数 268 千字　165 毫米 ×240 毫米　1/16　印张 17.5
2016 年 7 月第 1 版　2016 年 7 月第 1 次印刷
ISBN 978-7-5502-8086-1
定价：98.00 元

感谢敦和慈善基金会对本书的资助

《中国基金会发展独立研究报告（2016）》编辑委员会

基金会中心网介绍

基金会中心网由国内35家知名基金会联合发起，于2010年7月8日正式成立。基金会中心网的使命是建立基金会行业信息披露平台，提供行业发展所需的能力建设服务，促进行业自律机制形成和公信力提升，培育良性、透明的公益文化。

在过去的五年里，基金会中心网与国内外的诸多知名基金会建立了良好的合作关系，包括美国盖茨基金会、福特基金会、亚洲基金会、洛克菲勒基金会、德国宝马BMW基金会、粮惠世界、墨卡托基金会、日本基金会、丰田基金会、美国基金会中心、欧洲基金会中心等等；同时也与国内外的一些知名大学建立了良好关系，包括哈佛大学、斯坦福大学、印第安纳大学、清华大学、北京大学、北京师范大学、浙江大学等等。2012年参与在北师大珠海分校设立了国内第一个慈善教学的本科层次的建立，已为国内的慈善组织培养了3期慈善专业的本科学生，广受业界好评和欢迎。几年来，基金会中心网的国际影响力也不断提升，目前基金会中心网已经成为"全球资助者协会"的理事，这个协会是国际著名的慈善团体组织，在全球享有较高的美誉度和知名度；基金会中心网还参与了《国际慈善数据宪章》的起草和制定，发出了中国慈善组织应有的声音。

几年来，基金会中心网秉承使命，已经基本成为国内最具影响力的信息披露平台，在倡导慈善数据的应用方面发挥了一定作用，推出了基金会透明标准中基透明指数FTI，有效地推动了基金会行业整体的透明度发展；建立良好的公共关系体系，推动社会文明进步；建立国内国际慈善交流合作机制，提升国际化视野；充分发挥倡导性平台作用，推进基金会组织专业化发展。

摘要

基金会中心网长期以来致力于打造基金会行业信息披露平台，提供行业发展所需的能力建设服务，促进行业自律机制形成和公信力提升，培育良性、透明的公益文化。由基金会中心网主编的基金会绿皮书自2010年起着手从行业发展角度、以数据分析为主要手段，展示本年度中国基金会的发展概况，是行业中独树一帜的以数据为核心的重要分析报告。

2015年是中国基金会发展迅猛的一年，基金会数量增长迅速。2015年也是相关管理体制逐步完善的重要一年，其中影响最深远的莫过于新《慈善法》以及《境外非政府组织管理法》的拟定。随着新《慈善法》的出台，我国基金会事业迎来前所未有的发展机遇。简要来说，本书分为以下三个部分：第一部分：基金会基本数据；第二部分：专家观点；第三部分：核心案例分析。

第一部分基金会基本数据将通过数据呈现、趋势分析等方法系统展示2015年基金会发展概况。具体来说，将从基金会数量、地域分布、资产规模、公众捐助与政府补助、基金会支出等方面系统回顾2015年我国基金会的发展趋势。在此基础上，本章还将通过历史趋势分析总结当前基金会发展面临的挑战。

在往年《中国基金会发展独立研究报告》的基础上，本书通过深度数据挖掘，特别分析了市县级基金会和中小型基金会的特征及其对2014年以后基金会整体发展的影响。所以第一部分将详细对这两类型基金会的历年数据进行挖掘及分析，是以往绿皮书没有达到的深度。不仅如此，本部分还对市县级基金会和中小型基金会的数据进行总结，发现了六个发展瓶颈，并对此进行深入探讨，针对瓶颈也提出了政策建议。这也是本年度绿皮书的亮点之一。

第二部分专家观点分为三章，前两章为清华大学公益慈善研究院院长王名教授的两篇对本年中国慈善事业的重要总结。第一章题为《方兴未艾的中国公益慈善：发展、改革与趋势》，根据王名院长在十二届全国人大常委会第十六次会议闭幕会后作专题讲座内容整理所得。第二章题为《新慈善法的立法及解读》，围绕《慈善法（草案）》制定全过程的访谈整理，从不同角度梳理了慈善法的立法过程的重要事件，揭示了立法过程的复杂性以及法制对于公益慈善的重要性。除此以外，第六章梳理了基金会支持智库发展的现状，这是首次专文关注基金会和智库的交集。本章研究了2012–2014年基金会资助智库的基本情况、政策领域和智库类型，数据分析表明，近年来基金会对智库的资助呈现出增长的趋势，并涌现出一批著名的智库型基金会。但是总体资助规模依然偏小，对民间智库的支持不足。

第三部分根据去年全年的基金会发展趋势列举了七个最就有代表性的案例进行详细分析和梳理。

1、敦和基金会2014年的公益支出远超其原始注册资本金，并且于2015年在公益行业投入亿元，在巨大的资助金额背后，体现出他们的资产保值增值意识和卓越的资产管理能力。

2、中国的家族基金会处于发展初期，老牛基金会利用家族财富实现了代际传承，成为家族基金会的学习典范。

3、爱佑基金会的创新性商业运作模式和社会投资机制，形成一套独特的慈善方法论，为中国公益慈善领域提供可借鉴范本。

4、银杏计划独特的资助模式在资助公益人才领域独树一帜，直接投资于人的模式突破了传统慈善模式，对公益基金会具有变革性的影响。

5、腾讯基金会推出的“99公益日”不仅掀起全民参与公益的浪潮，更在三天内平台接受的捐款超过亿元，为互联网公益的发展提供了参考样本。

6、随着基金会行业的发展，中国基金会的国际参与意识逐渐加强。在过去十年的尝试中，以中国扶贫基金会、中国和平发展基金会为代表的几家基金会所发起的优秀海外项目，获得了国际认可。

综上所述，2016年绿皮书以更加深入的数据分析，结合业内专家的观点以及丰富的案例，为基金会从业者提供一个更加丰富、更具深度、更加新颖的思考视角。

Abstract

China Foundation Center has been a thriving platform of information disclosure for China's foundation industry in the past years. It offers capacity building for the development of Chinese foundations, fosters self-discipline and public credibility for foundations, and promotes positive and transparent charity culture in China. Since the year of 2010, the Green Books of Foundation, published by China Foundation Center, have presented from a holistic perspective the yearly development of Chinese foundations with data analysis. The data-centered yearbooks provide important and unique analysis for China's foundation industry.

The year of 2015 is a crucial year for the development of Chinese foundations, with the number of foundations growing fast. It is of equal significance in 2015 that the legal and regulatory framework related to Chinese foundations has been set out, in which the Law on Charity (Draft) and Law on Foreign Non-Government Organizations Management (Draft) are the most important ones. With the new law and regulation announced, unprecedented opportunities for Chinese foundations have turned up. This book consists of three parts. The first part displays basic information about Chinese foundations. Expert opinions are presented in the second part and the third part provides key case studies.

The first part of this book will focus on data mining to draw a general picture of Chinese foundations in 2015. More specifically, this part will focus on the number, geography, assets, fundraising/government grants and expenditure of Chinese foundations in 2015. The challenges Chinese foundations face will be presented as well, based on a globally comparative approach and analysis of historical trends.

A major change in this yearbook is the introduction of deep data mining, especially on the features of municipally-registered foundations (MRFs) and small and medium-sized foundations (SMFs), as well as their impact on the development of Chinese foundations since 2014. The yearly data of these two types of foundations, therefore, are the center of analysis in the first part, which has never been achieved in the previous yearbooks. Moreover, six development bottlenecks for MRFs and SMFs are discovered, and solutions are recommended in the first part, which is another major contribution of this yearbook.

The second part is divided into three chapters. The first one is Professor Wang Ming's general review on China's charity cause, while the second one is his comments on the legislation of the new Law on Charity (Draft). Chapter Six focuses on the support from Chinese foundations for the development of Chinese think tanks. It is for the first time that the relationship between foundations and think tanks in China is revealed. It analyzes the basic facts, research areas and types of think tanks that are be funded by Chinese foundations from 2010 to 2014. Data analysis suggests that funding to think tanks from foundations is rising in recent years, which contributes to the emergence of foundation-think tank hybrid. However, the funding scale is still small, especially for non-government think tanks.

The third part of the yearbook provides analysis of seven case studies as examples of the development of Chinese foundations in the last year.

1. Dunhe Foundation's public welfare expense in 2014 exceeded its original capital. The foundation planned further to invest 100 million RMB in public welfare in 2015. The investment was possible because of the foundation's excellent asset management and financial skills.
2. Family foundations is still at an early stage of development in China. The second

generation has successfully taken over the management of Laoniu Foundation as part of property inheritance of the family. It is a role model for all the family foundations in China.

3. Aiyou Foundation has a creative business model and social investment plan. It has developed a unique charity methodology. It provides a role model for the charity industry in China.
4. The Yinxing Plan has a breakthrough, transformational model of subsidizing public welfare talents, which, different from traditional foundations, directly invests into individuals.
5. The "99 Public Welfare Day" promoted by Tencent Foundation has not only ignited public participation in public welfare, but also collected more than 100 million RMB donation through the platform in three days, which set a good example for online charity in China.
6. As the foundation industry evolves, Chinese foundations become gradually aware of the importance of international participation. Foundations such as China Foundation for Poverty Alleviation and China Foundation for Peace and Development have started their overseas charity programs, which are well recognized by the international community.

To summarize, the 2016 Green Book offers a richer, deeper and fresher perspective of the development of Chinese foundations, with better data analysis, expert opinions and case studies.

目　录

第一部分：基金会基本数据

第二部分：专家观点

第三部分：案例分析

附 录

第一部分：基金会基本数据

Part 1: Basic Data of The Foundation

摘　要：

基金会绿皮书从2010年开始着手于站在行业发展的角度，以数据为主要形式，展示本年度中国基金会的发展概况。所以本文的第一部分将通过数据呈现、趋势分析等方法系统展示2015年基金会发展概况。其次，本次数据挖掘中发现了市县级基金会和中小型基金会在2014年以后对基金会整体发展中产生了重要的影响，所以第二部分将详细对这两类型基金会的往年数据进行梳理以及分析。

Abstract：

Since the year of 2010 the Green Books of Foundation have presented the yearly development of Chinese foundations with data analysis from a holistic perspective. Accordingly, the first part of this book will focus on data mining to draw a general picture of Chinese foundations in 2015. Having data analyzed, we notice the rise of two types of foundations in the industry, that is, municipally-registered foundations (MRFs) and small and medium-sized foundations (SMFs). The second part of this book will assess further the data of these two types from previous years.

第一章
2015年度基金会发展概况

摘　要：

2015年是中国基金会发展迅猛的一年，基金会数量增长迅速。2015年也是相关管理体制逐步完善的重要一年，其中影响最深远的莫过于慈善法以及境外非政府组织管理法的拟定。随着新慈善法（草案）的出台，我国基金会事业迎来前所未有的发展机遇。本章将从基金会数量、地域分布、资产规模、公众捐助与政府补助情况、基金会支出情况等方面系统回顾2015年我国基金会的发展趋势。在此基础上，本章还将通过国际比较及历史趋势分析总结当前基金会发展面临的挑战。

关键词：

慈善法　数量增长　资产规模　人力资本　项目分析

Abstract:

The year of 2015 is a crucial year for the development of Chinese foundations, with the number of foundations growing fast. It is of equal significance in 2015 that the legal and regulatory framework related to Chinese foundations has been set out, in which the Law on Charity (Draft) and Law on Foreign Non-Government Organizations Management (Draft) are the most important ones. With the new law and regulation announced, unprecedented opportunities for Chinese foundations have turned up. This chapter will focus on the number, geography, assets, fundraising/government grants and expenditure of Chinese foundations in 2015. The challenges Chinese foundations face will be presented as well, based on a globally comparative approach and analysis of historical trends.

Key Words:

Law on Charity, Growing Numbers, Asset, Human Capital, Project Analysis

一　基金会数量增速强劲，非公募为主要增长点

1. 基金会总数与新增基金会再创新高

过去的一年，中国基金会的数量再创历史新高。截至2015年底，全国累计注册基金会4871家，其中公募基金会1547家，占总数的32%，非公募基金会3267家，占总数的68%。图–1回顾了10年内中国基金会数据，很明显的看到2004年《基金会管理条例》颁布之后，非公募基金会数量有着最大程度的变化。2010年非公募基金会数量首次超过公募基金会，2015年非公募基金会在全国的占比达到2006年的2倍多（2006年非公募基金会在全国的占比仅有33%，2015年已达到68%）。

2015年基金会新增数量也创新高。2015年新成立基金会633家，超过2014年新增的605家以及2013年新增的584家。除此以外，过去十年基金会总量翻了3倍，保持了年15%左右的高速增长，甚至有5年的增速达到20%以上。未来的一段时间内可以乐观的预期，中国的基金会仍将以较快的速度发展。

图1　历年基金会数量，2006–2015年

资料来源：基金会中心网，截止日期：2015年12月31日

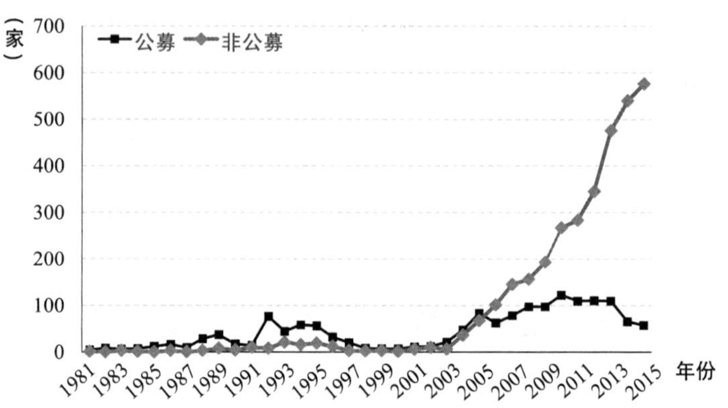

图2 历年新成立基金会数量，1981-2015年

资料来源：基金会中心网，截止日期：2015年12月31日

2. 基金会数量增长分析

数据上得知，2015年新成立的基金会有633家，大约平均每天就有1.7家基金会成立，增速迅猛。新成立的基金会中：公募基金会有57家，占新成立总数的9%；非公募基金会增长了576家，占总数的91%。公募和非公募基金会增长相差明显，所以下文将着重分析基金会数量增长的数据，寻找增长背后的驱动力。

上文已经指出了按照基金会类型来分别计算，非公募基金会增长占中国基金会总量的主要部分。十年内最大的增长拐点非2004年《基金会管理条例》莫属，该条例从政策法规上极大的促进了非公募基金会的成立和运营。随后的2006年至2015年，非公募基金会的平均增长速度为27.1%，然而同一时期公募基金会的增长速度仅仅为2.1%，差距明显。从数量上来看，非公募基金会平均每年新成立308家，远大于公募基金会的90家。到了2010年，非公募基金会的数量首次超过了公募基金会，并且非公募基金会所占比例仍然在持续增加。

从基金会的注册部门分别来看，市县级基金会[1]异军突起，成为新成立基金会的生力军。2015年，市级基金会累计注册559家，县级基金会累计注册

1　市县级基金会指在市级或县级民政注册的基金会，同理，省级基金会指在省级民政部门注册的基金会，后文中如无特别说明，相应概念含义与此处相同。

130家，分别是2013年的3.5倍和8.7倍。2013到2015短短三年间，市级基金会数量占所有基金会的比例从4.46%提高到了11.48%，县级基金会数量占比也从0.41%提升到2.67%。相对而言，同一时期的民政部注册基金会数量几乎没有增加，甚至占比有所下降，从2013年的5.24%下降到2015年的4.19%；省级基金会尽管保持了一定的增长速度，从3262家增加到3978家，但是其占比却从89.89%下降到81.67%，减少将近8个百分点。

表1　基金会登记部门分布情况，2013年-2015年

单位：家

年份	2015年		2014年		2013年	
登记部门	数量	比例	数量	比例	数量	比例
民政部	204	4.19%	198	4.67%	190	5.24%
省级民政部门	3978	81.67%	3623	85.49%	3262	89.89%
市级民政部门	559	11.48%	350	8.26%	162	4.46%
县级民政部门	130	2.67%	67	1.58%	15	0.41%
合计	4871	100%	4238	100%	3629	100%

资料来源：基金会中心网，截止日期：2015年12月31日

表2　基金会登记部门与类型分布情况，2006年-2015年

单位：家

年份	公募				非公募			
	合计	民政部	省级民政部门	市县级民政部门	合计	民政部	省级民政部门	市县级民政部门
2006	702	76	624	2	344	22	321	1
2007	780	79	699	2	487	29	457	1
2008	877	81	794	2	643	39	603	1
2009	974	85	886	3	836	48	782	6
2010	1096	88	1003	5	1102	60	1028	14
2011	1205	90	1108	7	1384	72	1286	26
2012	1315	90	1213	12	1728	89	1580	59
2013	1425	91	1319	15	2204	99	1943	162
2014	1490	91	1374	25	2748	107	2249	392
2015	1547	92	1407	48	3324	112	2571	641

资料来源：基金会中心网，截止日期：2015年12月31日

本报告进一步综合交叉了基金会的类型与基金会的注册部门的数据后，数据显示：非公募的市县级基金会与非公募的省级基金会是基金会数量增加的主要驱动力。在2015年新成立的基金会中，非公募市县级基金会与非公募省级基金会分别为249家与322家，合计占比90.2%，占主要部分。从增速来看，2013年之后，非公募市县级基金会从161家迅速增加到641家（2015年），平均每年翻一番。而非公募省级基金会从2006年开始就保持了每年26%的增速，从2006年的321家，发展到2015年的2571家。截止到2015年，非公募市县级基金会占市县级基金会总数的比例为93%，是市县级基金会主要组成部分；非公募省级基金会占省级基金会总数的比例为64.6%，是省级基金会的主要组成部分。

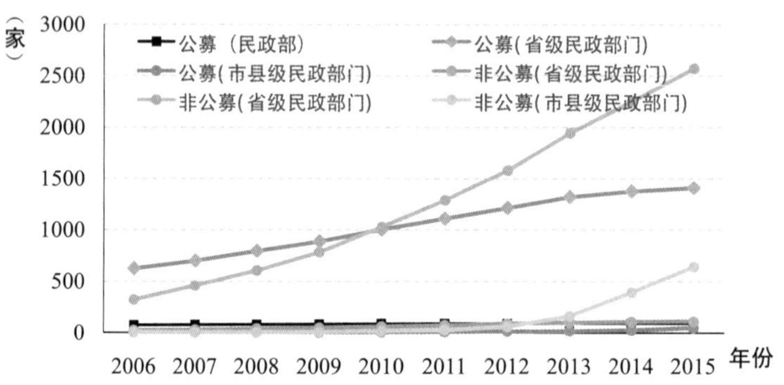

图3　分类型与注册部门基金会数量，2006-2015年

资料来源：基金会中心网，截止日期：2015年12月31日

3. 基金会数量增长的动因

经济发展为基金会的发展奠定了基础。改革开发以来，我国经济快速发展，政府的财税收入不断增加，民间资本持续积累。福布斯《2016中国大众富裕阶层财富白皮书》显示，预计到2016年底，中国私人可投资资产总额可达144.6万亿元，中国中高端富裕人群数量将达1230万人，人均可投资资产将超过140万元。持续增加的民间资本为非公募基金会的发展奠定了财富基础。

从数据上看到，近二十年来政策法规的变化成为基金会发展的主要动因。图2历年新增基金会的数据中可以看到，1995年的《关于进一步加强基金会管理的通知》、2004年《基金会管理条理》是两个新增基金会上升趋势明显变化的转折点的主要原因。《基金会管理条例》于2004年正式颁布实施，《条例》允许民间资本进入公益领域成立非公募基金会，引领了近十年的非公募基金会快速增长，可以说《基金会管理条例》为非公募的蓬勃发展打开了政策窗口。

2013年党的十八大明确提出，“要围绕构建中国特色社会主义社会管理体系”，并且要“引导社会组织健康有序发展，充分发挥群众参与社会管理的基础作用。”这无疑为新时期基金会的发展注入了强大的动力。十八大以后，国务院就发布了《国务院办公厅关于实施任务分工的通知》，该《通知》对完成《国务院机构改革和职能转变方案》提出的各项任务的部门分工和时间表做出了明确规定。在社会组织管理方面，该《通知》提出，2013年12月底前民政部会同法制办完成《社会团体登记管理条例》等相关行政法规修订工作，对行业协会商会类、科技类、公益慈善类、城乡社区服务类社会组织实行民政部门直接登记制度。自此《通知》后，全国及地方民政部门按新制度对社会组织进行监督管理。

二　总资产规模持续增加，平均资产规模趋于稳定

基金会的资产规模直接决定了基金会的影响力。本节将从基金会的净资产、捐赠收入、政府补助收入以及支出方面讨论基金会的资产状况。特别的，本文将关注基金会资产状况的变迁，基金会资产状况的地域差异以及政府补助收入与捐赠收入的关系等热点话题。

1. 净资产

最近五年，全国基金会总净资产以每年18.3%的增速快速扩张。如图4所示，截止到2014年末，全国基金会净资产达到1052亿元，其中非公募基金会净资产587亿元，公募基金会净资产465亿元。2013年，非公募基金会净资产首次超过公募基金会，2014年非公募基金会净资产超过公募基金会26%，差距继续扩大。净资产规模排名前十的基金会有七家非公募基金会，排名前四

的基金会分别为清华大学教育基金会、北京大学教育基金会、河仁慈善基金会、陕西省神木县民生慈善基金会。特别是清华大学教育基金会净资产规模达到43.9亿元，远远高于其他基金会。

根据基金会中心网的统计，截至2015年12月31日，全国公布财务数据的3521家基金会中，净资产亿元以上基金会207家，占到全国基金会的5.9%，其中公募基金会100家，略少于非公募基金会。净资产5亿元以上基金会共23家，与2013年数量持平，其中公募基金会11家，略少于非公募基金会。

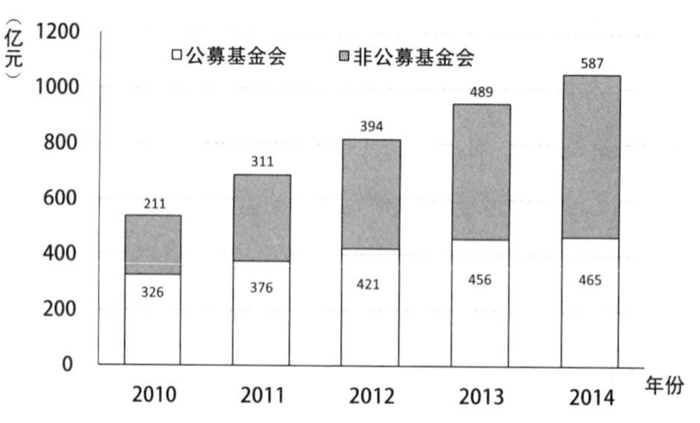

图4　基金会净资产变化趋势，2010-2014年

资料来源：基金会中心网，截止日期：2014年12月31日

表3　净资产5亿元以上基金会名录

排名	基金会名称	类型	成立时间	注册地	所在地	净资产（亿元）
1	清华大学教育基金会	非公募	1994	民政部	北京	43.9
2	北京大学教育基金会	非公募	1995	民政部	北京	34.7
3	河仁慈善基金会	非公募	2010	民政部	福建	27.9
4	陕西省神木县民生慈善基金会	非公募	2011	陕西	陕西	26.6
5	上海市慈善基金会	公募	1994	上海	上海	23.4
6	浙江大学教育基金会	非公募	2006	民政部	浙江	13.7
7	上海市大学生科技创业基金会	公募	2006	上海	上海	10.9
8	中国青少年发展基金会	公募	1989	民政部	北京	10.4
9	江苏陶欣伯助学基金会	非公募	2006	江苏	江苏	10.4
10	南京金陵文化保护发展基金会	非公募	2010	江苏	江苏	10.3
11	中华全国体育基金会	公募	1994	民政部	北京	9.6
12	中国扶贫基金会	公募	1989	民政部	北京	9.2

续表

排名	基金会名称	类型	成立时间	注册地	所在地	净资产（亿元）
13	南京大学教育发展基金会	非公募	2005	江苏	江苏	8.6
14	上海民生艺术基金会	非公募	2010	上海	上海	8.1
15	上海交通大学教育发展基金会	非公募	2005	上海	上海	8.1
16	中国残疾人福利基金会	公募	1984	民政部	北京	7.7
17	中国光华科技基金会	公募	1993	民政部	北京	7.6
18	上海市拥军优属基金会	公募	1995	上海	上海	6.8
19	老牛基金会	非公募	2004	内蒙古	内蒙古	6.0
20	神华公益基金会	非公募	2010	民政部	北京	6.0
21	中国癌症基金会	公募	1984	民政部	北京	5.9
22	中国海油海洋环境与生态保护公益基金会	非公募	2012	民政部	北京	5.4
23	上海宋庆龄基金会	公募	1993	上海	上海	5.3

资料来源：基金会中心网，截止日期：2014年12月31日

如表4所示，2014年民政部登记注册的基金会净资产为336.2亿元，省级基金会净资产691.7亿元，市县级基金会净资产为24亿元。就平均净资产而言，民政部基金会为1.74亿元，省级基金会为0.22亿元，市县级基金会为1千万元。纵向对比可以看出，虽然民政部基金会的平均资产规模稳步增加，但是省级基金会与市县基金会的平均净资产规模却几乎没有太大变化。

表4 基金会净资产分布情况，2012年–2014年

单位：亿元

年份	2014年		2013年		2012年	
登记部门	净资产	平均净资产	净资产	平均净资产	净资产	平均净资产
民政部	336.2	1.74	293.1	1.56	254.5	1.46
省级民政部门	691.7	0.22	641.4	0.22	556.0	0.22
市县级民政部门	24.0	0.10	10.9	0.13	5.0	0.09

注：市县级基金会公布财务数据的比例较低

资料来源：基金会中心网，截止日期：2014年12月31日

尽管基金会的总资产规模不断扩大，但是平均净资产规模却趋于稳定。如图5所示，2014年，基金会的平均净资产为2988万元，公募基金会的平均

净资产为3644万元，非公募基金会的平均净资产为2614万元。相比于2013年以来，基金会平均净资产规模减少0.8%。这说明，我国基金会的总资产的扩张，主要是由基金会数量的增加带来的。

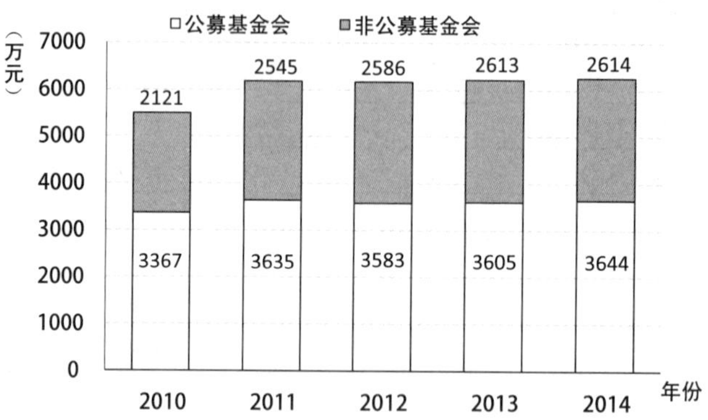

图5　基金会平均净资产变化趋势，2010–2014年

资料来源：基金会中心网，截止日期：2014年12月31日

基金会净资产的地域分布差异非常大。表5数据显示，民政部、江苏和上海三地注册的基金会资产规模占比超过了10%，合计占到全国的58.8%，其中民政部就占到全国的三分之一左右。这三个地区的基金会以大规模基金会为主，民政部净资产1亿元以上的基金会占到全国相应规模基金会净资产的44.56%，江苏的5千万至1亿元净资产规模基金会的资产占到全国的23.45%。但是，净资产资产占比排名第四的地区广东省则与其他三地的基金会结构截然不同。广东省的基金会以中小规模基金会（净资产1千万以下）为主，这可能是由于广东省的非公募市县级基金会数量较多带来的。

表5　各注册地区基金会资产分布情况

注册地	净资产规模占比1/%					合计	全国占比
	0–1 /百万元	1~10 /百万元	10~50 /百万元	50~100 /百万元	100~1000 /百万元		
民政部	0.00	0.97	11.08	20.87	44.56	336.63	32.00
江苏	14.94	11.47	15.37	23.45	14.01	158.12	15.03
上海	0.00	4.35	6.33	7.92	15.12	123.89	11.78
广东	16.77	9.03	8.38	7.81	6.41	75.29	7.16
北京	9.50	8.74	7.78	8.46	1.94	45.36	4.31

续表

注册地	净资产规模占比1/%					合计	全国占比
	0–1 /百万元	1~10 /百万元	10~50 /百万元	50~100 /百万元	100~1000 /百万元		
浙江	22.73	11.15	9.66	5.17	1.34	43.79	4.16
陕西	4.58	1.81	1.87	0.00	5.25	39.62	3.77
福建	0.02	4.98	4.34	2.14	2.53	32.04	3.05
湖南	0.00	6.03	6.51	2.58	0.63	25.42	2.42
四川	3.47	4.37	2.81	4.32	1.09	21.34	2.03
内蒙古	4.43	2.88	1.22	0.66	1.60	16.21	1.54
湖北	2.40	2.81	2.05	1.89	0.93	14.72	1.40
山东	0.00	2.32	2.28	4.43	0.37	13.92	1.32
安徽	0.00	2.54	1.11	2.19	0.73	11.66	1.11
天津	0.00	1.77	1.21	2.99	0.62	11.29	1.07
贵州	0.00	1.52	1.07	0.00	0.85	9.07	0.86
黑龙江	1.39	1.84	1.56	0.00	0.59	8.65	0.82
云南	0.37	2.08	1.00	0.00	0.65	8.12	0.77
河南	0.53	3.03	2.28	0.46	0.00	7.81	0.74
辽宁	0.00	2.80	2.18	0.51	0.00	7.43	0.71
吉林	0.00	1.60	1.66	0.56	0.27	7.13	0.68
山西	0.96	1.58	1.57	1.24	0.00	5.91	0.56
广西	5.02	1.31	1.38	0.48	0.20	5.78	0.55
重庆	0.00	2.11	1.42	0.58	0.00	5.38	0.51
江西	0.00	0.72	0.44	0.68	0.31	4.28	0.41
河北	2.87	1.78	1.05	0.00	0.00	3.71	0.35
宁夏	7.21	1.34	0.87	0.58	0.00	3.60	0.34
新疆	0.00	0.95	0.46	0.00	0.00	1.77	0.17
甘肃	0.00	1.08	0.36	0.00	0.00	1.68	0.16
青海	2.81	0.66	0.30	0.00	0.00	1.19	0.11
海南	0.00	0.14	0.25	0.00	0.00	0.63	0.06
西藏	0.00	0.21	0.15	0.00	0.00	0.49	0.05
合计占比2/%	0.03	8.38	19.26	10.32	62.02	---	---

1. 此处指注册地所有相应规模的基金会资产总和占全国所有相应规模基金会资产总和的百分比

2. 此处指全国所有相应规模的基金会资产总和占全国所有基金会资产总和的百分比

资料来源：基金会中心网，截止日期：2014年12月31日

图6 2014年各地区基金会净资产分布情况

从基金会的地址来看，北京、江苏、上海和广东四地基金会净资产累计超过65%。如表6数据显示，北京市、江苏省和上海市三地以大型基金会为主，其中北京市亿元规模以上的基金会58家，北京市基金会净资产占全国的29.4%。其次为江苏省，净资产总额达到163亿元，占全国的15.5%。北京市、陕西省与上海市的基金会平均净资产最高，分别为6828万元、6600万元和6269万元。而基金会数量最多的广东省基金会平均净资产规模仅为2260万元，远低于其他基金会发达地区。

表6 各地区基金会资产分布情况

所在地	净资产规模占比1/%					合计/亿元	总资产全国占比	平均净资产/亿
	0~1/百万元	1~10/百万元	10~50/百万元	50~100/百万元	100~1000/百万元			
北京	9.50	9.74	15.92	23.58	37.23	309.3	29.40	0.68
江苏	14.94	11.42	15.53	24.54	14.54	163.0	15.50	0.37
上海	0.00	4.38	6.82	8.46	15.29	126.6	12.04	0.63
广东	16.77	9.03	9.33	9.81	7.45	86.1	8.19	0.23

续表

所在地	净资产规模占比1/%					合计/亿元	总资产全国占比	平均净资产/亿
	0~1/百万元	1~10/百万元	10~50/百万元	50~100/百万元	100~1000/百万元			
福建	0.02	4.98	4.34	2.71	7.15	62.79	5.97	0.35
浙江	22.73	11.15	9.76	5.75	3.43	58.30	5.54	0.16
陕西	4.58	1.81	2.06	0.00	5.25	40.02	3.80	0.66
湖南	0.00	6.03	6.51	2.58	1.03	28.00	2.66	0.16
四川	3.47	4.37	2.81	4.32	1.29	22.68	2.16	0.18
内蒙古	4.43	2.88	1.22	0.66	1.60	16.21	1.54	0.20
湖北	2.40	2.81	2.05	2.39	0.93	15.26	1.45	0.17
山东	0.00	2.32	2.28	4.90	0.37	14.42	1.37	0.17
安徽	0.00	2.54	1.11	2.19	0.73	11.66	1.11	0.15
天津	0.00	1.77	1.21	2.99	0.62	11.29	1.07	0.19
贵州	0.00	1.52	1.07	0.00	0.85	9.07	0.86	0.23
河南	0.53	3.03	2.64	0.46	0.00	8.54	0.81	0.08
黑龙江	1.39	1.84	1.47	0.00	0.59	8.46	0.80	0.14
云南	0.37	2.08	1.00	0.00	0.65	8.12	0.77	0.13
辽宁	0.00	2.80	2.36	0.51	0.00	7.81	0.74	0.10
吉林	0.00	1.60	1.66	0.56	0.27	7.13	0.68	0.13
重庆	0.00	2.11	1.42	0.58	0.22	6.81	0.65	0.14
山西	0.96	1.58	1.57	1.24	0.00	5.91	0.56	0.11
广西	5.02	1.31	1.38	0.48	0.20	5.78	0.55	0.12
江西	0.00	0.72	0.44	0.68	0.31	4.28	0.41	0.23
河北	2.87	1.78	1.29	0.00	0.00	4.19	0.40	0.07
宁夏	7.21	1.34	0.87	0.58	0.00	3.60	0.34	0.09
甘肃	0.00	1.08	0.64	0.00	0.00	2.26	0.22	0.08
新疆	0.00	0.95	0.46	0.00	0.00	1.77	0.17	0.07
青海	2.81	0.66	0.30	0.00	0.00	1.19	0.11	0.06
海南	0.00	0.14	0.25	0.00	0.00	0.63	0.06	0.09
西藏	0.00	0.21	0.22	0.00	0.00	0.62	0.06	0.07
合计占比2/%	0.03	8.38	19.26	10.32	62.02	---	---	---

1. 此处指所在地所有相应规模的基金会资产总和占全国所有相应规模基金会资产总和的百分比

2. 此处指全国所有相应规模的基金会资产总和占全国所有基金会资产总和的百分比

资料来源：基金会中心网，截止日期：2014年12月31日

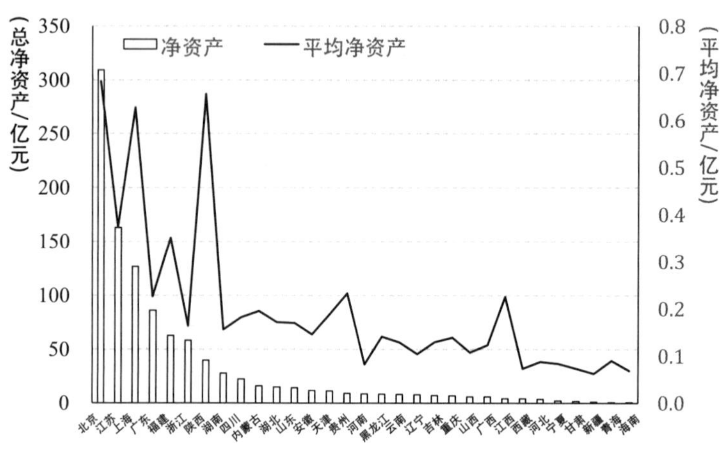

图7　2014年各地区基金会净资产

资料来源：基金会中心网，截止日期：2014年12月31日

2. 公众捐赠

公众捐赠是基金会的主要收入来源。2014年全国基金会捐赠收入354.14亿元，较上年同期增长1%，基本持平。纵向比较来看，2011年，2013年和2014年捐赠收入基本持平，是我国当前社会捐赠能力的一种体现。2011年，由于“郭美美事件”引发了社会对慈善事业的信任危机，基金会行业全国捐赠收入锐减36亿元，其中非公募基金会的捐赠收入减少38亿元。可见2011年的“郭美美”事件给基金会的发展造成了极大的影响。

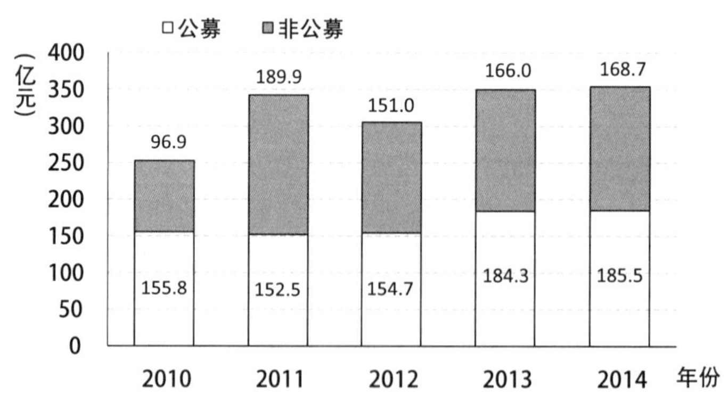

图8　历年基金会捐赠收入，2010–2014年

资料来源：基金会中心网，截止日期：2014年12月31日

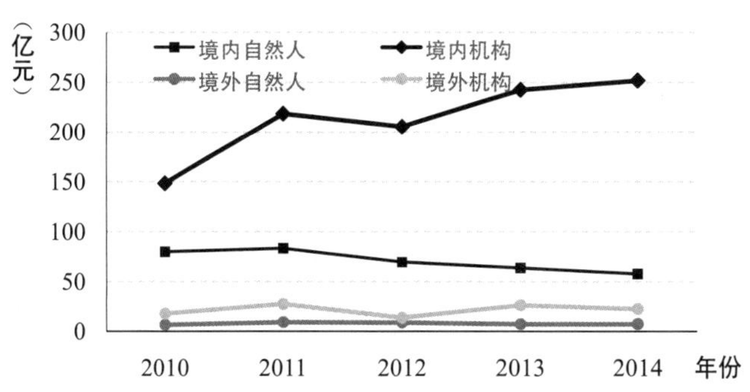

图9　历年不同来源捐赠收入，2010-2015年

资料来源：基金会中心网，截止日期：2014年12月31日

2014年，基金会捐赠收入来源分布依然非常不均匀。全国基金会境内捐赠收入323.54亿元，占全部捐赠收入的91.36%。其中，公募基金会的境内捐赠收入占当年全部捐赠收入的96.27%，而非公募基金会则为86.11%。

表7　2014年基金会捐赠收入构成

单位：亿元

捐赠类型	公募		非公募		合计	
	金额	比例(%)	金额	比例(%)	总计	比例(%)
来自境内的捐赠	178.54	96.27	145.25	86.11	323.54	91.36
来自境内自然人	28.98	16.23	31.32	21.56	60.37	18.66
来自境内机构	149.56	83.77	24.56	78.44	49.11	81.34
来自境外的捐赠	6.92	3.73	23.43	13.89	30.60	8.64
来自境外自然人	1.05	15.20	6.43	27.46	7.56	24.72
来自境外机构	5.87	84.80	17.00	72.54	23.04	75.28

资料来源：基金会中心网，截止日期：2014年12月31日

捐赠方的偏好差异也体现在捐赠基金会级别上。表8数据显示，境内捐赠的主要去向是省级民政部门登记的基金会，2014年境内捐赠的57.4%流向了省级基金会，民政部基金会次之，占比为38.3%。境内自然人捐赠给省级基金会的比例高达73.2%，5.8%捐赠流向市县级基金会。境外捐赠的主要去向则是民政部基金会，这可能是民政部基金会往往规模最大，相应的影响力和知名度更高的原因。但是境外自然人和境外机构的捐赠行为却存在较大差异，67.8%

的境外机构捐赠流向了民政部基金会，而74.7%的境外自然人捐赠却流向了省级民政部门。相似的是，所有类型的境外捐赠流向市县级基金会的比例极低。

表8　2014年不同登记部门的基金会捐赠收入构成

单位：亿元

捐赠类型	境内捐赠	占比（%）	境外捐赠	占比（%）
民政部	123.91	38.3	17.51	57.2
省级民政部门	185.72	57.4	12.97	42.4
市县级民政部门	13.91	4.3	0.12	0.4
合计	323.54		30.60	

资料来源：基金会中心网，截止日期：2014年12月31日

2014年，捐赠收入最多的基金会为中国癌症基金会，共吸收社会捐赠21.3亿元，占全部基金会捐赠收入的6.01%。其中，非现金捐赠21亿元，占所有捐赠的98.5%。清华大学教育基金会紧随其后，共吸引捐赠14.9亿元，占全部基金会捐赠收入总量的4.21%，是非公募基金会中最多的。捐赠收入排名前十的基金会在民政部注册的基金会达到7家，吸收捐赠能力最强。

表9　2014年基金会捐赠收入TOP10

排名	基金会民称	类型	成立时间	注册地	所在地	捐赠收入（亿）
1	中国癌症基金会	公募	1984	民政部	北京	21.3
2	清华大学教育基金会	非公募	1994	民政部	北京	14.9
3	上海市慈善基金会	公募	1994	上海	上海	7.3
4	江苏陶欣伯助学基金会	非公募	2006	江苏	江苏	7.0
5	中国光华科技基金会	公募	1993	民政部	北京	6.5
6	中国扶贫基金会	公募	1989	民政部	北京	6.1
7	北京大学教育基金会	非公募	1995	民政部	北京	5.7
8	中国妇女发展基金会	公募	1988	民政部	北京	4.7
9	广东省扶贫基金会	公募	1994	广东	广东	4.4
10	中国青少年发展基金会	公募	1989	民政部	北京	4.2

资料来源：基金会中心网，截止日期：2014年12月31日

各地基金会吸引社会捐赠的能力差异是非常大的。北京市共吸引捐赠146.61亿元，占到全国41.4%，其中北京地区的公募基金会捐赠收入88.3亿元，占全国的公募基金会捐赠收入的50.3%，非公募基金会捐赠收入52.3亿元，占全国的非公募基金会捐赠收入的31.9%。北京具有特殊的政治文化地位，因此，位于北京的基金会的吸捐能力远远强于其他地区。捐赠收入排名前十的基金会有7家位于北京市。广东省、江苏省和上海市的基金会分别吸收捐赠39.7亿元、36.5亿元和25.9亿元，排在北京之后。

3. 政府补助

政府补助收入已经成为基金会的第二大收入来源。2014年，全国基金会获得政府补助收入合计35.7亿元。过去十年中，政府对基金会的补贴不断增加，不过在2012年之后增幅逐步收窄，政府补助占基金会收入的比例也从2012年的9.4%下降到2014年的8.4%。

政府补助的来源是公共财政，因此其分配的公平性与配置效率是公众关注的焦点。政府补助在公募基金会与非公募基金会之间的分配差异显著。2014年，公募基金会共计获得32.3亿的政府补助，占所有政府补助的90%。2011年至2014年，公募基金会获得政府补助的比例从82.5%提升到90.2%，政府资源配置存在一定程度的失衡。

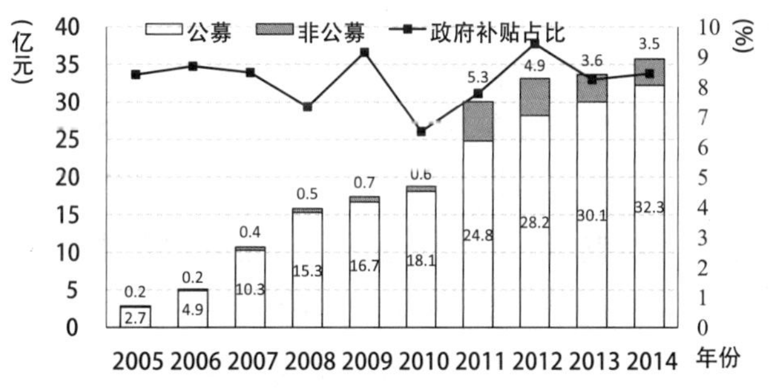

图10　历年政府补助规模，2005–2014年

资料来源：基金会中心网，截止日期：2014年12月31日

从基金会的注册类别来看，政府补助主要流向民政部登记的基金会。过去十年间，民政部登记的基金会共获得123亿元政府补助，占到所有政府补贴的60.5%，省级基金会次之，共获得77.9亿元政府补贴，占比为38.3%，而市

县基金会仅获得2.3亿元政府补贴，只占1.14%。过去十年间，民政部基金会获得补贴额度保持了一个相对平稳的增速。省级基金会获得补贴的力度存在一定的起伏，2011年和2012年，省级基金会获政府补贴力度突然增加至15.2亿元，在2014年又回落至12.6亿元。

表10　不同级别基金会的政府补助收入

单位：亿元

登记部门 年份	民政部		省级民政部门		市县级民政部门		合计
	金额	比例	金额	比例	金额	比例	
2005	1.9	64.9	1.0	35.1	0	0	2.9
2006	3.2	63.8	1.8	36.2	0	0	5.1
2007	6.1	57.3	4.6	42.7	0	0	10.7
2008	10.4	65.6	5.4	34.4	0	0	15.8
2009	12.0	69.1	5.4	30.9	0	0	17.4
2010	12.1	64.5	6.7	35.5	0.004	0.02	18.8
2011	15.5	51.6	12.5	41.7	2.00	6.67	30.1
2012	17.9	54.0	15.2	45.9	0.04	0.13	33.1
2013	20.9	62.1	12.7	37.7	0.08	0.25	33.7
2014	23.0	64.4	12.6	35.1	0.17	0.48	35.7
合计	123.0	60.5	77.9	38.3	2.3	1.14	203.2

资料来源：基金会中心网，截止日期：2014年12月31日

在2014年获得政府补助前十名的基金会中，有8家公募基金会。如表11所示，排名第一的为中国博士后科学基金会，政府补助收入达到8.9亿元，中国教育发展基金会和陕西省神木县民生慈善基金会的政府补助收入分别为8.3亿元和1.7亿元。在这十家基金会中，在民政部登记的基金会共有7家。特别的，其中并没有民间非官方背景的基金会，这在一定程度上反映了政府补助分配中的选择性。

表11　2014年基金会政府补助收入TOP10

单位：亿元

排名	基金会民称	类型	成立时间	注册地	所在地	政府补助收入（亿）
1	中国博士后科学基金会	公募	1990	民政部	北京	8.9
2	中国教育发展基金会	公募	2003	民政部	北京	8.3
3	陕西省神木县民生慈善基金会	非公募	2011	陕西	陕西	1.7
4	中国红十字基金会	公募	1994	民政部	北京	1.6
5	上海市大学生科技创业基金会	公募	2006	上海	上海	1.2
6	中国文学艺术基金会	公募	1994	民政部	北京	1.0
7	中国法律援助基金会	公募	1997	民政部	北京	1.0
8	上海市慈善基金会	公募	1994	上海	上海	0.9
9	中国儿童少年基金会	公募	1981	民政部	北京	0.8
10	重庆大学教育发展基金会	非公募	2013	民政部	重庆	0.7

资料来源：基金会中心网，截止日期：2014年12月31日

从地域分布上看，政府补助主要流向了北京、上海、陕西和江苏地区。如表12所示，2014年以上四地的基金会合计获得政府补助29.3亿元，占所有政府补助的81.9%。北京市一个地区就获得22.7亿元的政府补助，占比为63.4%，这主要是由于民政部登记注册的基金会大部分坐落在北京市导致的。2012年-2014年，政府补助进一步向北京市聚集，比例从55.3%提升到63.4%，这一变化无疑增加了政府补助的不均等程度。

表12　2014年基金会政府补助收入地域分布

单位：亿元

年份	2014年		2013年		2012年	
地区	金额	比例	金额	比例	金额	比例
北京	22.7	63.4	20.8	61.8	18.3	55.3
上海	3.2	8.9	3.7	11.1	3.2	9.6
陕西	1.8	4.9	1.5	4.6	3.1	9.4
江苏	1.6	4.6	1.1	3.2	2.9	8.7
重庆	1.0	2.9	0.7	2.2	1.2	3.5
四川	1.0	2.8	0.6	1.9	0.5	1.6

续表

湖南	0.7	1.9	0.9	2.7	0.7	2.0
吉林	0.6	1.7	0.3	0.9	0.3	1.0
广东	0.6	1.7	0.9	2.6	0.5	1.6
浙江	0.6	1.6	0.4	1.3	0.4	1.1
福建	0.2	0.7	0.5	1.3	0.2	0.7
宁夏	0.2	0.6	0.2	0.6	0.1	0.4
辽宁	0.2	0.6	0.1	0.4	0.1	0.3
内蒙古	0.2	0.5	0.3	0.8	0.3	0.9
山东	0.2	0.4	0.1	0.4	0.0	0.1
新疆	0.2	0.4	0.1	0.2	0.1	0.3
湖北	0.1	0.4	0.1	0.4	0.1	0.2
云南	0.1	0.2	0.2	0.5	0.2	0.7
河北	0.1	0.2	0.3	0.9	0.1	0.3
河南	0.1	0.2	0.1	0.2	0.1	0.3
青海	0.1	0.2	0.0	0.1	0.0	0.0
贵州	0.1	0.2	0.1	0.4	0.2	0.6
广西	0.1	0.2	0.1	0.3	0.1	0.2
山西	0.1	0.2	0.1	0.2	0.1	0.3
甘肃	0.0	0.1	0.0	0.0	0.0	0.0
安徽	0.0	0.1	0.1	0.4	0.1	0.3
海南	0.0	0.1	0.0	0.0	0.1	0.2
黑龙江	0.0	0.0	0.1	0.4	0.0	0.1
天津	0.0	0.0	0.0	0.1	0.1	0.3
江西	0.0	0.0	0.0	0.0	0.0	0.0
西藏	0.0	0.0	0.0	0.0	0.0	0.0
合计	35.7		33.7	100.0	33.1	100.0

资料来源：基金会中心网，截止日期：2014年12月31日

图11　2014年基金会政府补助收入地域分布（单位：千万元）

4. 投资与服务收益

投资收益与服务收益是基金会另外两个重要的收入来源。如图12所示，2014年，全国基金会投资收益合计28.1亿元，占到全国基金会总收入的6.6%。其中，非公募基金会的投资收益为17.8亿元，占所有投资收益的63.3%。全国基金会服务收益合计3.1亿元，占全国基金会总收入的0.7%。其中，非公募基金会的服务收益为1.4亿元，占所有服务收益的44.4%。可见，公募基金会对外提供服务的能力与意愿高于非公募基金会，而非公募基金会的投资收益能力强于公募基金会。

基金会的投资收益持续增加，但收入能力仍有待提升。如图16所示，2011年至2014年，基金会的投资收益从8亿元增加到28.1亿元，保持了52.2%的增长速度；资产收益率从0.7%增加到2.2%，资产保值增值能力显著增加。但是，2014年，仍然有2529家基金会没有投资收益，占到所有公开财务信息基金会的71.8%，这些基金会过于依赖外部捐赠收入，限制了其自我运营与管理的能力。考虑到投资收益对基金会可持续发展具有重要意义，基金会需要在未来的发展中注重提升自身的投资收益能力。

服务收益稳定增长，但收益能力仍有较大提升空间。如图13所示，过去五年间，基金会服务收益以27%的增长速度从2010年的1.2亿元，增加到2014年的3.1亿元。但是，平均服务收益仅仅从6.1万/家，提升到8.8万元/家，增速仅为9%。2014年，仅有97家基金会有服务收益，这也表明基金会服务收益提升的空间仍然非常大。

大学教育基金会的投资收益表现突出。2014年投资收益排名前十的基金会有六家是大学教育基金会，合计投资收益7.4亿元。其中，清华大学教育基金会和北京大学教育基金会分别以2.92和2.15亿元的投资收益占排行榜前两名，远高于其他基金会的投资收益。大学教育基金会投资收益的表现得益于其可以通过丰富的校友资源招募到资产管理能力出众的专业投资人员。

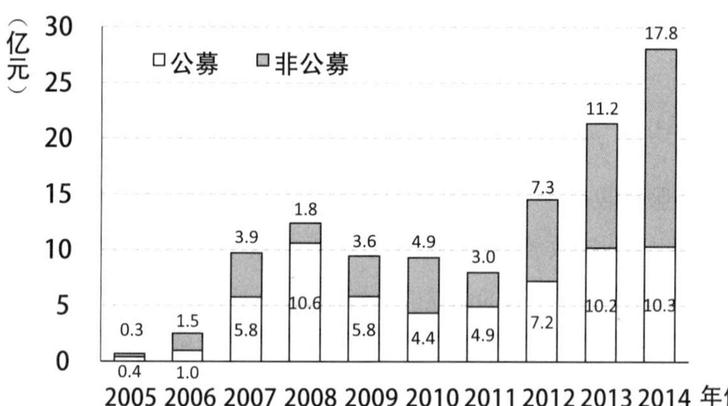

图12　历年基金会投资收益，2005–2014年

资料来源：基金会中心网，截止日期：2014年12月31日

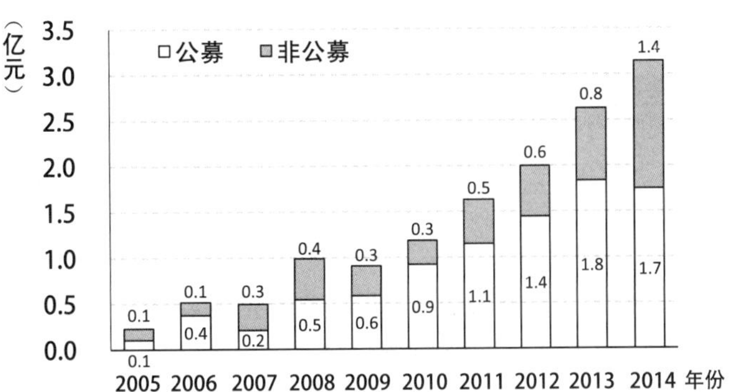

图13　历年基金会服务收益，2005–2014年

资料来源：基金会中心网，截止日期：2014年12月31日

表13　2014年基金会投资收益与服务收益TOP10

单位：亿元

排名	基金会民称	类型	成立时间	注册地	所在地	收益（亿）
			投资收益排名			
1	清华大学教育基金会	非公募	1994	民政部	北京	2.92
2	北京大学教育基金会	非公募	1995	民政部	北京	2.15
3	河仁慈善基金会	非公募	2010	民政部	福建	1.45
4	中国青少年发展基金会	公募	1989	民政部	北京	0.98
5	浙江敦和慈善基金会	非公募	2012	浙江	浙江	0.75
6	北京市中国人民大学教育基金会	非公募	2004	北京	北京	0.65
7	浙江大学教育基金会	非公募	2006	民政部	浙江	0.62
8	南京大学教育发展基金会	非公募	2005	江苏	江苏	0.55
9	上海交通大学教育发展基金会	非公募	2005	上海	上海	0.53
10	上海市慈善基金会	公募	1994	上海	上海	0.45
			服务收益排名			
1	北京力生心血管健康基金会	非公募	2010	北京	北京	0.57
2	中国癌症基金会	公募	1984	民政部	北京	0.29
3	广州市职工济难基金会	公募	1995	广东	广东	0.28
4	中华国际医学交流基金会	公募	1988	民政部	北京	0.27
5	福建省黄仲咸教育基金会	非公募	2004	福建	福建	0.21
6	上海医学创新发展基金会	非公募	2012	上海	上海	0.14
7	北京国际音乐节艺术基金会	非公募	2005	北京	北京	0.13
8	上海市应昌期围棋教育基金会	非公募	2002	上海	上海	0.12

续表

排名	基金会民称	类型	成立时间	注册地	所在地	收益（亿）
9	中国发展研究基金会	公募	1997	民政部	北京	0.10
10	上海市教育发展基金会	公募	1994	上海	上海	0.07

资料来源：基金会中心网，截止日期：2014年12月31日

从地域分布来看，投资收益丰厚的基金会主要集中在北京、江苏、上海、浙江和福建五个地区。表14的数据显示，2014年，上述五个地区投资收益合计20.4亿元，占到全国投资总收益的72.9%。其中，北京市基金会的投资收益11.16亿元，投资收益远远大于全国其他地区，独占鳌头。另外值得注意的是，广东省虽然作为全国数量最多、净资产排名第二位的基金会群体，但2014年仅获投资收益1.23亿元，表现一般，仅排名全国第六位。

表14　2014年基金会投资收益地域分布

单位：亿元

排名	地区	非公募	全国占比	公募	全国占比	合计	全国占比
1	北京	8.54	48.06	2.61	25.36	11.16	39.73
2	江苏	1.73	9.71	1.80	17.46	3.53	12.56
3	上海	1.32	7.45	2.04	19.83	3.37	11.99
4	浙江	1.88	10.56	0.39	3.76	2.27	8.07
5	福建	1.96	11.00	0.13	1.26	2.09	7.43
6	广东	0.64	3.59	0.59	5.73	1.23	4.37
7	湖南	0.19	1.04	0.67	6.54	0.86	3.06
8	陕西	0.23	1.27	0.19	1.80	0.41	1.47
9	天津	0.12	0.67	0.26	2.55	0.38	1.36
10	内蒙古	0.18	1.03	0.19	1.88	0.38	1.34
11	安徽	0.12	0.67	0.21	2.08	0.33	1.19
12	四川	0.09	0.49	0.19	1.88	0.28	1.00
13	云南	0.07	0.39	0.19	1.87	0.26	0.93
14	山东	0.08	0.44	0.16	1.54	0.24	0.84
15	江西	0.17	0.97	0.02	0.17	0.19	0.68
16	山西	0.12	0.66	0.04	0.43	0.16	0.57
17	广西	0.03	0.18	0.13	1.22	0.16	0.56
18	湖北	0.08	0.47	0.07	0.71	0.16	0.55
19	河南	0.09	0.49	0.04	0.39	0.13	0.45
20	贵州	0.00	0.00	0.11	1.10	0.11	0.40

续表

排名	地区	非公募	全国占比	公募	全国占比	合计	全国占比
21	重庆	0.02	0.13	0.06	0.57	0.08	0.29
22	青海	0.02	0.11	0.04	0.43	0.06	0.23
23	河北	0.03	0.15	0.03	0.32	0.06	0.21
24	吉林	0.03	0.18	0.01	0.14	0.05	0.17
25	辽宁	0.00	0.00	0.04	0.35	0.04	0.13
26	宁夏	0.03	0.16	0.00	0.00	0.03	0.10
27	海南	0.01	0.05	0.02	0.19	0.03	0.10
28	黑龙江	0.00	0.01	0.02	0.20	0.02	0.08
29	甘肃	0.01	0.03	0.01	0.12	0.02	0.06
30	新疆	0.00	0.01	0.01	0.14	0.02	0.06
31	西藏	0.00	0.00	0.00	0.00	0.00	0.00
	全国	17.8	100.0	10.3	100.00	28.1	100.00

资料来源：基金会中心网，截止日期：2014年12月31日

5. 基金会公益支出

公益支出是基金会支出的主要成分。基金会的支出包含公益支出、薪酬支出与行政支出三个部分。2014年，全国基金会合计支出为332.8亿元，其中公益支出321.5亿元，占所有支出比例为96.6%；薪酬支出4.8亿元，占比为1.4%；行政支出4.1亿元，占比1.2%。下文将详细分析基金会的公益支出。

近五年，基金会公益支出逐年增加。2010年，基金会的公益支出仅为179亿元，以平均15.8%的增速增加到2014年的321亿元。其中，公募基金会累计支出208亿元，占到所有公益支出的64.8%，是公益性支出的主要力量。

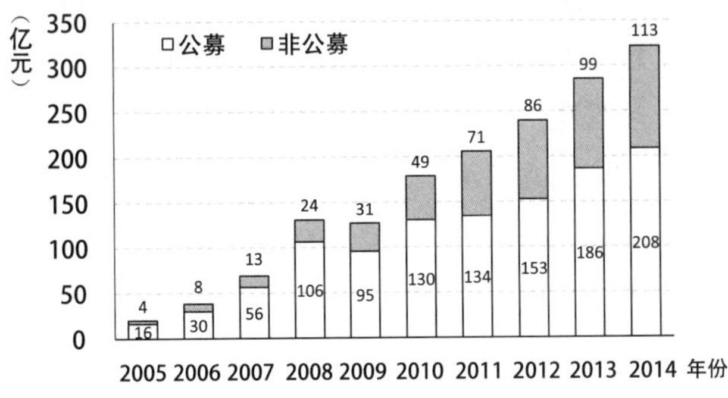

图14 历年基金会公益支出，2005–2014年

资料来源：基金会中心网，截止日期：2014年12月31日

基金会将收益用于公益支出的比例不断增大。2014年，公募基金会累计收益为423亿元，其中76%用于公益支出，相比于2010年提高了14个百分点。公募基金会公益支出比例显著高于非公募基金会。2014年，公募基金会将收入的91%用于公益支出，而非公募基金会的这一比例为58%，相差33个百分点。这种巨大比例差距的原因是和政策息息相关的。《基金会管理条例》中明确规定了：公募基金会每年用于从事章程规定的公益事业支出，不得低于上一年总收入的70%；非公募基金会每年用于从事章程规定的公益事业支出，不得低于上一年基金余额的8%。政策上规定基金会每年公益支出的比例是为了促使基金会实现发展公益事业的宗旨，确保对公益事业进行投入，同时也杜绝基金会出现偏离公益轨道，或是停滞不活动的情况。

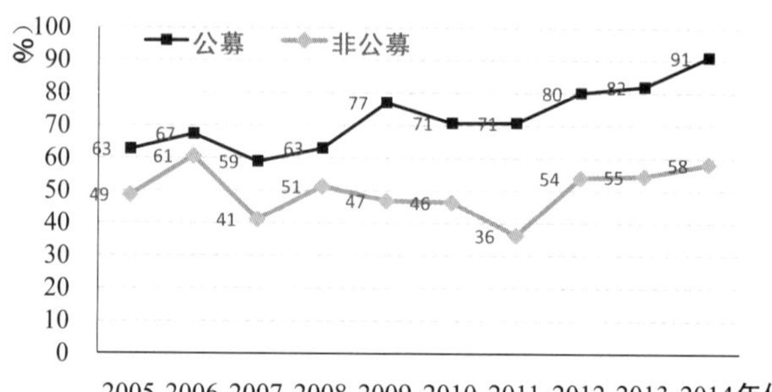

图15　历年基金会公益支出/收益，2005-2014年

资料来源：基金会中心网，截止日期：2014年12月31日

公益支出排名前十的基金会中，共有9家公募基金会。其中河南省宋庆龄基金会公益支出为23.5亿元，占全国公益支出的7.3%，特别的2014年河南省宋庆龄基金会的总收益仅为1.5亿元，这也直接造成了其净资产急剧减少。公益支出的基金会多数为坐落于北京市的民政部基金会，共计7家。清华大学教育基金会2014年公益支出为5.7亿元，是唯一一家上榜的非公募基金会。

表15　2014年基金会收益支出TOP10

单位：亿元

排名	基金会民称	类型	成立时间	注册地	所在地	公益支出	总收益
1	河南省宋庆龄基金会	公募	1992	河南	河南	23.5	1.5
2	中国癌症基金会	公募	1984	民政部	北京	19.1	21.6
3	中国教育发展基金会	公募	2003	民政部	北京	10.7	11.0
4	中国博士后科学基金会	公募	1990	民政部	北京	8.9	9.0
5	上海市慈善基金会	公募	1994	上海	上海	5.7	9.1
6	中国光华科技基金会	公募	1993	民政部	北京	5.7	6.7
7	清华大学教育基金会	非公募	1994	民政部	北京	5.7	17.9
8	中国妇女发展基金会	公募	1988	民政部	北京	5.3	4.8
9	广东省扶贫基金会	公募	1994	广东	广东	4.2	4.5
10	中国扶贫基金会	公募	1989	民政部	北京	4.1	6.5

从地域分布可以看出，基金会的公益支出非常集中。位于北京市的基金会公益支出137.8亿元，占到了全国的42.82%，几乎占据半壁江山。广东省、河南省、江苏省和上海市的基金会分别支出29.47亿元、27.06亿元、24.42亿元与21.38亿元，依次排名二至四位。这五个地区的基金会的公益支出合计占到全国的74.7%。

表16　2014年基金会公益支出地域分布

单位：亿元

排名	地区	非公募	全国占比	公募	全国占比	合计	全国占比
1	北京	35.85	31.69	101.82	48.87	137.68	42.82
2	广东	17.84	15.77	11.63	5.58	29.47	9.17
3	河南	0.64	0.57	26.42	12.68	27.06	8.42
4	江苏	14.50	12.81	9.93	4.76	24.42	7.60
5	上海	7.71	6.81	13.67	6.56	21.38	6.65
6	浙江	7.75	6.85	4.94	2.37	12.69	3.95
7	福建	8.62	7.62	1.60	0.77	10.22	3.18
8	四川	0.75	0.66	5.73	2.75	6.49	2.02
9	湖南	1.34	1.18	5.07	2.43	6.41	1.99
10	云南	0.47	0.42	3.91	1.88	4.38	1.36
11	重庆	1.45	1.28	2.31	1.11	3.75	1.17

续表

排名	地区	非公募	全国占比	公募	全国占比	合计	全国占比
12	贵州	0.86	0.76	2.60	1.25	3.46	1.08
13	内蒙古	2.18	1.92	1.26	0.60	3.43	1.07
14	山东	1.35	1.19	2.07	0.99	3.41	1.06
15	湖北	1.60	1.41	1.77	0.85	3.36	1.05
16	辽宁	0.60	0.53	2.45	1.17	3.05	0.95
17	陕西	1.87	1.66	1.06	0.51	2.94	0.91
18	宁夏	1.86	1.64	0.81	0.39	2.67	0.83
19	天津	1.17	1.04	1.00	0.48	2.18	0.68
20	安徽	0.70	0.62	1.35	0.65	2.05	0.64
21	河北	0.96	0.85	0.79	0.38	1.75	0.54
22	广西	0.45	0.40	1.13	0.54	1.58	0.49
23	吉林	0.69	0.61	0.67	0.32	1.36	0.42
24	黑龙江	0.69	0.61	0.66	0.32	1.35	0.42
25	甘肃	0.41	0.36	0.70	0.34	1.11	0.35
26	江西	0.20	0.18	0.87	0.42	1.07	0.33
27	山西	0.29	0.26	0.67	0.32	0.97	0.30
28	青海	0.19	0.16	0.47	0.23	0.66	0.20
29	新疆	0.10	0.09	0.54	0.26	0.65	0.20
30	海南	0.05	0.04	0.28	0.14	0.33	0.10
31	西藏	0.01	0.00	0.17	0.08	0.17	0.05
	全国	113.1	100	208.4	100	321.5	100

三　地域分布不均有所缓解

1. 基金会地域分布极不均匀

从基金会所在地来看，中国基金会的地域分布非常不均匀。如表17所示，在全国4871家基金会中，位于广东省的基金会最多，达到683家，占基金会总数的14.02%，其次是北京市共有554家基金会，占比为11.37%。超过45%的基金会位于广东省、北京市、江苏省和浙江省四个地区，这些地区的基金会数量远远多于其他地区。基金会数量最少的西藏自治区仅有16家基金会，约为广东省的2.3%。

各地基金会的类型也存在很大差异。如表17所示，全国31个地区中，共有25个地区的非公募基金会数量大于公募基金会数量。福建省的非公募基金会数量与公募基金会数量差异最大，非公募基金会有198家，而公募基金会为24家，前者为后者的8倍多。广东省的非公募基金会共有568家，公募基金会115家，前者为后者的4.9倍。上海市的非公募基金会共有221家，公募基金会56家，前者为后者的3.9倍。这三个地区均是经济发达地区，民间资本力量雄厚，为非公募基金的发展，社会治理体系的构建提供了良好的土壤。公募基金会数量超过非公募基金会数量的地区只有6个，分别是贵州省、西藏自治区、辽宁省、新疆自治区、四川省和湖南省，其中贵州省的公募基金会31家，非公募基金会13家。这些地区的基金会总数量也较少，基金会的发展相对滞后。

从基金会的密度来看，基金会集中于北京与上海两个地区。如表17所示，北京市的基金会密度最高，每十万人拥有2.6家基金会；上海市的基金会密度次之，每十万人拥有1.1家基金会。而基金会密度最低的河北省，每一百万人才能拥有一家基金会，与北京相差26倍。基金会密度更能反应一个地区的社会组织发展程度，进而影响该地区的社会治理能力和潜力。从这个角度来看，中国的社会组织发展仍然任重道远。

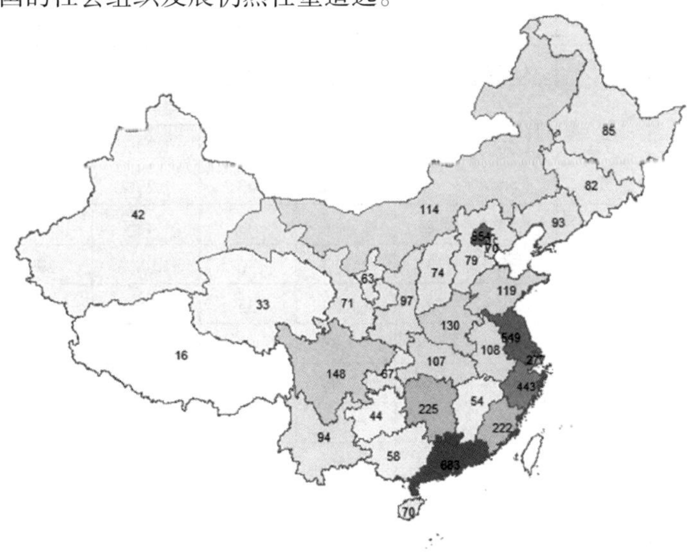

图16　基金会的地域分布

表17　各地区不同类型基金会分布情况

单位：家、万人、家/万人

序号	地区	基金会数量	全国占比	公募	全国占比	非公募	全国占比	人口	密度
1	广东	683	14.02%	115	7.43%	568	17.09%	10724	0.06
2	北京	554	11.37%	131	8.47%	423	12.73%	2152	0.26
3	江苏	549	11.27%	196	12.67%	353	10.62%	7960	0.07
4	浙江	443	9.09%	139	8.99%	304	9.15%	5508	0.08
5	上海	277	5.69%	56	3.62%	221	6.65%	2426	0.11
6	湖南	225	4.62%	117	7.56%	108	3.25%	6737	0.03
7	福建	222	4.56%	24	1.55%	198	5.96%	3806	0.06
8	四川	148	3.04%	84	5.43%	64	1.93%	8140	0.02
9	河南	130	2.67%	49	3.17%	81	2.44%	9436	0.01
10	山东	119	2.44%	40	2.59%	79	2.38%	9789	0.01
11	内蒙古	114	2.34%	49	3.17%	65	1.96%	2505	0.05
12	安徽	108	2.22%	28	1.81%	80	2.41%	6083	0.02
13	湖北	107	2.20%	23	1.49%	84	2.53%	5816	0.02
14	陕西	97	1.99%	33	2.13%	64	1.93%	3775	0.03
15	辽宁	94	1.93%	54	3.49%	40	1.20%	4391	0.02
16	云南	93	1.91%	41	2.65%	52	1.56%	4714	0.02
17	黑龙江	85	1.75%	42	2.71%	43	1.29%	3833	0.02
18	吉林	82	1.68%	27	1.75%	55	1.65%	2752	0.03
19	河北	79	1.62%	17	1.10%	62	1.87%	7384	0.01
20	山西	74	1.52%	26	1.68%	48	1.44%	3648	0.02
21	甘肃	71	1.46%	30	1.94%	41	1.23%	2591	0.03
22	海南	70	1.44%	27	1.75%	43	1.29%	903	0.08
23	天津	70	1.44%	21	1.36%	49	1.47%	1517	0.05
24	重庆	67	1.38%	31	2.00%	36	1.08%	2991	0.02
25	宁夏	63	1.29%	28	1.81%	35	1.05%	662	0.10
26	广西	58	1.19%	18	1.16%	40	1.20%	4754	0.01
27	江西	54	1.11%	20	1.29%	34	1.02%	4542	0.01
28	贵州	44	0.90%	31	2.00%	13	0.39%	3508	0.01
29	新疆	42	0.86%	24	1.55%	18	0.54%	2298	0.02
30	青海	33	0.68%	15	0.97%	18	0.54%	583	0.06
31	西藏	16	0.33%	11	0.71%	5	0.15%	318	0.05

资料来源：基金会中心网，国家统计年鉴，截止日期：2015年12月31日

从基金会的登记部门来看，各地的基金会登记部门差异也非常明显。如表18所示，民政部的基金会高度集中在少数地区，特别是地址位于北京市的民政部基金会数量就占到民政部基金会总数的78.4%；市县级民政部门登记注册的基金会也相对集中，广东省占到全国总数的38%，广东省、江苏省、浙江省、福建省和山东省，这五个地区的市县级基金会总数占到全国的75.6%；而省级民政部门注册的基金会分布最为分散，数量最多的江苏省占到全国的11.4%，江苏省、广东省、北京市、浙江省和上海市五个地区的省级民政部门登记注册的基金会数量合计占全国的47.1%。

表18　各地区不同注册类型基金会数量

单位：家

序号	地区	基金会数量	全国占比	省级民政部门	全国占比	民政部	全国占比	市县级民政部门	全国占比
1	广东	683	14.0%	407	10.2%	14	6.9%	262	38.0%
2	北京	554	11.4%	391	9.8%	160	78.4%	3	0.4%
3	江苏	549	11.3%	452	11.4%	4	2.0%	93	13.5%
4	浙江	443	9.1%	353	8.9%	4	2.0%	86	12.5%
5	上海	277	5.7%	271	6.8%	6	2.9%	0	0.0%
6	湖南	225	4.6%	202	5.1%	1	0.5%	22	3.2%
7	福建	222	4.6%	167	4.2%	3	1.5%	52	7.5%
8	四川	148	3.0%	146	3.7%	1	0.5%	1	0.1%
9	河南	130	2.7%	121	3.0%	2	1.0%	7	1.0%
10	山东	119	2.4%	90	2.3%	1	0.5%	28	4.1%
11	内蒙古	114	2.3%	108	2.7%	0	0.0%	6	0.9%
12	安徽	108	2.2%	77	1.9%	0	0.0%	31	4.5%
13	湖北	107	2.2%	91	2.3%	1	0.5%	15	2.2%
14	陕西	97	2.0%	93	2.3%	1	0.5%	3	0.4%
15	辽宁	94	1.9%	81	2.0%	1	0.5%	12	1.7%
16	云南	93	1.9%	79	2.0%	0	0.0%	14	2.0%
17	黑龙江	85	1.7%	84	2.1%	0	0.0%	1	0.1%
18	吉林	82	1.7%	81	2.0%	0	0.0%	1	0.1%
19	河北	79	1.6%	68	1.7%	1	0.5%	10	1.5%
20	山西	74	1.5%	70	1.8%	0	0.0%	4	0.6%
21	甘肃	71	1.5%	57	1.4%	2	1.0%	12	1.7%

续表

序号	地区	基金会数量	全国占比	省级民政部门	全国占比	民政部	全国占比	市县级民政部门	全国占比
22	海南	70	1.4%	70	1.8%	0	0.0%	0	0.0%
23	天津	70	1.4%	69	1.7%	0	0.0%	1	0.1%
24	重庆	67	1.4%	66	1.7%	1	0.5%	0	0.0%
25	宁夏	63	1.3%	59	1.5%	0	0.0%	4	0.6%
26	广西	58	1.2%	40	1.0%	0	0.0%	18	2.6%
27	江西	54	1.1%	52	1.3%	0	0.0%	2	0.3%
28	贵州	44	0.9%	44	1.1%	0	0.0%	0	0.0%
29	新疆	42	0.9%	42	1.1%	0	0.0%	0	0.0%
30	青海	33	0.7%	33	0.8%	0	0.0%	0	0.0%
31	西藏	16	0.3%	14	0.4%	1	0.5%	1	0.1%

资料来源：基金会中心网，截止日期：2015年12月31日

2. 基金会地域分布不均缓解

新成立基金会在基金会集中地区聚集。如表19和图17所示，2015年新成立的518家基金会中，广东省数量最多，为113家，占总数的18%，其中绝大多数为非公募基金会。上海、北京、浙江和江苏分别成立了72、71、54、53家基金会，上述五个地区新成立基金年会的比例占到全国总数的57%。

表19　2015年各地区不同类型新成立基金会分布情况

单位：家

序号	地区	基金会数量	全国占比	公募	全国占比	非公募	全国占比
1	广东	113	17.85%	1	1.75%	112	19.44%
2	上海	72	11.37%	3	5.26%	69	11.98%
3	北京	71	11.22%	1	1.75%	70	12.15%
4	浙江	54	8.53%	0	0.00%	54	9.38%
5	江苏	53	8.37%	1	1.75%	52	9.03%
6	福建	23	3.63%	1	1.75%	22	3.82%
7	湖南	23	3.63%	2	3.51%	21	3.65%
8	河北	18	2.84%	4	7.02%	14	2.43%
9	湖北	17	2.69%	7	12.28%	10	1.74%
10	云南	16	2.53%	0	0.00%	16	2.78%
11	安徽	14	2.21%	3	5.26%	11	1.91%

续表

序号	地区	基金会数量	全国占比	公募	全国占比	非公募	全国占比
12	海南	14	2.21%	3	5.26%	11	1.91%
13	山东	14	2.21%	1	1.75%	13	2.26%
14	黑龙江	12	1.90%	6	10.53%	6	1.04%
15	四川	12	1.90%	0	0.00%	12	2.08%
16	辽宁	11	1.74%	1	1.75%	10	1.74%
17	山西	11	1.74%	4	7.02%	7	1.22%
18	重庆	11	1.74%	0	0.00%	11	1.91%
19	甘肃	10	1.58%	2	3.51%	8	1.39%
20	河南	9	1.42%	1	1.75%	8	1.39%
21	宁夏	8	1.26%	4	7.02%	4	0.69%
22	广西	7	1.11%	1	1.75%	6	1.04%
23	贵州	7	1.11%	2	3.51%	5	0.87%
24	天津	7	1.11%	0	0.00%	7	1.22%
25	吉林	6	0.95%	4	7.02%	2	0.35%
26	内蒙古	6	0.95%	1	1.75%	5	0.87%
27	陕西	6	0.95%	2	3.51%	4	0.69%
28	江西	3	0.47%	1	1.75%	2	0.35%
29	青海	3	0.47%	1	1.75%	2	0.35%
30	新疆	2	0.32%	0	0.00%	2	0.35%

资料来源：基金会中心网，截止日期：2015年12月31日

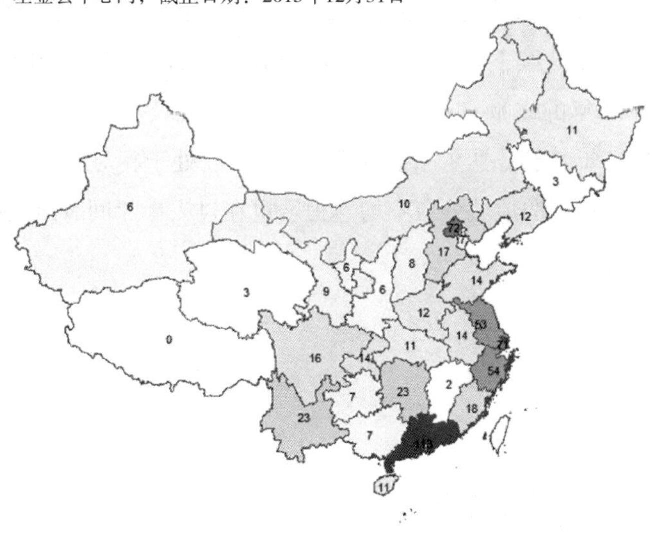

图17　2015年新成立基金会的地域分布

那么基金会的地域分布不均程度是否加剧了呢？如果以拥有基金会前十多和前五多地区的基金会数量占全国基金会总数的比重作为衡量指标，如图18所示过去十年间，基金会的集中程度稳中有降。2006年，前十地区和前五地区基金会数量占到全国基金会数量的比重分别为72%和51%，2015年这两个数字分别为69%和51%，变动幅度较小。

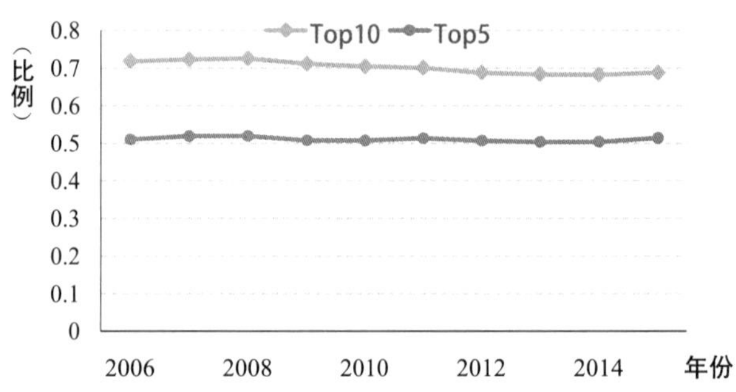

图18　前十和前五地区基金会比重，2006-2015年

资料来源：基金会中心网，截止日期：2015年12月31日

赫芬达尔指数是另一个衡量集中程度的常见指标[2]。如图19所示，中国基金会一直处于相对分散的局面，但是民政部基金会和市县级基金会的集中程度很高。过去十年间，民政部基金会的集中程度有所下降，其赫芬达尔指数也从0.8降到了0.6，但仍处于高度集中的状态。而市县级基金会2006年至2010年之间，集中程度持续下降，但是2011和2012年出现反弹，2012年的集中程度甚至超过2006年的水平。不过2013年以来，市县级基金会的集中程度持续降低，直到2015年其赫芬达尔指数降至0.07，已经处于相对低位。可见，从这个维度上看，基金会的地域分布不均等程度也在过去十年间有所缓解。

2　赫芬达尔—赫希曼指数，简称赫芬达尔指数，是一种测量产业集中度的综合指数。它是指一个行业中各市场竞争主体所占行业总收入或总资产百分比的平方和，用来计量市场份额的变化，即市场中厂商规模的离散度。当赫芬达尔指数小于0.1时，认为行业属于竞争型。

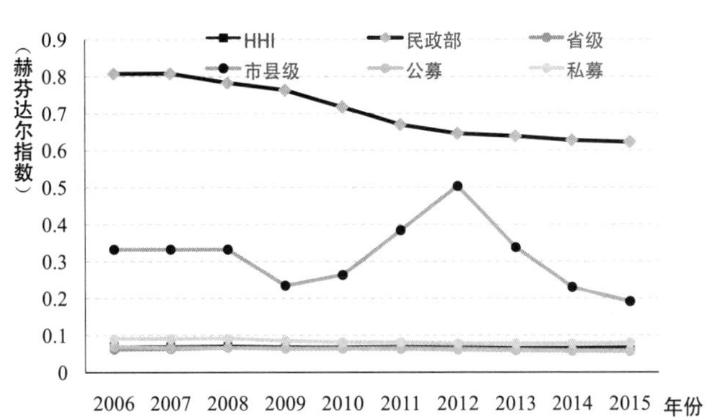

图19　历年基金会地域的赫芬达尔指数，2006-2015年

资料来源：基金会中心网，截止日期：2015年12月31日

3. 基金会地域分布的影响因素

经济因素是基金会发展的基础，也是地域分布不均等的决定因素。经济越发达的地区其民间积累的财富，以及人民参与慈善事业的热情都会更加高涨。从图17可以清晰的看出，我国基金会集中的地区为津京唐、长三角和珠三角地区，这些地区正是我国经济发展最好的地区。

政治因素加剧了这一不均等情况。北京作为我国的政治中心，民政部注册的多数（78.4%）选址于北京，这也决定了北京的基金会数量远高于经济发达程度相似的上海，成为我国基金会密度最高的地区。不仅如此，如果深入分析各省内部基金会的分布情况也会看到，省级民政部门注册的基金会往往集中在省会城市。政治因素的影响导致了我国基金会的分布在很大程度上与政府公共服务的分布相似，限制了基金会作为社会治理重要参与力量对公共服务的补充作用。

地方政策主导了市县级基金会的发展状况，从而影响了地域分布情况。县市级基金会的发展情况收到地方政策的显著影响。特别的，下放非公募基金会登记管理权限的城市，本地区市县级基金会的发展会出现高峰。这在一定程度上影响了基金会的地域分布情况。关于市县级基金会的更多细节将在第二章《市县级基金会发展分析》中单独详解。

四　基金会的人力资本分析

基金会人才匮乏加重。截止2014年末，全国基金会共有职工数20934人，平均每家基金会有5名职工。尽管基金会职工总数从2010年的13161人，增加到2014年的20394人，但是随着基金会数量的扩张，每家基金会的职工数却从2010年的6人减少为2014年的5人。可以说，基金会人才匮乏的状况加重了。

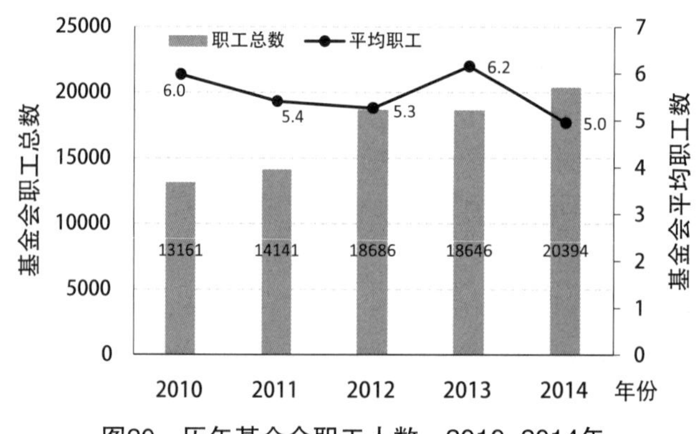

图20　历年基金会职工人数，2010–2014年

资料来源：中国民政统计年鉴（2011–2015）

具体分布来看，2014年全国仍然有30.1%的基金会没有职工，37.3%的基金会职工为1~3人，仅有5.6%的基金会职工超过10人。基金会的职工人数与基金会规模密切相关，职工人数为1~3人的基金会平均净资产为0.14亿元，职工人数为4~9人的基金会，平均净资产为0.32亿元，而职工规模在10人以上的基金会平均净资产1.54亿元。

表20　2014年基金会职工人数

职工数	基金会数	占比	平均净资产（亿元）
职工0人	1468	30.1%	---
职工1–3人	1819	37.3%	0.14
职工4–9人	1311	26.9%	0.32
职工10人以上	273	5.6%	1.54

按照不同注册地来看，基金会的人力资本情况存在较大差异。民政部注册的基金会和湖北省注册的基金会平均职工人数最多，接近9人的规模；而甘肃省注册的53家基金会仅有9名职工，人力资源缺口最大。特别值得关注的是，共有14个地区的平均职工人数不足5人，在平均职工人数之下，这其中包括江苏、浙江这两个基金会数量较多的地区，人力资源不足无疑会制约这些地区的基金会发展。

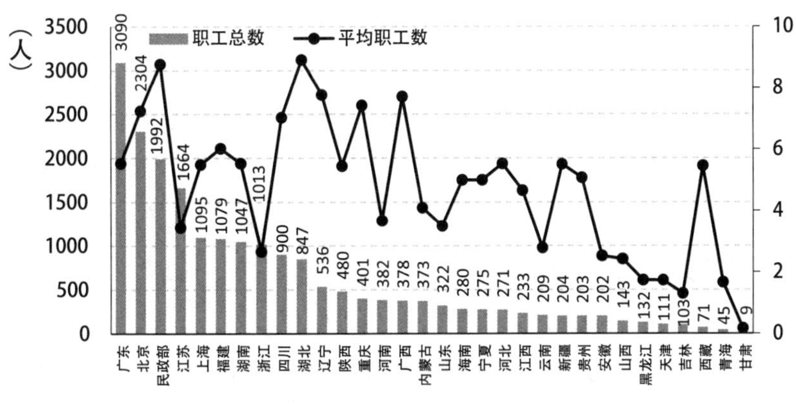

图21　2014年各注册地基金会职工人数与平均数

资料来源：中国民政统计年鉴（2015）

对比公募基金会与非公募基金会可以发现，非公募基金会的人才缺口更大。总共有1180家非公募基金会没有全职工作人员，占到所有非公募基金会总数的35.4%，这一比例远远超过公募基金会的19%。超过10人的非公募基金会仅有123家，占比3.7%，远远低于公募基金会的比例。

表21　2014年不同类型基金会职工人数

职工数	公募		非公募	
	基金会数	占比	基金会数	占比
职工0人	296	19.0%	1180	35.4%
职工1–3人	595	38.3%	1228	36.9%
职工4–9人	513	33.0%	801	24.0%
职工10人以上	151	9.7%	123	3.7%

资料来源：基金会中心网，截止日期：2014年12月31日

基金会的工资福利支出较低是制约基金会人力资本发展的主要原因。造成这种制约的法律法规一则是《基金会管理条例》第二十九条，其中规定“基金会工作人员工资福利和行政办公支出不得超过当年总支出的10%”。而《财政部、国家税务总局关于非营利组织免税资格认定管理有关问题的通知》，其中规定“工作人员平均工资薪金水平不得超过上年度税务登记所在地人均工资水平的两倍，工作人员福利按照国家有关规定执行”。换句话说，只有满足这个条件，基金会才具有免税资格。这两份不能逾越的硬性指标，使中小型、大型基金会都受到了各种牵制。中小型基金会更多受到了10%的限制，而大型公募基金会则更加受制于第二条法规。

基金会的工资支出大幅增加，2014年基金会工资支出4.8亿元，其中公募基金会平均工资支出3.38亿元，非公募基金会工资支出1.42亿元，增速分别达到17%和37%。但是若按照平均工资支出，基金会的福利支出并没有太多增加，2014年，公募基金会平均工资福利支出26.5万元，非公募基金会平均工资福利支出6.3万元，在过去的十年间增长幅度只有2.5%和3.2%，可见基金会的职工福利待遇并没有得到明显的改善，这极大地限制了基金会的人力资本积累。

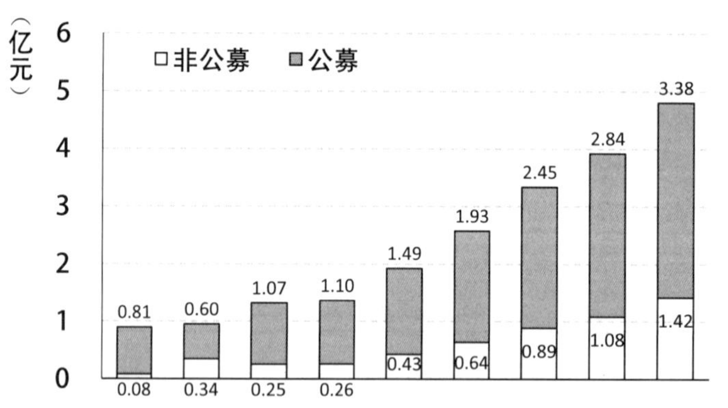

图22　历年基金会工资福利支出，2006-2014年

资料来源：基金会中心网，截止日期：2014年12月31日

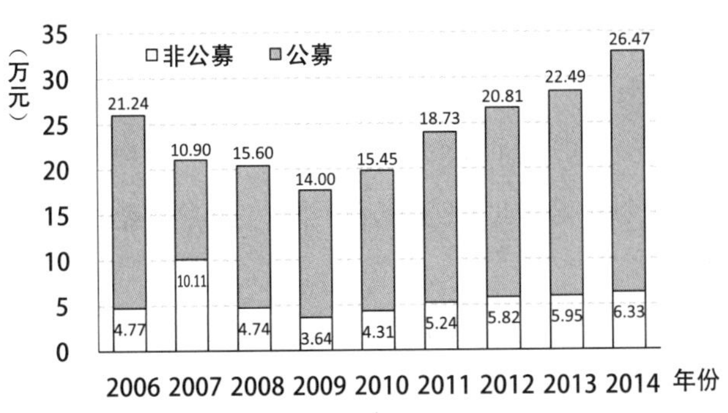

图23　历年基金会平均工资福利支出，2006–2014年

资料来源：基金会中心网，截止日期：2014年12月31日

2014年，基金会职工的平均工资待遇为1.9万/年，公募基金会2.9万/年，非公募基金会1.3万/年，无论是公募基金会还是非公募基金会，职工的工资待遇都缺乏竞争力。特别是非公募基金会的工资收入更少。

五　基金会的公益项目分析

2014年全国有3152家基金会披露了项目信息，共计开展16691个项目，涉及教育、医疗救助、环境保护等30多个领域，项目支出总额为320亿元，平均每个项目支出192万元。其中公募基金会开展项目6797项，项目支出207亿元，平均每个项目支出305万元；非公募基金会开展项目9894项，项目支出113亿元，平均每个项目支出114万元，平均项目支出强度远小于公募基金会。

表22　基金会项目支出情况

基金会类型	2014年			2013年			2012年		
	项目数	总支出(亿元)	平均支出(万元)	项目数	总支出(亿元)	平均支出(万元)	项目数	总支出(亿元)	平均支出(万元)
公募	6797	207	305	6635	188	284	5282	138	261
非公募	9894	113	114	8811	95	108	5543	73	131
合计	16691	320	192	15446	283	183	10825	211	195

资料来源：基金会中心网，截止日期：2014年12月31日

无论从项目数量还是从项目支出总额看，基金会的公益活动都更加活跃。2013年–2014年，项目数量增加8%，项目支出金额增长13.2%，单个项目平均支出也从183万元增加到191万元。但是相比于2012年，2013年与2014年的非公募基金会单个项目资助强度有所下降，这主要是由于资助项目数量激增导致的。

从项目覆盖领域来看，教育的重要地位仍然不可撼动。2014年，基金会在教育领域开展活动10100项，投入198亿元。与2013年的活动领域相比，2014年出现两个值得关注的变动。第一，科学研究取代公共服务成为基金会的第二个大项目领域，2014年，基金会累计开展科学研究项目2605项，支出83.1亿元。基金会科学研究的资助与支持作用愈发凸显，后文中我们将着重分析基金会对智库发展的支持作用。第二，关注儿童、老年人与青少年的三个领域的项目进入前十大项目领域，这说明基金会开展项目的目标人群更加明确。

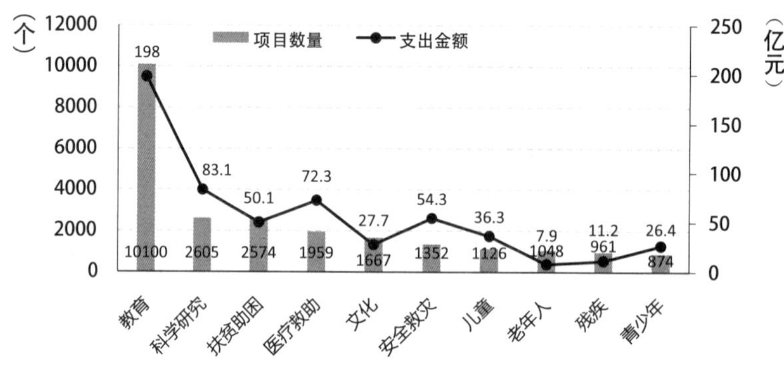

图24　基金会项目领域分布

资料来源：基金会中心网，截止日期：2014年12月31日

从地域分布来看，基金会开展的项目主要集中在北京、长三角和珠三角等经济发达地区，中西部地区项目较为缺乏。北京项目数量最多，占到全国总数的8.4%，上海、浙江、江苏、四川分别列在2–4位，这五个地区的项目数量合计占到全国的35.8%。值得注意的是，河南省虽然只开展了318个项目，仅排在全国第18位，但是其项目支出金额却高达27.9亿元。这里主要的原因是河南宋庆龄基金会大额的项目支出造成的。

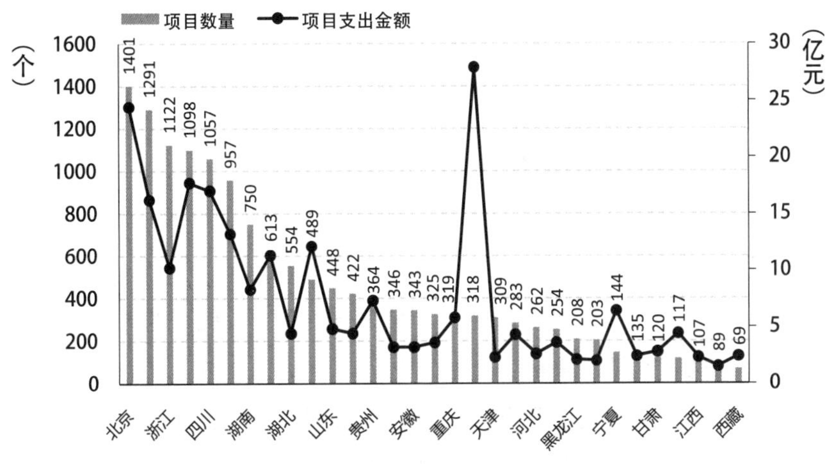

图25　项目地域分布

资料来源：基金会中心网，截止日期：2014年12月31日

第二章
市县级基金会发展分析

摘 要：

过去的三年间，我国市县级基金会数量与规模迅速扩张，已经成为我国基金会的一股不可忽视的力量。然而，当前对市县级基金会的分析几乎空白。第二章将从基金会的数量、资产规模、地域分布以及收入四方面分析市县级基金会的发展模式，并对比其与全国性基金会以及省级基金会的差异。

Abstract:

In the past three years municipally-registered foundations (MRFs) have grown significantly in China, becoming an important part of Chinese foundations. Few research on these foundations can be found in China. For that reason, the second chapter will focus on the development of these foundations with respect to their numbers, asset, geography, and income. In addition, this chapter will also compare these foundations to national- or provincial-level registered foundations.

一 市县级基金会发展趋势

在政府简政放权与促进社会治理的背景下，市县级基金会得到了空前的发展。综合来看，市县级基金会从无到有，再到爆发式增长的过程中呈现出以下几方面特征。

1. 市县级基金会爆发式增长，非公募基金会是主力

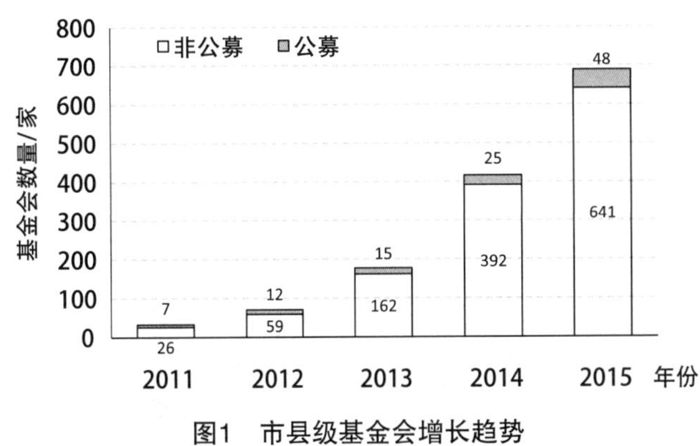

图1　市县级基金会增长趋势

资料来源：基金会中心网，截止日期2015年12月31日

由于2011年后，部分省份开展关于下放基金会登记注册权的政策试点，所以市县级基金会数量呈现爆发式增长。如图1所示，2011年到2015年的短短5年间，市县级基金会的数量从2011年的33家，以平均每年翻一倍多的惊人速度发展。2015年，新成立的市县级基金会累计达到689家。其中，公募基金会从2011年的7家增加到2015年的48家。然而，虽然公募基金会增长速度很快，但只占到市县级基金会总数的7%。另一方面，非公募基金会从2011年的26家，增加到2015年的641家，占到所有市县级基金会的93%，是市县级基金会增长的绝对主力。

2. 地区分布不均，广东地区一枝独秀

从地域分布上看，广东地区作为市县级基金会登记放权的首批试点省份，市县级基金会的发展遥遥领先于其他地区。从图2与表1的数据可以看出，广东省拥有262家市县级基金会，占到全国总数的38.3%，是市县级基金会最活跃的地区。江苏省、浙江省和福建省的市县级基金会也是最早开放试点的省份，市县级基金会合计占到全国总数的33.8%。上述这些地区都是我国经济发达的地区，再加上开放的政策为民间组织的发展提供了肥沃的土壤。在后文中将详细分析上述地区如何受益于基金会登记制度的改革试点。

图2　市县级基金会的地域分布情况

表1　市县级基金会的分地区情况

序号	地区	市县级基金会数量	全国占比	公募	全国占比	非公募	全国占比
1	广东	262	38.3%	10	23.3%	252	39.3%
2	江苏	93	13.6%	11	25.6%	82	12.8%
3	浙江	86	12.6%	2	4.7%	84	13.1%
4	福建	52	7.6%	0	0.0%	52	8.1%
5	安徽	31	4.5%	1	2.3%	30	4.7%
6	山东	28	4.1%	1	2.3%	27	4.2%
7	湖南	22	3.2%	4	9.3%	18	2.8%
8	湖北	15	2.2%	0	0.0%	15	2.3%
9	广西	14	2.0%	0	0.0%	14	2.2%
10	云南	14	2.0%	3	7.0%	11	1.7%
11	辽宁	12	1.8%	3	7.0%	9	1.4%
12	甘肃	11	1.6%	0	0.0%	11	1.7%
13	河北	10	1.5%	0	0.0%	10	1.6%
14	河南	7	1.0%	1	2.3%	6	0.9%
15	内蒙古	6	0.9%	1	2.3%	5	0.8%

续表

序号	地区	市县级基金会数量	全国占比	公募	全国占比	非公募	全国占比
16	宁夏	4	0.6%	1	2.3%	3	0.5%
17	山西	4	0.6%	1	2.3%	3	0.5%
18	北京	3	0.4%	0	0.0%	3	0.5%
19	陕西	3	0.4%	1	2.3%	2	0.3%
20	江西	2	0.3%	0	0.0%	2	0.3%
21	黑龙江	1	0.1%	1	2.3%	0	0.0%
22	吉林	1	0.1%	0	0.0%	1	0.2%
23	天津	1	0.1%	0	0.0%	1	0.2%
24	四川	1	0.1%	1	2.3%	0	0.0%
25	西藏	1	0.1%	1	2.3%	0	0.0%

数据来源：基金会中心网，截止时间：2015年12月31日。

3. 独立型基金会占半壁江山

从基金会的类型来看，独立型基金会是市县级基金会的主要形式。独立基金会是由相关法人、自然人发起创立但独立于出资人运营管理的基金会。如表2所示，2015年，独立型基金会总数合计373家，占到所有市县级基金会的54.14%。排名第二的是企业型基金会，合计90家，占比为13.06%。特别地，在过去三年中，独立型基金会占市县级基金会的比例逐年提升，从2013年的51.14%提升到2015年的54.14%。

表2 市县级基金会的类型

类型	2015年		2014年		2013年	
	数量	比例	数量	比例	数量	比例
独立型	373	54.14%	215	51.56%	91	51.41%
企业型	90	13.06%	69	16.55%	40	22.60%
系统型	79	11.47%	48	11.51%	28	15.82%
学校型	66	9.58%	32	7.67%	10	5.65%
其他	54	7.84%	34	8.15%	2	1.13%
社区型	24	3.48%	18	4.32%	5	2.82%
慈善会	3	0.44%	1	0.24%	1	0.56%

数据来源：基金会中心网，截止时间：2015年12月31日。

4. 财务数据波动较大，以小型基金会为主

随着基金会数量不断扩张，市县级基金会的资产规模也不断扩大。如表3所示，基金会的资产规模从2010年的8566万元，扩张到2014年的24亿元，增长迅速。但是，市县级基金会的平均净资产增长在2011年后有所减缓，呈现波动式的发展态势。2011年市县级基金会的平均净资产一度达到1861万元，由于大量新成立基金会的注册资金比较小，2012年基金会的平均净资产规模锐减为910万元，不足2011年的一半，2013年再次增加到1563万元，2014年则为992万元。基金会的平均注册资本、平均捐赠收入以及平均公益支出都呈现出同样的波动性。这一现象是因我国市县级基金会的管理政策正在逐步放开、基金会数量高速增长、基金会自身以及市场不断调整造成的。而从更大的范围来看，我国近年来新成立的基金会的各类特征均呈现出不稳定的波动。

表3 市县级基金会的资产状况

年份	净资产（万元）	平均净资产（万元）	平均注册资本（万元）	捐赠收入（万元）	平均捐赠收入（万元）	平均公益支出（万元）
2010	8566	857	720	9019	902	163
2011	35351	1861	1566	15708	827	460
2012	50065	910	816	20714	377	261
2013	96913	1563	717	75721	1221	402
2014	240081	992	601	135223	559	330

数据来源：基金会中心网，截止时间：2015年12月31日。

除此以外，由市县级基金会的资产规模可以看到，新成立基金会多为中小型基金会。从表4可见，共有173家市县级基金会净资产规模不足五百万，比例超过70%，接近85%的市县级基金会净资产规模不足一千万。亿元级别的大型基金会仅4家，但是其资产总值占到了市县级基金会总资产的43.15%，规模结构与省级以上基金会基本一致。由此可见，小型基金会是市县级基金会的主要构成，这也从一个侧面解释了前文中发现的市县级基金会的财务波动性。

表4 市县级基金会的资产结构

资产规模	0~1/百万元	1~5/百万元	5~10/百万元	10~50/百万元	50~100/百万元	100/百万元以上	合计
基金会数量	21	152	32	29	2	4	242
数量占比	8.68%	62.81%	13.22%	11.98%	0.83%	1.65%	100%
总资产/亿元	0.04	3.63	2.08	6.40	1.50	10.36	24
资产占比	0.15%	15.12%	8.68%	26.66%	6.25%	43.15%	100%

数据来源：基金会中心网，截止时间：2014年12月31日。

从表-5中看到，市县级基金会的捐赠类型仍以境内捐赠为主，但2013年及2014年两年间，境外自然人及机构捐赠量明显提升，特别是境外机构增幅明显。而随着各地方市县的经济社会发展，境内自然人的捐赠意识进一步增强，参与公益事业的积极性提高，自然人捐赠呈现出上升趋势，特别在2013年实现了大幅增长。

表5 市县级基金会捐赠情况

捐赠类型		境内捐赠	境内自然人	境内机构	境外捐赠	境外自然人	境外机构
2012年	数量	2.1	0.5	1.6	0.002	0.002	0.0003
	比例	99.9	25.0	75.0	0.1	85.3	14.7
2013年	数量	7.5	2.9	4.6	0.121	0.028	0.093
	比例	98.4	38.7	61.3	1.6	23.0	77.0
2014年	数量	13.3	3.4	9.9	0.105	0.022	0.083
	比例	99.2	25.4	74.6	0.8	21.0	79.0

数据来源：基金会中心网，截止时间：2014年12月31日。

二 市县级基金会蓬勃发展的推动力

市县级基金会蓬勃发展首先得益于政策试点消除了市县级基金会注册登记的制度障碍。从往年以及今年的绿皮书的数据和分析中可以看到，法律法规对于我国慈善基金会的发展有着至关重要的影响。根据国务院2004年颁布的《基金会管理条例》的规定，成立基金会必须到省级以上民政部门注册登记。由于登记管理权限不在市或县级民政部门，直接从制度上抹杀了地方成立基金会的意愿，制约了市县级基金会的发展。截止本绿皮书出版的日期，《条例》中关于注册登记部分仍未修改。但是，2013年以来，以广东、浙江、福建、湖北为代表的部分省份开展了下放基金会注册登记权限的政策试点，这为市县级基金会的发展扫除了制度障碍，是市县级基金会蓬勃发展的直接原因。

广东省是我国第一个进行基金会登记管理权限下放的省份。2013年，广东省民政厅对《关于进一步促进公益服务类社会组织发展的若干规定》（粤民民〔2009〕96号）进行修订，在此基础上出台了新的《关于进一步促进公益服务类社会组织发展的若干规定》（粤民民〔2013〕111号），原规定同时废止。新的规定在简化登记程序、下放登记权限等方面推出了一些不同以往的措施。

首先，新《规定》提出，县级以上人民政府民政部门是公益服务类社会组织的登记管理机关；基金会的登记管理机关是省人民政府民政部门，对冠以地级以上市行政区划名称的非公募基金会，可向已获得授权的地级以上市民政部门直接申请登记。其他有关部门是公益服务类社会组织的业务指导单位，在各自职责范围内依法对公益服务类社会组织的相关活动进行监督指导。关于登记管理机关的变更，极大的促进了市县级基金会的发展，2013年以后广东省市县级基金会呈现迅速攀升的局面，2013年到2015年之间，广东省市县级基金会从98家激增至262家，占到全国市县级基金会总数的38.3%。

第二、除登记管理机关的变更外，该规定同时增加了登记的灵活性，进一步促进了城乡基层社区的公益服务类社会组织的发展。新《规定》对于城乡基层社区的公益服务类社会组织，首次采取登记和备案两种方式进行审批。除此以外，全省公益服务类社会组织的布局适当调整，合理配置资源，重在为基层民众服务。其中特别有利于地方公益基金会发展的政策在于：培育发展公益服务类社会组织向城乡基层倾斜，服务于城乡基层社区的公益服务类组织，不具备登记条件的，可在乡镇（街道）进行备案；具备登记条件的，在县（区）民政部门进行登记；对于发起人公益服务贡献较大、影响力强、服务区域大、服务对象数量多的组织，可以在地级以上市民政部门登记；对于在全省乃至全国范围内有广泛影响和代表性、对全省公益事业提供有力资源支持的组织，可以在省级民政部门登记。由此可见，此政策偏重于促进城乡基层公益服务类社会组织多元发展，从而使公共服务提供者更加多元。广东省又紧接着出台了《广东省民政厅关于培育发展城乡基层群众生活类社会组织的指导意见》，增加了新《规定》在地方的可执行性。

第三，新规优化了登记程序，减轻了基金会的行政负担。一是缩短了办理时间。登记管理机关在收到全部有效文件之日起由原来的45日内缩短到30日内完成审批手续，对具备条件和符合服务范围的公益服务类社会组织的登记申请，登记管理机关应当依法作出准予登记的书面决定，并向申请者颁发《基金会法人登记证书》、《社会团体法人登记证书》或《民办非企业单位登记证书》。二是改登记制为备案制。公益服务类社会团体、基金会根据章程规定设立分支机构、代表机构的，应在登记管理机关进行备案，而按照原先的规定是要申请注册登记。三是放松了机构命名要求。新政允许公益服务类社会团体中的公益慈善类社会团体名称可使用字号。这三条都是政府关于简化公益组织登记注册的行政程序的显著支持。

综上所述，政策的改变是促进市县级基金会蓬勃发展的主要原因。我们也从数据上看到，登记管理权限下放后，尤其是对于非公募基金会来说拥有了更加宽松的发展环境。同时，我们也看到经济发展水平决定了地方发展公益组织、促进社会事业建设与完善社会治理体系的主动性与积极性。我们认为，广东、浙江等省开展社会公益组织改革试点是其经济社会发展程度达到一定阶段的必然产物，是这些地区利用社会治理制度改革解决部分经济发展新阶段勉励社会问题与矛盾的措施，这也将成为我国未来社会治理发展的方向。

三　市县级基金会发展的瓶颈

然而，市县级基金会蓬勃发展的同时，我们也看到了一些发展瓶颈。

首先，基金会收入严重依赖捐赠收入，且基金会缺乏资金保值增值能力。从表6数据中可以看到，市县级基金会严重依赖于捐赠收入。捐赠收入占总收入的94.4%。2014年只有15家市县级基金会接受了政府资金，且政府补助收入仅占总捐赠数额的1.2%。而市县级基金会提供社会服务的收益更加少，只占总收入的0.05%，说明市县级基金会在本地化的公共服务提供上，仍处于起步阶段。除此以外，我们可以看到多数市县级基金会过度依赖资产捐赠，而缺乏资产增值保值的行为。根据数据，2014年205家基金会没有资产保值的行为，接近县市级基金会总数的一半。虽然大部分县市级基金会成立时间短，面临规模小、人员少、运营专业性不强的问题，增加了资产保值增值的困难，但这一现象也是大多数非公募基金会的发展面临的主要挑战。

表6　市县级基金会捐赠收入明细

单位：万元

类别	数额	类别	数额
总收入	143317.0	平均总收入	592.0
捐赠收入	135223.0	平均捐赠收入	559.0
政府补助收入	1727.0	平均政府补助收入	7.0
投资收益	1824.0	平均投资收益	8.0
服务收益	75.0	平均服务收益	0.3

资料来源：基金会中心网，截止日期2015年12月31日

其次，市县级基金会信息公开意愿不足，各地监管力度不一。公信力是公益组织获取可持续发展能力的核心要素，而获取公信力，必须通过完备的信息公开和严格的监管。目前，大多数非民政部注册或省级注册基金会的年报，不需要在省及民政部备案并公示，而各地民政部门由于试点政策差异，并不一定会督促基金会上交年报，或对年报的真实性没有成熟的监督和管理机制。信息公开基本仅凭各基金会通过自身宣传媒介披露，没有统一的信息平台。

第三，市县级基金会的通常不太重视能力建设，缺乏可持续性发展能力。此处我们特别将市县级基金会从事领域的比例和省级或全国注册基金会做了直接对比。表7中我们看到，市县级基金会从事的领域和省级及以上基金会基本重复。但是在社区发展领域来看，市县级基金会就比省级及以上基金会的比例超过了一倍多。说明地区性基金会还是偏重于本地社会服务的提

供。从第一章我们也可以看到，我国绝大多数基金会可以看作是直接提供社会服务或者运营慈善项目的NGO，而以社会组织发展较为发达的美国为例，其基金会通常不会实际操作具体项目或提供公共服务，而对项目运营类的基金会，能力建设更是可持续性发展的关键。目前已经有一些专门为基金会提供能力建设的政府资助项目，或者是企业为基金会提供了相关服务。希望能力建设能够被政策惠及，支持已有的基金会健康的、长期的发展公益事业。

表7　市县级基金会关注领域分布图

领域	省级/民政部基金会		市县级基金会	
	项目数量	比例	项目数量	比例
教育	6923	43.8%	210	36.9%
扶贫助困	2462	15.6%	135	23.7%
公共服务	985	6.2%	46	8.1%
公益行业	433	2.7%	32	5.6%
医疗救助	936	5.9%	28	4.9%
文化	539	3.4%	19	3.3%
安全救灾	243	1.5%	14	2.5%
社区发展	109	0.7%	12	2.1%
环境	347	2.2%	11	1.9%
志愿服务	184	1.2%	11	1.9%
心理健康	59	0.4%	10	1.8%
科学研究	574	3.6%	9	1.6%
卫生保健	286	1.8%	7	1.2%
动物保护	49	0.3%	5	0.9%
艺术	451	2.9%	4	0.7%
创业	130	0.8%	3	0.5%
公益投资	50	0.3%	3	0.5%
就业	36	0.2%	3	0.5%
公共安全	434	2.7%	2	0.4%
侨务	4	0.0%	2	0.4%
法律实施	58	0.4%	1	0.2%
三农	170	1.1%	1	0.2%
体育	211	1.3%	1	0.2%
公民人权	3	0.0%	0	0

续表

领域	省级/民政部基金会		市县级基金会	
	项目数量	比例	项目数量	比例
国际事务	112	0.7%	0	0

资料来源：基金会中心网，截止日期2015年12月31日

根据以上三点的困境，在此提出三点简短的建议。

第一，加大政策扶持力度。随着我国经济社会发展水平的不断提高，应在部分省市社会公益组织审批监管试点的基础上，总结梳理成功经验，深入推动试点措施在全国的推广。除了下放登记注册权限外，加大各级政府，特别是市县民政部门对公益性组织的资金支持。探索社会事业由社会组织推进管理的模式，调整部分社会发展财政经费支持公益组织发展。

第二，加强监管与信息公开建设。在下放基金会管理权限的同时，应加强对基金会监管的标准制定，促进全国范围内监管措施的一致性。增强市县级基金会信息公开力度，除向监管部门汇报外，应设立统一的基金会信息披露平台，向民众公开信息，提升基金会发展的透明度和公信力。

第三，促进基金会自身能力建设。通过政府能力建设项目与市场商业化服务，为基金会提供其发展所必须的经验；加强基金会信息网等平台的沟通交流作用，促进基金会间的经验交流；设立公益类机构管理专业或培训机构，培养基金会管理专业人才。提升基金会自身运营与发展水平与能力，促进基金会的长期可持续性发展。

第三章
中小型基金会基金会发展分析

摘　要：

过去的三年间，中小型（3000万元净资产以下）的基金会数量与规模迅速扩张，已经成为我国基金会的一股不可忽视的中坚力量。然而，当前对这些基金会的分类分析几乎完全空白。第二章将从基金会的数量、资产规模、地域分布以及收入四方面分析中小型基金会的发展模式，并对比其与全国性基金会以及省级基金会的差异。

Abstract:

In the past three years small and medium-sized foundations (SMFs, with asset less than 30 million RMB) have grown significantly in China, becoming an important part of Chinese foundations. Few research on these foundations can be found in China. For that reason, the third chapter will focus on the development of these foundations with respect to their numbers, asset, geography, and income. In addition, this chapter will compare these foundations to national or provincial-level rigiestered foundations.

中小型基金会[3]是我国基金会愈发重要的组成部分和将成为未来基金会发展的主流。基金会中心网总裁程刚在今年一月份的采访[4]中提到，“我们发现中小型基金会数量接近2000家，占非公募基金会总数的60%。有一些中小型

3　本绿皮书统一使用统一定义，即净资产不超过3000万元人民币的基金会为中小型基金会。

4　公益时报，基金会中心网总裁程刚：2015年基金会行业的七大关键词，2016-01-06，http://www.gongyishibao.com/html/zhuanlan/2016/0106/9234.html

基金会十分活跃，相对其他基金会组织，它们更加注重整合社会资源，品牌影响力提升，更加重视创新能力培养，也更加坦然面对和接受竞争，已经成为当前国内非公募基金会发展的一种新的驱动力量。它们发展规范，可圈可点，为中国基金会行业增添了活力，使得现代公益慈善生态系统变得更加良好”。其中，中小型基金会在促进市场化，促进了基金会行业与市场和社会的融合程度上，都是中国基金会行业的中坚力量。除此以外，南都公益基金会理事长、中国慈善联合会副会长徐永光在谈到家族基金会的时候也认为小型化、普及化将是中国家族基金会的主流[5]。所以本年度绿皮书将重点关注中小型基金会。

从净资产规模来看，2014年所有公布财务信息的3521家基金会中，净资产规模小于3000万的基金会合计2960家，占到总数的84%。其中，公募基金会997家，占公募基金会总数的78%；非公募基金会1963家，占非公募基金会总数的87%。从数量和比例看，中小型基金会均为我国基金会的绝对主力。但是长久以来，有关基金会的研究报告和学术讨论却集中于大型公益基金会，而忽略了中小型基金会这一支重要力量。本章将尝试弥补现有研究的不足，初次针对中小型基金会的发展趋势、主要特点以及发展瓶颈进行深入分析，并提出中小型基金会可持续发展提出政策建议。

一　中小型基金会发展趋势

截止2014年底，根据基金会中心网的统计数据，我国净资产规模小于3000万的中小型基金会累计达到2960家，占到全国基金会总数的84.3%，是我国基金会的主要组成部分。2014年，中小型基金会累计净资产215亿元，占全国基金会总净资产的20.5%。下文将对中小型基金会的发展趋势与特征进行详细分析。

5　何翠云，中华工商时报，2015-10-08，小型化普及化渐成家族基金会主流，http://funds.hexun.com/2015-10-08/179659818.html

1. 中小型基金会数量稳定增加，非公募基金会为主要增长点

中小型基金会数量稳步增长。如图1所示，过去五年间，中小型基金会从2011年的1859家，增加到2014年的2960家，年均增速16.8%。中小型基金会占到全国基金会总数的84.3%。其中，中小型公募基金会占公募基金会总数的78.1%，中小型非公募基金会占非公募基金会总数为87.4%。

非公募基金会为中小型基金会的主要增长点。如图1所示，过去五年间，中小型公募基金会从772家增加到997家，增长率仅为6.7%，特别是最近三年，中小型公募基金会仅增加62家。因增速较低，中小型公募基金会占全国公募基金会的比例也随之下降。与之相反，中小型非公募基金会则表现出极强的活力，从2010年的858家增加到2014年的1963家，总数增长逾一番，年均增速23%。除此以外，中小型非公募基金会占全国非公募基金会的比例也呈现出上升趋势，从86.1%提升到87.5%，成为中小型基金会的主要增长类型。

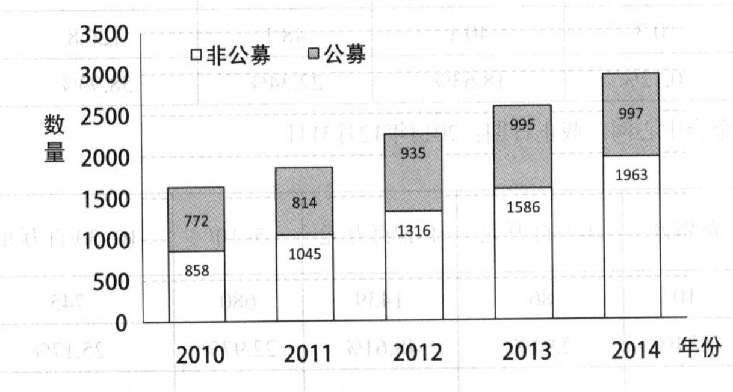

图1 历年中小型基金会数量，2010-2014年

资料来源：基金会中心网，截止日期：2014年12月31日

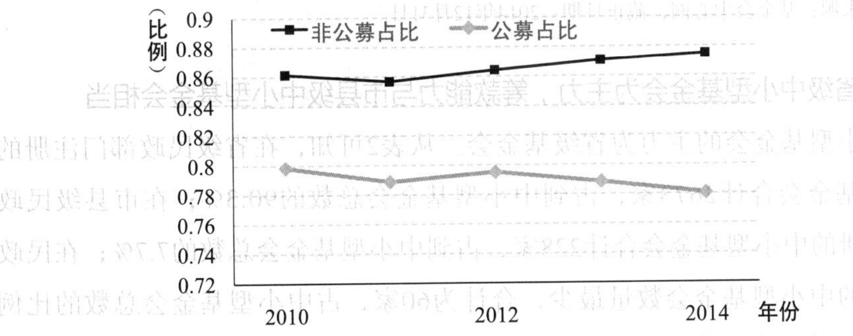

图2 历年中小型基金会占比，2010-2014年

资料来源：基金会中心网，截止日期：2014年12月31日

2. 净资产结构分布均匀，1-5百万资产规模为主

中小型基金会的净资产结构分布相对平均。1-5百万的中小型基金会数量最多，为1439家，占到中小型基金会总数的48.61%，其净资产合计136.3亿元，占中小型基金会总资产的18.63%。数量上来看1-5百万级基金会虽是中小型基金会的主力，但总资产仍然较少。5百万-1千万，1千万-3千万净资产规模的基金会数量相当，分别为680家与745家，两者的净资产合计分别为48.1亿元与126.8亿元，分别占中小型基金会比例的分比为22.34%与58.93%，在总资产规模上超过低于5百万元的小型基金会。

表1　中小型基金会的资产结构

资产规模	0–1/百万元	1~5/百万元	5~10/百万元	10~30/百万元	合计
基金会数量	86	1439	680	745	2950
数量占比	2.91%	48.61%	22.97%	25.17%	100%
总资产/亿元	0.3	40.1	48.1	126.8	199.6
资产占比	0.12%	18.63%	22.34%	58.93%	100%

资料来源：基金会中心网，截止日期：2014年12月31日

资产规模	负资产	0–1/百万元	1~5/百万元	5~10/	10~30/百万元	合计
基金会数量	10	86	1439	680	745	2950
数量占比	0.34%	2.91%	48.61%	22.97%	25.17%	100%
总资产/亿元	–0.6	0.3	40.1	48.1	126.8	199.6
资产占比	–0.03%	0.12%	18.63%	22.34%	58.93%	100%

资料来源：基金会中心网，截止日期：2014年12月31日

3. 省级中小型基金会为主力，筹款能力与市县级中小型基金会相当

中小型基金会的主力为省级基金会。从表2可知，在省级民政部门注册的中小型基金会合计2673家，占到中小型基金会总数的90.3%；在市县级民政部门注册的中小型基金会合计228家，占到中小型基金会总数的7.7%；在民政部注册的中小型基金会数量最少，合计为60家，占中小型基金会总数的比例为2.0%。从平均净资产来看，注册部门行政级别越高，基金会净资产规模越大。民政部注册的中小型基金会为1611万，是省级中小型基金会的两倍多，

而市县级中小型基金会的平均净资产为411万元，约为省级中小型基金会的60%。

但是值得注意的是，尽管省级中小型基金会在规模上远远大于市县级中小型基金会，但是其平均总收入，特别是平均捐赠收入并没有明显优于市县级中小型基金会。换句话说，省级中小型基金会与市县级中小型基金会的吸引捐赠能力相当。这表现出了我国基层社会发展的活跃程度，在市县一级，企业与自然人对参与社会公益事业的积极性较高。而在政府支持方面，省级中小型基金会在政府补助以及投资收方面的表现明显优于市县级中小型基金会。我国省市两级政府及社会资源参与社会事业的积极性呈现倒挂态势，资源配置不甚合理。

除此以外，市县级中小型基金会的公益支出占比远低于省级中小型基金会与民政部中小型基金会。如表2所示，市县级中小型基金会将其总收入的60.4%用于公益支出，这一比例远远低于民政部中小型基金会的80.6%与民政部中小型基金会的99.4%。我们将在第二个部分重点来看中小型基金会的公益项目支出，来展开分析这种差异性。

表2　中小型基金会登记部门分布情况

单位：家、万

注册部门	数量/占比	平均净资产	平均总收入	平均捐赠收入	平均政府补助	平均投资收益	平均公益支出
民政部	60/2.0%	1611	907	830	15	15	731
省级民政部门	2672/90.3%	734	340	290	17	12	338
市县级民政部门	228/7.7%	411	338	320	6	4	204

资料来源：基金会中心网，截止日期：2014年12月31日

4. 地域分布集中

从地域分布来看，中小型基金会集中在江苏、浙江、广东和北京四个地区。上述四地中小型基金会合计占到全国中小型基金会的47.8%。其中江苏省中小型基金会最多，共计330家占全国的12.3%，浙江、广东和北京分别拥有325、321和309家。

公募与非公募中小型基金会的地域分布情况基本一致，但存在细微的差

别。例如，广东省的非公募中小型基金会全国最多，合计278家。而江苏省的公募中小型基金会全国最多，合计126家。此外，因各省基金会管理制度改革，政策倾向有所不同，中小型基金会数量居前列的省市中，其公募与非公募基金会比例出现分化。其中，贵州、辽宁、青海等省公募基金会数量较多，侧面反映出以上省份对中小型基金会的政策支持力度较大；而广东、北京、福建、上海等省市，非公募基金会比例远高于公募基金会，反映了这些省份在政策改革与社会发展中为基金会创造了较好的市场环境，激发了社会资源参与基金会建设的积极性。在我国未来的社会组织管理模式改革中，政府支持与创造良好市场环境将是改革的两个不同的方向，我们非常需要在未来积极的总结研究这两种不同模式的政策效果，为基金会在我国的发展创造适宜的土壤。

表3　中小型基金会地域分布情况

单位：家

地区	总数	占比	公募	占比	非公募	占比
江苏	330	12.3	126	12.6	204	10.4
浙江	325	12.1	114	11.4	211	10.7
广东	321	11.9	43	4.3	278	14.2
北京	309	11.5	59	5.9	250	12.7
湖南	167	6.2	92	9.2	75	3.8
福建	155	5.8	15	1.5	140	7.1
上海	151	5.6	30	3.0	121	6.2
四川	110	4.1	67	6.7	43	2.2
河南	97	3.6	37	3.7	60	3.1
内蒙古	77	2.9	30	3.0	47	2.4
湖北	74	2.8	16	1.6	58	3.0
安徽	73	2.7	20	2.0	53	2.7
山东	73	2.7	31	3.1	42	2.1
辽宁	70	2.6	46	4.6	24	1.2
云南	57	2.1	29	2.9	28	1.4
河北	55	2.0	11	1.1	44	2.2
黑龙江	54	2.0	24	2.4	30	1.5
天津	53	2.0	16	1.6	37	1.9

续表

地区	总数	占比	公募	占比	非公募	占比
吉林	50	1.9	18	1.8	32	1.6
山西	50	1.9	18	1.8	32	1.6
陕西	50	1.9	16	1.6	34	1.7
广西	43	1.6	15	1.5	28	1.4
重庆	43	1.6	22	2.2	21	1.1
宁夏	40	1.5	23	2.3	17	0.9
贵州	32	1.2	25	2.5	7	0.4
甘肃	26	1.0	13	1.3	13	0.7
新疆	24	0.9	14	1.4	10	0.5
青海	19	0.7	12	1.2	7	0.4
江西	16	0.6	7	0.7	9	0.5
西藏	9	0.3	5	0.5	4	0.2
海南	7	0.3	3	0.3	4	0.2

资料来源：基金会中心网，截止日期：2014年12月31日

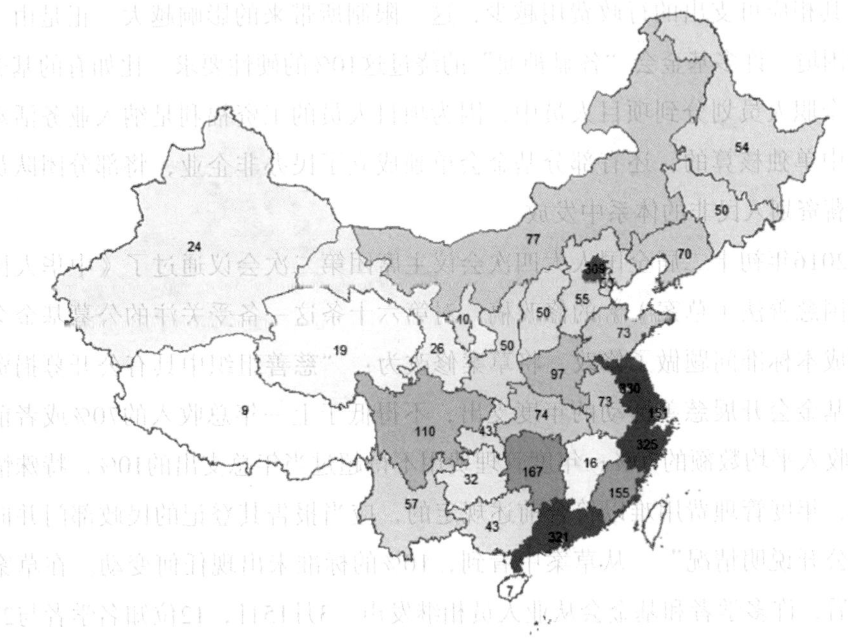

图3　中小型基金会地域分布情况

二 中小型基金会的发展瓶颈

中小型基金会很多特性和上一章详细分析的市县级基金会有重合的部分，因为绝大部分县市级基金会都是中小型基金会。所以本章将从人才困境和项目执行型基金会这两个角度来看分析中小型基金会的发展瓶颈。

首先，中国社会团体中普遍存在着人才困境。学者、媒体和基金会管理者多次在各种报道及文章中表示，《基金会管理条例》行政办公费用10%的限制一直是基金会人力资源发展的最大瓶颈。根据2005年1月1日实施的《民间非营利组织会计制度》第六章，非营利组织的“费用”包括业务活动成本、管理费用、筹资费用和其他费用。而管理费用指民间非营利组织为组织和管理其业务活动所发生的各项费用。以上所指的管理费用主要包括行政人员的工资福利、办公室水电费、租金等等行政费用。而在实践中，基金会规模越小，其相应可支出的行政费用越少，这一限制所带来的影响越大。正是由于这种困境，许多基金会“各显神通”的绕过这10%的硬性要求。比如有的基金会将全职人员划分到项目人员中，因为项目人员的工资福利是纳入业务活动成本中单独核算的。还有部分基金会单独成立了民办非企业，将部分团队员工的薪资划入民非的体系中发放。

2016年初十二届全国人大四次会议主席团第二次会议通过了《中华人民共和国慈善法（草案）》的修改稿，对第六十条这一备受关注的公募基金会管理成本标准问题做了修改，将草案修改为：“慈善组织中具有公开募捐资格的基金会开展慈善活动的年度支出，不得低于上一年总收入的70%或者前三年收入平均数额的70%；年度管理费用不得超过当年总支出的10%，特殊情况下，年度管理费用难以符合前述规定的，应当报告其登记的民政部门并向社会公开说明情况”。从草案中看到，10%的标准未出现任何变动。在草案公布后，许多学者和基金会从业人员相继发声。3月15日，12位知名学者与22家基金会集体向全国人大代表、全国人大法工委、全国人大内司委建言，取消“管理费用”的比例限定。文中说到：“复鉴于历次一审二审稿的公开文本中，基于专业立法者、有关政府部门、专家和业内从业者的意见，从未出现规定年度支出比例和管理费用比例的相关内容。但3月11号人大审议版的三审稿时候，突然出现“年度管理成本不得超过当年总支出的15%”的具体比例限制，引起业内的激烈讨论。再到3月12号人大法律委员会的修改版审议，“年度管理费用不得超过当年总支出的10%”。从管理费用无规定，到统一限定15%，进一步缩小到10%，在公益组织和公益从业人员中引起了轩然大波”。

同时，该文还就该限制的危害提出了两点明确的观点。因为此观点由著名法学专家几学者提出，专业性强，本文特在此做了抄录。

“1、年度管理费用不得超过当年总支出的10%的规定，将导致一大批雇佣专职人员来提供社会服务的公益基金会甚至下设的专项基金管理费用支出比例无法符合相关规定，因而被迫关闭或者导致机构被迫违规操作，对公益行业发展造成严重打击。

统一的管理费用标准不适宜管理不同形态的基金会。对一个募款额度较高，年度支出2亿元的基金会来说，10%是2000万，管理费用确实压力不太大；但是，如果对于年度支出200万的基金会来说，10%管理费用仅为20万，扣除房租、水电、基本办公费用，连聘一名专业人员的钱都没有。尤其对于那些直接提供慈善服务的运作型基金会，例如一批服务于农村教育、特殊儿童教育、孤残儿童救助、残障康复服务、老人服务、环境保护等领域的基金会，以及研究型、智库型基金会来说，都需要雇佣许多专职人员或投入大量研究经费开展业务。如果把这类机构的人员开支都列入管理费用并设定10%的比例，将导致这些创造巨大社会价值的基金会无以为继。

2、年度管理费用不得超过当年总支出的10%的规定，将在立法上强化目前公益从业人员的工资水平普遍低下甚至低于各地的最低工资线的现状。这将严重限制中国公益行业发展，有违《慈善法》的立法初衷。公益慈善机构作为“使命驱动”的组织在价值观层面的感召力具有一定的吸引人才的优势，但对一个行业而言，这种优势不应当被无限夸大。一定水平的薪酬和福利也是吸引人才，保证公益机构良好运转的必要条件”。简单来说，这种“一刀切”式的资金使用限制将给基金会造成了极大的伤害。”

中小型基金会和大型基金会的人员和管理费用结构数据有力的支持了上

述观点。从表4中我们看到了，中小型基金会的管理支出的成本的确高于大型基金会。但是我们惊讶的看到，中小型基金会的管理支出占比仅为总支出的3.05%。同时，中小型基金会平均雇员数为3.8人，但是基金会的支出的平均薪酬只有5.29万。也就是说，中小型基金会全职员工每人每年的工资仅有1.39万元，无疑对吸引专业人才是有极大困难的。

同时，数据也显示，现阶段许多基金会利用了项目运营等模式，规避这一限制。新的慈善法实行后，管理支出将大大的增加，因为筹资费用，业务活动成本，项目人员薪酬都将要一起算入10%的“年度管理费用”范畴。由于目前的财务数据并没有将这三项单独列出，所以在这里我们无法估计加入后对于中小基金会的影响。

表4 基金会分类别人力资源结构对比

	中小型基金会	大型基金会
职工人数/基金会	3.8	8.6
薪酬支出/基金会	5.29	57.63
管理成本/基金会	10.59	103.35
行政支出/基金会	5.30	45.72
管理总支出	31348.56	57977.70
总支出	1027226	2300461
管理支出占比	3.05%	2.52%

数据来源：基金会中心网，截止日期：2014年12月31日

第二，2.9%中小型基金会都是项目执行性的基金会，而不是资助型基金会[6]，几乎双倍于大型基金会。在第二章市县级基金会的讨论中我们已经看到了很多市县级项目执行型基金会实际就是运营性NGO，直接向社会提供公共服务或者慈善产品。这一类基金会就是项目运作型，而不是资助型基金会。2015年10月份民政部出台的《关于鼓励实施慈善款物募用分离充分发挥不同类型慈善组织积极作用的指导意见》(下文称：指导意见)，实质上鼓励了基金会向资助型发展，公益组织向专业化发展。而在现实中，在第二章市县

6 资助型基金会是基金会在运营中没有直接参与任何项目运作，而是通过资金或者其他资助模式间接投入。

级基金会的讨论中我们已经看到了很多市县级项目执行型基金会实际就是运营性NGO，直接向社会提供公共服务或者慈善产品，直接参与项目的运作。

从表5中我们看到，2012年资助型的中小型基金会的比例几乎三倍于资助型的大型基金会。然而到了2013年，资助型中小型基金会减少到接近之前的一半，说明部分中小型基金会在2013年开始了慈善项目。而到了2014年，随着新增中小型基金会的迅速增长，纯资助型基金会增长到70家，占有项目记录的基金会的2.4%。遗憾的是2015年10月份出台的《指导意见》时间尚短，需要时间来观察资助型基金会是否受到了该项政策的影响。表5中也可以看到，大型基金会中的资助型基金会数量一直都是比较稳定，始终维持在两到五家。2012年有上海文化发展基金会和四川西部自然保护基金会两家。2013年有浙江省博爱教育基金会、上海汽车工业科技发展基金会、上海联和新泰战略研究与发展基金会、上海新泰高新技术研究与发展基金会、广州欧初文化教育基金会五家基金会。2014年有上海联和新泰战略研究与发展基金会、上海新泰高新技术研究与发展基金会和甘肃省绿化基金会三家。进一步比对发现，上海联和新泰战略研究与发展基金会、上海新泰高新技术研究与发展基金会连续两年入榜大型资助型基金会，而其他的基金会都是在不同年份投入了项目运作中。

表5　基金会类别及比例占比

	中小型基金会				人型基金会			
	执行性基金会数量	资助型基金会量	资助型基金会	基金会总数	执行性基金会	资助型基金会	资助型基金会比例	基金会总数
2012	1969	59	2.9%	2028	184	2	1.1%	186
2013	2510	34	1.3%	2544	214	5	2.3%	219
2014	2846	70	2.4%	2916	233	3	1.3%	236

数据来源：基金会中心网，截止日期：2014年12月31日

其次，我们发现基金会执行项目和资助项目的比例在三年间也是有一些有趣的变化。从表6中可以看到无论基金会大小，执行型项目的增长都是比较稳固的。而对于资助型的项目数量，在2013年，大型基金会稳步上升，而中

小型基金会却骤降24.2%。中小型基金会资助型项目的比例也连续在2013和2014年两年维持比较低的比例。执行项目比资助项目可控性更强，而资助项目需要更为专业的管理团队与丰富的基金会运营经验，中小型基金会资助项目比例下降证明在中小型基金会数量高速增长的今天，中小型基金会的专业运营能力平均水平仍有待增强，其专业性的提升速度远低于其数量增长。

表6　基金会执行项目及资助项目比较

	中小型基金会				大型基金会			
	执行性项目数量	资助型项目数量	执行性项目比例	基金会数量	执行性项目数量	资助型项目数量	执行性项目比例	基金会数量
2012	8373	1004	10.7%	2028	1288	160	11.0%	186
2013	12698	761	5.7%	2544	1759	228	11.5%	219
2014	13467	915	6.4%	2916	2062	247	10.7%	236

数据来源：基金会中心网，截止日期：2014年12月31日

在上一章节市县级基金会里，市县级以及省级以上基金会从事公益项目的领域还是基本重合的。那么在区分了基金会资产大小后，我们还是可以看到大致比例比较重合，但是也有少许的区分。从表7中我们看到，在项目比例上，差距最大的是在环境保护领域，大型基金会环境类项目的比例超过三倍于中小型基金会。除了环境保护以外，国际事务和动物保护的领域也是大型基金会偏重的领域。而中小基金会在医疗救助、文化、卫生保健等领域项目比重较大型基金会偏高。这一数据从某个角度反映出了我国中小型基金会更关注教育、扶贫、公共卫生服务等问题。通过提供这一方面的直接服务，弥补我国政府在某些问题上提供服务质量不高的问题，有效的弥补了我国社会服务供给不足的问题。

表7　基金会分类别项目领域区分

领域	大型基金会		中小型基金会	
	数量	比例	数量	比例
教育	815	36.4%	6318	44.8%
扶贫助困	368	16.4%	2229	15.8%

续表

领域	大型基金会		中小型基金会	
	数量	比例	数量	比例
公共服务	123	5.5%	908	6.4%
医疗救助	96	4.3%	868	6.1%
科学研究	79	3.5%	504	3.6%
文化	64	2.9%	494	3.5%
艺术	59	2.6%	396	2.8%
公共安全	62	2.8%	374	2.6%
公益行业	125	5.6%	340	2.4%
卫生保健	35	1.6%	258	1.8%
环境	125	5.6%	233	1.7%
安全救灾	50	2.2%	207	1.5%
志愿服务	25	1.1%	170	1.2%
体育	53	2.4%	159	1.1%
三农	31	1.4%	140	1.0%
创业	18	0.8%	115	0.8%
社区发展	9	0.4%	112	0.8%
心理健康	8	0.4%	61	0.4%
国际事务	56	2.5%	56	0.4%
法律实施	5	0.2%	54	0.4%
公益投资	3	0.1%	50	0.4%
就业	7	0.3%	32	0.2%
动物保护	23	1.0%	31	0.2%
侨务	0	0	6	0.0%
公民人权	0	0	3	0.0%

数据来源：基金会中心网，截止日期：2014年12月31日

但是，正因为我国中小型基金会大多属于直接提供服务的项目执行型基金会。对于项目执行型基金会而言，本章节第一部分提到的人力成本困境就是主要针对于项目执行型基金会。因为对于重人力的基金会，10%的限定将大大阻碍了这些基金会正常开展业务。因此，目前约束我国中小型基金会发展的最大阻碍依然为管理成本支出限制问题。

三　中小型基金会的政策建议

1、修改或取消《慈善法》（草案）关于年度管理费用比例的条款。2012年《基金会蓝皮书》就提到了“慈善机构不光是做硬件和充当资金转移的搬运工，更多的是需要投入服务，而服务是需要人力成本支持的，尤其对于那些专门从事公益服务的机构来说”。而取消慈善法（草案）中关于年度管理费用比例的一刀切方式的限定就是支持更多基金会能够投入更多的社会服务中去。如不能取消这项限定，则建议民政部门在进行基金会年检时，严格遵照《非营利组织会计制度》会计科目中规定的“业务活动成本”、“管理费用”、“筹资费用”和“其他费用”四项成本分别计算，而不应把四项成本中的人工费用全部计入“管理费用”。从而保证在监管慈善支出的同时降低基金会的负担。

2、引导中小型基金会由多元化发展，倡导基金会的专业化。因中小型基金会现阶段运营经验较少、缺乏专业人才、资金数额较少，不适合进行大规模开展资助性项目。在下一步的发展与改革过程中，应引导中小型基金会向服务提供型的基金会发展，特别是在市县一级，鼓励中小型基金会开展特定领域社会服务，成为政府提供社会服务的有力补充，创造分层次、开放灵活的社会公共服务市场。通过不断提高其专业服务水平，提升中小型基金会运营能力，逐步扩大其影响力与规模，引导有条件的中小型基金会向资助型转型。

3、丰富基金会生态链。目前，我国基金会之间的资助与合作较少，基金会之间关系链较弱。下一步，建议修改现行法律法规，加强基金会交流平台建设，促进基金会之间的交流、资助与合作，以大型基金会带动中小型基金会发展，提升中小型基金会发展水平。

4、加强对基金会的政策扶持。针对省市两级政府与社会对中小型基金会资源配置倒挂问题，加强省级政府对优秀市县级中小型基金会的支持，合理配置政府资源。同时，完善慈善捐赠的税收等方面法律建设，鼓励企业、个人资助基金会建设。

第二部分：专家观点

Part 2: Expert Opinion

摘　要：

本部分分为两个部分，首先是中国慈善立法的参与者、见证者、推动者—全国政协委员、清华大学公益慈善研究院院长王名教授对于新慈善法的立法过程的全面解读。其次本年度绿皮书重点关注了中国“智库热”背后的基金会是如何支持中国智库的发展的。

Abstract：

This part comprises two chapter. The first chapter is Professor Wang Ming's overview of the formulation of the Law on Charity. The second chapter focuses on the support from Chinese foundations for the development of Chinese think tanks.

第四章
方兴未艾的中国公益慈善：发展、改革与趋势[7]

王名，清华大学公益慈善研究院院长

公益慈善是现代社会越来越具有公共性、群众性和影响力的社会活动。公益慈善本来是两个词：公益+慈善，分别强调这类社会活动的结果和动机两个不同方面。但这两个词在现代社会越来越紧密地联系在一起，成为一个统一的社会话语乃至学术话语，以反映或表达这类社会活动的共同特征及其本质。

公益是指让不特定多数的社会成员普遍受益的社会活动。通常这类活动包括两大类，一是直接让公众受益的社会活动，如空气质量的改善、社会公平的实现等；二是通过改善弱势群体的状况间接让公众受益的社会活动，如扶贫济困、助学助老等。公益活动不同于由政府动用财政资源提供的公共服务，在于其主体不是政府而是政府以外的其他社会力量，资源不来自财政而来自社会。在现代社会，公益活动往往和公共服务结合起来，政府通过购买服务将大量的财政资源提供给社会组织，通过公益服务来实现公共服务，以提高整个社会的公众受益或社会福利水平。

慈善和公益有很密切的关系。从结果上看，慈善就是公益。但慈善更关注动机和行为。在中文语境中，慈和善包括慈念和善行两个方面，慈念是动机，善行是行为，慈和善加在一起，指的是基于仁慈兼爱之心关怀、施予、帮助、救济他人的善行善举和为此提供的善款善物。

谈到公益慈善，我们马上就会想到汶川大地震，包括刚刚发生的天津

7　王名院长根据在十二届全国人大常委会第十六次会议闭幕会后作专题讲座的内容整理。

爆炸，眼前会浮现出捐款捐物、救灾救难、志愿服务等一幕幕大公无私、扶危济困、关怀救助受灾受难群众的感人场景。公益慈善往往在大灾大难中凸显出来，也表现出巨大的力量。除了在各种战争、自然灾害、环境污染、流行病等突发事件发生时公益慈善表现出强烈的公共性、群众性和影响力之外，公益慈善也广泛存在于人们的日常生活中，在教育、医疗、文化、科学研究、环境保护、体育、社区等种种社会服务中，除了营利性的市场服务之外，也有大量非营利性的公益服务。公益服务并非由企业提供，也不是由政府提供的，而是由形形色色的非营利的公益慈善组织来提供和保障的。即使在大灾大难中，作为公益慈善的组织主体，也不是企业和政府，而是致力于公益慈善活动的非营利组织。因此在现代社会，公益慈善主要是由各种致力于公益慈善活动的非营利组织所开展的社会活动。

为什么公益慈善越来越具有公共性、群众性和影响力？从根本上说，公益慈善随着人类社会的发展进步越来越普遍和发达。具体来说主要有四个原因：

第一，公益慈善对公共服务形成越来越积极的补充、完善。从前是公共服务失灵的地方出现公益慈善，如今公共服务和公益慈善同步发展且相互融合，公益慈善的空间和资源越来越多地来自公共服务，而公共服务的效果和效率因公益慈善而得到改善，整个社会的公共空间、资源总量和社会活动的公共性因此得到显著提升。

第二，公益慈善越来越成为人人可为、全民追求的群众性社会活动。从前主要是富人做慈善，如今随着社会财富的增大、人们闲暇时间的增多、特别是互联网时代的到来，公益慈善变得人人可为、随手可为、随时可为、随处可为，甚至在一定意义上成为一种公德而自觉，成为一种责任而践行，成为一种时尚而流行。

第三，公益慈善成为媒体和自媒体所关注的话题，使其具有越来越大的社会影响力。无论是美闻还是丑闻，无论是大事还是小事，无论是大人物还是小人物，一旦涉及公益慈善，往往会透过媒体特别是新媒体被发酵和无限放大，形成较大的社会影响力。

第四，公益慈善成为社会创新的源动力之一，带来越来越大的增加值。

公益创投、公益银行、社会企业、社会影响力投资等新公益业态不断涌现，使得公益慈善超越了营利或非营利的局限，成为社会财富新的增长点。

我们基于上述认识来讨论今日中国之公益慈善，包括其发展特征及存在问题、改革创新与法制建设以及发展趋势等。

一　我国公益慈善的蓬勃发展

我国有悠久的慈善文化传统。孔子主张“仁爱”，墨子提出“兼爱”，孟子强调“恻隐之心”，都是中华慈善思想的渊源。东汉以后许多地方出现了救济灾民贫民的“义田”、“义仓”，北宋著名思想家范仲淹兴办并传承数百年的“范氏义庄”，明清以后出现在江南各地的“善堂”、“善会”，以至民国期间的“慈善堂”、“慈善会”等，都是慈善文化的印证。

自改革开放以来，公益慈善随着经济发展和社会进步而逐步恢复发展起来，特别是近十多年来，我国公益慈善在诸多方面呈现出蓬勃发展的繁荣景象。这主要表现在如下七个方面：

1. 社会捐赠成倍增长

由表1和图1可见，近年来我国社会捐赠额增长迅猛，汶川特大地震期间（2008年）突破千亿规模，常规捐赠也一路猛增，2014年突破千亿，相当于2006年的近9倍。

表1　近年来全国社会捐赠总额

年份	2006	2007	2008	2009	2010	2011	2012	2013	2014
捐赠总额（亿元）	117	309	1070	630	1032	845	817	989	1046
占GDP比重（%）	0.05	0.11	0.35	0.18	0.25	0.17	0.16	0.16	0.16
人均捐赠额（元）	8.9	17.2	80.6	47.2	77.0	62.7	60.4	72.7	76.5

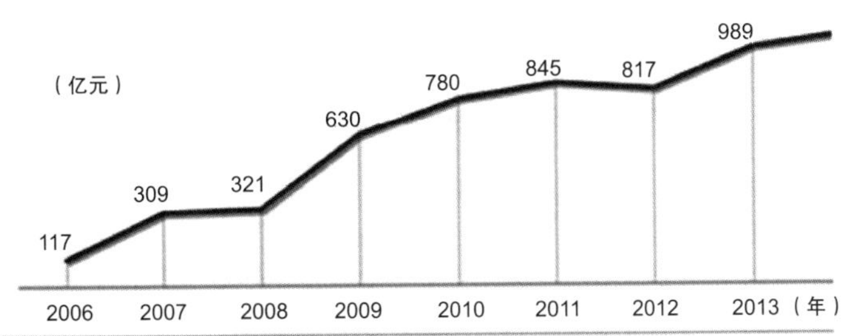

图1　我国近年常规捐赠趋势

[说明] 常规捐赠指剔除为救灾而引发的捐赠。

[资料来源]（1）中民慈善捐助信息中心编制《中国慈善捐赠报告》；

（2）扬团主编《慈善蓝皮书：中国慈善发展报（2015）》；

（3）国家统计局关于GDP及人口统计的数据的统计。

2. 公益慈善组织发展很快

作为公益慈善主体的社会组织发展很快，特别是基金会和致力于各领域公益服务的专门机构——民办非企业单位（以下简称“民非”）增加迅速，如表2所示。基金会特别是非公募基金会突飞猛进地发展是近年来我国公益慈善发展中一道亮丽的风景线。

表2　近年来社会组织登记数量

年份	2006	2007	2008	2009	2010	2011	2012	2013	2014
社会组织总数（万数）	35.4	38.7	41.4	43.1	44.5	46.2	49.9	54.8	60.6
其中：1、社团（万个）	19.2	21.2	23	23.9	24.5	25.5	27.1	28.9	31
2、民非（万个）	16.1	17.4	18.2	19	19.8	20.4	22.5	25.5	29.2
3、基金会（个）	1144	1340	1597	1843	2200	2614	3029	3549	4116
社会组织/万人	2.7	2.9	3.1	3.2	3.3	3.4	3.7	4.1	4.5

[资料来源] 民政部：中国社会组织网

3. 志愿服务和社会工作迅速普及

志愿者和社会工作者又称为“志工”、“义工”和“社工”，是公益慈善最基础和重要的人力资源。近年来我国的志愿者和志愿服务发展迅速，已形成初步的多样化志愿服务体系。与此同时，我国各层次专业社会工作得到极大普及，已成为支持公益慈善服务最重要的专业社会资源。详见表3、表4。

表3　我国各类志愿者人数及志愿服务

志愿者分类	全国志愿者	青年志愿者	老年志愿者
志愿者人数（万）	6000	4043	2000
志愿服务率（%）	4.62	3.11	1.5
志愿者捐赠时间（万小时）	30000	69000	8000
统计时间	2013.9	2013.12	2013.10
资料来源	民政部	团中央	老龄委

[资料来源] 杨团主编《中国慈善发展报告》，社会科学文献出版社。

表4　我国持证社会工作者人数

年份	2011	2012	2013	2014
社工师（万人）	1.3	未统计	3.1	3.9
助理社工师（万人）	4.1	未统计	9.2	12.0
合计（万人）	5.4	8.8	12.3	15.9

[资料来源] 民政部《2014年社会服务发展统计公报》（2015年6月）

4. 企业社会责任不断增强

企业社会责任是来自市场体系对公益慈善的重要支持力量，不仅表现为企业捐赠，更体现企业对于劳工、消费者、环境、社区等方面的综合公益贡献，反映在定期发布的企业社会责任报告上。近年来，我国各类企业公开发布的社会责任报告从无到有、成倍增长。详见表5。

表5　中国企业社会责任报告数量

年份	2006	2007	2008	2009	2010	2011	2012	2013
报告数量（个）	32	98	169	627	710	898	1006	1231

[资料来源] 杨团主编《中国慈善发展报告》，社会科学文献出版社（2014年版）。

5. 公益创新空前活跃

各种形式的公益创新层出不穷，打破了传统的公益慈善边界并形成巨大的社会影响力。在市场与公益之间涌现出大量社会企业，在移动互联网与公益慈善之间出现了如“免费午餐”“微公益”等异军突起的公益平台，在媒体、新媒体和公益之间催生出信息公开的种种创新平台；在金融与公益之间诞生了一个个带着更强社会使命的金融工具：公益创投、公益信托、小额信贷、社会影响力投资等等。一种被称为“公益产业”的新业态正在酝酿形成。

6. 公益研究的学术阵营正在形成

近年来，北京大学、人民大学、北京师范大学、中山大学、南京大学、浙江大学等高校竞相设立专门从事公益慈善研究和人才培养的机构，2015年4月，民政部和清华大学联合设立公益慈善研究院，旨在通过部校合作推进公益慈善领域的国家级智库建设。2014年全国人大启动慈善法立法工作，实行开门立法，多家研究机构积极参与，先后提出了七个不同版本的专家建议稿。公益慈善的相关研究成为一个新的学术和政策研究的增长点。每年都有越来越多的学术论文、政策报告、实践案例和专业期刊出版发行。数据显示，2006年检索到的以公益慈善为主题的文献有7472篇，相关博硕士论文有1344篇，到2014年，这两个数据增加到21821篇和13832篇，分别增长了1.92倍和9.29倍。

7. 政策调整和体制改革加紧推进

在地方层面，各级党政部门纷纷出台与公益慈善、社会创新相关的指导意见、地方政策和法规；在各级民政系统的积极推动下，政府购买服务、税收优惠等支持性政策渐成体系。在中央统一部署下，慈善法等法治体系建设和现代社会组织体制建构的进程在加紧推进。

近年来我国公益慈善呈现出繁荣发展的局面主要有五大原因：第一，改革开放以来持续多年的高速经济增长形成巨大的财富积累，为公益慈善发展奠定了经济基础；第二，在改革开放和市场经济稳步发展的同时，社会转型全面展开，为公益慈善提供了发挥作用的社会舞台；第三，以政府转型为核心，全面深化改革为公益慈善提供了公共空间；第四，爆发式增长的全社会对公共物品的巨大需求与政府公共服务供给不足之间形成的供求缺口，为公益慈善提供了现实需要；第五，广泛、巨大且日益强烈的公众参与为公益慈善提供了源源不断的人力资源和坚实的社会基础。

对比美国、英国、德国、日本等发达国家，我国公益慈善发展有四个值得注意的特点：

第一，我国当前出现的公益慈善蓬勃发展的势头，与美国上世纪初期出现的公益慈善发展高潮有着惊人的相似之处。特别是在财富空前积累带来私人基金会突飞猛进的发展方面，在现代基金会引领非营利组织治理变革和公益慈善发展模式转型方面，一场发生在当初美国的“慈善革命”，可以说正在今日之中国上演。从私人基金会的发展上可见一斑。美国私人基金会的数量在从1900年到1946年的近半个世纪从18家增加到505家，我国非公募基金会（其中大部分相当于美国的私人基金会）从2005年开始登记发展，不到10年间猛增到2610家。

第二，在公益慈善得到来自体制转型提供的巨大公共空间方面，我国的公益慈善发展与美国上世纪30年代至70年代以“福利国家”为背景出现的非营利组织蓬勃发展的格局很相似。彼时的美国，政府通过购买服务推动非营利组织涌向反贫困、教育、卫生等公共服务领域，大规模建设“美好社会”。同样的情况出现在英国、德国战后的一段时期，购买服务一度成为这些国家非营利组织资金来源中最大的部分。当下的中国，我们也正在经历类似的过程。

第三，在公益慈善参与和引领社会创新方面，我国与美国、英国、日本等发达国家相比差距很小，有些地方甚至走在了前面。比如社会企业、公益创投、公益金融、社会影响力投资、微公益等，国内已经出现较为成熟的创新形式，比之欧美发达国家并不落后，甚至具有一定的引领性。尤其在公益创投和公益金融方面，美国的公益创投和公益金融虽然提出很早，但实践模式和政策系统都还比不上我们。

第四，尽管近期呈现蓬勃发展的格局，但我国公益慈善的总体规模、发展水平、能力建设与运行管理的体制机制等诸多方面，与发达国家及地区相比还有显著的差距。例如：社会捐赠占GDP的比重我国近年来大幅度提高，从2006年的0.05%提高到2014年的0.16%，已超过日本（0.14%）和德国（0.13%）。但与许多发达国家相比还有很大差距，如以色列1.29%，英国1.01%，美国0.62%，瑞典0.4%，荷兰0.37%。再如，每万人拥有社会组织的数量我国近年来有显著提高，从2006年的2.7提高到2014年的4.5，而主要发达国家的这一指标分别为：德国133.3，美国67.8，英国40，日本38.5，差距还很大。

综合以上四个方面，我认为：我国近年来出现的公益慈善蓬勃发展的格局与发达国家曾走过的发展道路在某些阶段上具有很强的相似性，表明公益慈善作为人类社会发展进程中一种社会现象的必然性，也表明我国整个经济社会发展正经历发达国家曾经走过道路的一定的共通性，同时也说明：处于21世纪的中国，公益慈善的发展如能有效克服存在的诸多问题，有可能在这样一个特定的社会领域实现真正意义上的“弯道超车”，直接走向公益慈善全球发展的前沿。

二　我国公益慈善发展中存在的主要问题

那么，有哪些突出的问题制约着我国公益慈善更大的发展？由于积累少、起步晚、发展快、缺口大、能力弱、环境差等诸多因素的影响，我国公益慈善的发展中存在许多问题，现阶段最突出和重要的问题有三类：

1. 公益慈善发展的主体能力、机制和人才不足

这类问题主要集中在公益组织身上。作为公益慈善的组织主体，我国各类社会组织特别是其中的公益组织尽管已经形成了一定规模和结构，且近年以较快速度增长，但从公益组织自身的发育程度上看，总体上还不成熟。这种不成熟突出表现在三个方面：

一是公益组织的能力欠缺。资源类组织缺乏对公益资源的有效动员和整合能力，服务类组织缺乏对公益服务的有效供给能力，倡导类组织缺乏对公益行动的有效组织能力和社会影响力。各类公益组织普遍缺乏核心竞争力。

二是公益组织的治理结构和运作机制不完善。比较突出的问题是：理事会结构不合理，运作不规范，作用不明显；监督机构不到位；政社关系未理顺；管理制度不完备；运作机制不透明；组织公信力不高。

三是公益组织各层次特别是管理层和项目运作层面的人才不足。突出表现为：职业经理人（秘书长及高管）和专业管理者（项目经理）奇缺，薪酬水平过低，无职称系列规范，缺乏竞争力和吸引力；职业稳定性差，流动性

大，专业水平低。

2. 公益慈善发展尚未形成完整的系统生态链

这类问题主要表现在公益慈善作为一个领域或行业的系统结构上。我国公益慈善近年蓬勃发展，已形成一定规模和很大影响力。但从整体上看，公益慈善作为一个领域或行业的系统生态链尚未形成，其内部的结构、秩序不清，缺少伦理和道德支撑，突出表现在三个方面：

一是公益慈善领域不同主体间的依存关系尚未形成。资源类组织多数在争夺或占有公益资源，而较少开展面向专业服务机构的资助活动；服务类组织多数各自为政，有时为了资源和人才恶性竞争，难以实现公益服务的有效供给；倡导类组织缺乏战略高度和影响力；各类公益组织间同构性多于差别性，尚未形成彼此依存的生态链。

二是公益慈善领域整个系统的结构和秩序混沌不清。在发达国家，公益慈善领域经过长期发展，逐渐形成较为清晰的上游–中游–下游、大–中–小、支持–运作、伞状–海星状等各种有机结构，各类组织定位稳定并相互合作。我国现阶段的公益慈善领域，除主要按登记注册确定身份外，体制归属对各类组织定位及结构影响很大，公益慈善领域或行业的内在结构和秩序尚未形成。

三是公益慈善领域多次出现失守道德底线现象而备受争议。特定的历史背景使得我国公益慈善的发展受到来自官僚体制和市场经济两个方面的侵蚀，“惟权”和“牟利”加上贪腐之风，使得公益慈善领域面临考验，常常被爆各种丑闻，公益慈善的公信力常遭质疑。

3. 公益慈善发展的制度环境、体制和文化缺失

这类问题归结为公益慈善发展的外部环境不够好。近年来随着我国公益慈善的发展，各级党政部门也在努力推动法律政策的调整和相关体制改革，但多年积弊一时难除，改革面临重重阻力，支撑公益慈善发展的新体制和积极包容的公益慈善文化尚未形成。突出表现在三个方面：

一是公益慈善法律制度体系建设滞后。酝酿多年的慈善法尚未出台，三类社会组织即社会团体、基金会、民非的登记管理条例多年修订至今无果，涉及公益捐赠、公益认定、税收优惠、志愿服务等相关规定和制度安排大多

没能进入法律法规层面，与整个国家法律体系已经形成鲜明对照的是：公益慈善领域的法制建设严重滞后。

二是与公益慈善相关的体制改革推进缓慢。尽管政社分开的改革在推进中，购买服务也在各级政府的推动下逐渐展开，但庞大的事业单位体系吸纳了巨大的公共资源，处于公共领域更加核心地位的人民团体改革尚未启动，现代社会组织体制的建构尚需时日。

三是缺乏积极包容的公益慈善文化环境。公益慈善归根到底是全社会的事情，需要每个人的主动参与，更需要理解和包容。现在比过去人们更关注公益慈善了，但积极参与的人并不多，以公益慈善为业、为职、为生的更是少数，并常常得不到理解和支持，谈公益就谈不得高薪，谈慈善就不能提成本，一些媒体喜欢对公益慈善吹毛求疵，这样的苛求不利于公益慈善的健康发展。

总之，我国公益慈善发展中存在许多问题，以上三类问题最为突出。因为存在这些问题，公益慈善的体制改革和法制建设势在必行。

三　我国公益慈善的体制改革与法制建设

近年来在中央和地方各个层面，公益慈善的体制改革与法制建设正在积极探索和推进中。在地方层面，许多地方突破了双重管理体制的限制，降低登记注册门槛，允许公益慈善等社会组织实行统一直接登记；一些地方设立公益孵化器、公益创业园、公益组织发展中心等平台，加大对公益组织和公益项目的支持力度；购买服务方兴未艾，一大批公益组织进入公共服务领域，成为政府转移职能的重要载体；深圳、成都等地方设立社会组织学院，力推公益人才培养；慈善超市、慈展会、志愿者银行、公益创投、公益信托等创新机制在许多地方推广应用，取得了很好的社会效果。北京、上海等许多地方陆续出台了促进公益慈善发展的地方性法规。

在中央层面，党的十八大明确提出“支持发展慈善事业”，从体制和政策上大力推进公益慈善发展。去年11月国务院发布“关于促进慈善事业健康发展的指导意见”，做出了我国公益慈善发展的整体规划。民政部先后颁布了两个《中国慈善事业发展指导纲要》（2006-2010和2011-2015），对我国慈善事业发展的方针、指导思想、原则和目标任务做出了系统的规范和指引。2012年2月，国家宗教局等6部门颁布《关于鼓励和规范宗教界从事公益慈善活动的意见》，明确支持宗教人士积极参与公益慈善活动。民政部和相关部门陆续出台关于公益组织评估年检、慈善捐助信息公开、鼓励民营企业和中央企业参与慈善事业、慈善超市创新建设、慈善与医疗救助相衔接、慈善与儿童福利相衔接等方面的意见，并正在制订有关规范慈善评比表彰、鼓励慈善信托、倡导募用分离、积极开展废旧衣服再生加工等方面的支持政策。

2014年上半年，全国人大正式启动了酝酿多年的慈善法起草工作，将我国公益慈善体制改革与法制建设推向了一个历史新高度。今年3月16日，十二届全国人大四次会议举行闭幕会，高票表决通过慈善法草案。我国历史上首部《慈善法》将于今年9月1日正式施行。《慈善法》站在全面深化改革的高度，面对我国公益慈善事业发展的现实，采用大慈善的理念，构建了一个适用各类公益慈善主体、覆盖公益慈善各个主要领域、体系严整、制度健全、全面推进以慈善组织为主体的现代公益慈善体系建设的法律体系。《慈善法》通过后，除了要尽快修订现行的与公益慈善事业相关联的涉及基金会、社会团体和社会服务机构等“三大法规”以及出台具体的实施细则外，还要抓紧推动包括慈善组织统一直接登记和认定体制的建立、慈善信托试点工作、慈善组织信息公开平台建设、慈善投诉举报受理机制建设等各项涉法的体制机制建设，同时要借助《慈善法》形成的良好制度建设势头，积极推进包括志愿服务立法、商会行业协会立法等重要的立法工作，全面推进我国公益慈善和社会治理领域的法制建设。

四、我国公益慈善的发展趋势

尽管存在许多问题，我国当前的公益慈善仍处于蓬勃发展的勃兴期，开始呈现出许多令人欣喜的发展势头，主要有四个方面的趋势值得关注。

1. 多元推动的社会化趋势

这种趋势主要表现为：各级党政部门越来越关心和支持公益慈善，事业单位不仅积极参与公益慈善并将公益明确为其改革创新的目标，各类企业以社会责任乃至共享价值的创造等方式多方面参与并推动公益慈善，城乡社区则大力推动所在地公益慈善，社会组织越来越成为公益慈善的生力军，公众参与的意识、热情和程度不断高涨，媒体特别是新媒体越来越关注并力推公益慈善，等等。在种种社会力量的推动下，公益慈善逐渐从社会的边缘走向核心或主流，成为全社会各种力量积极参与和推动的社会化过程。

2. 市场驱动的产业化趋势

这种趋势主要表现为：创投、金融、信托、股票、债券等各种复杂的市场机制越来越多地被用于公益慈善，涌现出如社会企业、慈善超市、公益银行等兼具公益性和市场性双重属性的创新业态。以公益慈善为关键节点的新型产业链如捐赠旧衣物循环产业链、再生废旧材料循环产业链等相继出现，进而出现了一种被称为公益产业的新型产业集群。公益产业以公共利益为起点，以价值回归为目标，以均衡发展为核心，通过“公益+金融”形成产业上游，贯穿并有机衔接农业、工业、服务业与知识产业，组成基于公益、动于金融、利于社会、跨业循环的公益产业集群。市场驱动力改变了公益慈善远离市场的非营利属性，激活各类市场机制并做大公益，以产业化的形式在市场和公益之间升华出巨大的社会利益。

3. 跨界融合的新公益趋势

这种趋势主要表现为：通过转移职能和购买服务，政府和公益组织之间越来越跨界融合；通过社会责任和共享价值，企业和公益组织越来越跨界融合；政府、社会、市场三者之间的界限被超越，创新越来越多地表现为跨界与融合；移动互联网和新媒体时代涌现出各种开放、共享、透明的平台，不仅超越既有的三大部门也超越所有的组织，基于更广泛的公众参与推动社会价值的实现。跨界融合在三大部门间升华出新公益的共治场域和共享价值，一方面能有效应对各种巨型化、复杂性和突发性的社会问题，另一方面能激发各种形式的社会创新。新公益的趋势令我们有机会走在世界的前沿。

4. 跨越国界的走出去趋势

这种趋势主要表现为：各种跨境社会问题如跨境教育、跨境扶贫、跨境移民、跨境卫生等越来越成为公益慈善关注的热点问题，越来越多的公益组织参与到全球治理和国际公益活动中。中国企业“走出去”带动了越来越多的企业社会责任和当地公益活动，“一带一路”国家战略需要更加关注和帮助当地社区的发展并致力于解决当地的各种社会问题，“公益同行”乃至“公益先行”的战略意义越来越大。跨越国界的公益慈善是作为一个大国承担全球治理责任的必不可少的环节，也是公益慈善发展成熟的重要标志之一。

总之，公益慈善作为现代社会越来越具有公共性、群众性和影响力的社会活动，正处在方兴未艾的蓬勃发展期。就公益慈善的发展而言，我们和发达国家之间存在差距，但这种差距正在缩小，特别是我国公益慈善在改革发展中呈现出若干重要趋势，表明我们有条件通过体制和机制创新形成公益慈善发展的中国特色，进而走向公益慈善发展的世界前沿。我们有理由相信：中国作为有着五千年历史的文明古国，在经济发展和社会转型都经历前所未有的巨大变革的当今时代，公益慈善一定大有可为，不仅在实践的发展创新方面，在政策体制的改革创新方面，也一定会在思想理论文化的建构方面，走在世界的前面！

第五章
新慈善法的立法及解读

中国慈善立法的参与者、见证者、推动者—全国政协委员、
清华大学公益慈善研究院院长王名教授
（2016年两会期间媒体访谈整理）

题　记：

第十二届全国人民代表大会第四次会议即将审议备受关注的《中华人民共和国慈善法（草案）》（以下简称《慈善法》）。历时十年，慈善立法终于要“修成正果”，这将是中国慈善事业的里程碑。全国政协委员、清华大学公益慈善研究院院长王名教授是参与、见证并推动这项立法，本文是对他在2016年两会期间接受媒体访谈的新闻稿的整理摘编。

一　《慈善法》立法过程

《慈善法》草案的立法过程与社会互动充分,是一个前所未有的开放立法、民主立法、社会立法的过程,是立法史上的进步。

有清华北大、人民大学、中国政法大学、山东大学等7个团队在做这件事情。“我们清华和北大法学院成立了慈善立法半月谈沙龙,从2014年4月至11月共办了14期研讨活动,广泛听取业内专家意见,每次活动全国人大内司委、法工委和民政部都有人参与,最终形成我们的专家版草案。”王名说,拿到7个民间版本专家稿后,全国人大内司委进行了两次内部统稿,他和其他团队的专家都参与其中,充分交换意见,取长补短,最终形成内司委的草案,交给全国人大法工委,法工委又两次通过网络征求全社会的意见,之后才提交全国人大常委会讨论。

慈善法草案是公开立法的产物，并不是由某一个部门事先起草好了再去征求意见，从一开始慈善法草案就打上了民主立法、公开立法的烙印。无论是整个框架、结构，还是基本的概念和理念，专家们的痕迹都在其中。早在2014年4月，全国人大内务司法委员会（简称内司委）就邀请清华和北大的学者、专家讨论慈善法草案。

我们搭了一个平台，“慈善立法半月谈”。这是一个类似兴趣小组的“课外班”，每半个月聚一次，话题围绕慈善法草案可能涉及的题目一个一个讨论。每次开会就一个或两个主题，邀请相关专家做详细解读，包括他们的观点和国内外的情况，其他人一一点评。

一开会，内司委、人大常委会法工委和民政部等参与起草的部门人员都会来参加，此时的草案还是一张白纸，起草部门人员两手空空来听，再带回一份份书面的讨论材料。这样的“半月谈”一共进行了14次，一直开到当年11月，起草部门手中的材料越积越厚。

之后，7个民间版的草案也交到内司委工作人员的手上。这7个民间专家版，分别由清华北大、中国人民大学等7个团队草拟。草案的2.0版是内司委版本，我也参与了起草的过程。它是在已有专家稿的基础上形成的，并两次关起门来讨论。随后小范围征求意见，再提交全国人大常委会。

2015年，全国人大常委会特意安排了专题讲座，来给不太了解慈善法的委员“上课”。我讲了一个小时关于慈善事业发展的“科普”课。

上会讨论后，2015年10月草案正式公开，第一轮讨论的声音渐渐响起了。随后全国人大常委会又请了3位专家来讲课，每人40分钟。这也是一个特殊的安排，一个法案通过的过程中，专门安排了两次讲课，给代表们讲慈善事业的发展和立法。

今年1月初，草案第二次向社会公开征求意见，内容共有12章107条，主要包括慈善组织、慈善募捐、慈善捐赠、慈善信托、慈善服务、信息公开等章节。

截至2016年1月31日，中国人大网共收到意见2504条，对草案提出具体意见的人数超过600人。

开了这么多会，基本上我都参加了，而且也把我自己的观点明确地表达出来。我参加的立法不止这一次，这次的感觉是“非常开放”。现行的条文是在反复修改中，综合各种意见，达成的一种妥协，或者说是共识。

这种立法过程做到了向社会开放、充分征求专家意见,并和社会充分互动,是中国立法史上的创新。

二 《慈善法》的意义

从无法到有法，慈善法开辟了慈善领域的新时代，这是一个里程碑的概念，从立法的过程、立法的参与程度、采纳的理念、慈善法的框架和相应的制度安排，都具有革命性的突破。这是国家提倡的“共享”发展理念的重要体现。慈善事业实际上可以对社会财富进行有效调节，慈善是参与共享经济的很重要的机制。

慈善法是一个里程碑，是一个新时代，它为整个中国的公益慈善的发展和社会治理创新开辟了一个巨大的领域。在这个过程中，可能会诞生许多新的组织形态，形成许多新的模式。对于慈善机构和组织来说，慈善法是一部呈现出公平与开放姿态的法律，是在制度性上做了规范。新法给出了很多制度安排，为公民个人、企业其他社会组织参与慈善事业提供了相对比较开放、容易的空间和平台。

无论背景是什么，进入慈善领域，都要有规范，这个规矩是统一的。对于官方机构来讲，慈善法的出台会促进其自身内部的改革;对来自“草根”的普通民间慈善力量而言，慈善法为其树立了标杆，能够督促其提高标准和要求，更好地为慈善事业服务。慈善法出台后，社会对慈善组织的公信力、透明度的高要求将会逐步实现，慈善组织运作不够透明的问题也会得到解决。

慈善法草案为慈善行为指出了方向，如果想做慈善，目前有三种方式，第一，成立一个慈善组织，这次的慈善法草案为成立慈善组织设置的门槛比较低，但是在登记注册后，需要有一个全社会参与的过程监管。第二，如果觉得成立一个慈善组织太费力，可以选择与信任的慈善组织合作，我们现在有50多万家已经登记的慈善组织，未来还会更多。第三个就是自己干，但是这种方式的风险需要自己承担，因为目前的慈善法草案对这种行为没有规定。

随着慈善法的施行，未来会有很多案件进入司法领域，因为慈善涉及到多元主体这样一个概念，慈善组织、捐赠者、政府、慈善行业组织、志愿者、受益人等都是主体，他们之间都有可能发生法律纠纷，目前慈善法草案第十一章是以列举的方式，对本法规定的相关权益作了一些规定。未来可能还会需要有相关条例来具体规定，并且需要在实践中去完善和调整。

三　将“互助养老”作为探索解决养老危机的新型模式

未来20年，老年人口将从现在的2.12亿增加到4.18亿，我国面临急速老龄化。而劳动力短缺、专业能力不足将是与人口老龄化同步伴生的难题。为养老机制探路，应当重视养老文化的传承性，正视城乡差距、供求差距与中西方文化差异，积极探索“互益”为理念、以家庭为载体、以社区为平台的互助养老模式。

就传统而言，我国的养老主要是以基于血缘、姻缘和地缘的家庭互助和邻里互助为主要特征。但随着城市化的加快，人际关系、家庭模式也在迅速发生变化。王名委员认为，应当将养老从传统模式扩展到家国互助、行业互助、城乡互助和国际互助等丰富的互助类型，通过政策杠杆，整合与调动民间非正式养老福利模式的积极功能。

具体而言，首先要在倡导尊老、敬老、孝老和助老的社会风尚基础上，仍然鼓励家庭养老和血亲互助。相当长一段时间里，我们重视国家制度化养老保障制度的建立，在家庭结构变化和家庭养老功能弱化的情形下，忽视了家庭养老能力的建设。政府应以社会政策为杠杆调节、恢复和增强家庭的养老功能，增进家庭成员互助的可行性和便利性。

其次，开发社区互助的公共空间。他认为，风靡全中国的“广场舞”就是个很好的例子，充分说明，在有合适的社区环境时，老年人会主动扩展生活空间，加强社会参与和群体互助，实现老有所为。因此，在城乡社区建设中应将社区互助的空间和环境建设作为重要内容。

再次，应当培育发展一批专业的养老社会组织，尤其是“专业服务救助型”和“维权型”社区养老公益组织，为特殊困难老年人提供帮助，并增强老年人维权意识和保护自身的能力。还要加大在社区养老方面的政府购买服务力度，促进社会养老意识从依赖政府养老金支持到自助养老理念的过渡和转变，并调动低龄老年人参与社会服务活动的积极性，实现老年人内部的互助。

最后，还应当大力倡导和弘扬互助养老文化，营造“集体”氛围。王名委员表示，城市和乡村以及不同地域互助养老的内容和形式有较大差异，应将互助养老视为文化瑰宝，尊重民间的互助习俗，保护相应的历史文化建筑设施，尊重老年人的集体社会记忆。

四　一带一路、公益同行

“一带一路”战略作为全球范围内的区域性国际合作工程，涵盖几十亿人口，惠及数十个国家和地区。在该战略中明确提出公益同行，不仅能最大限度地动员国际社会的有利资源，更能超越利益诉求并扩大共识空间，形成最广泛的社会根基和民意基础，通过公益慈善实现与社会同行，从而共建共享跨界共同体。

“一带一路、公益同行”的战略目标是：在共同打造区域经济合作框架、共建利益共同体的同时，大力倡导和支持公益慈善，用公益慈善的力量带动社会建设，共同营造“一带一路，美好家园”的社会共同体。

建议借鉴国际经验，加快培植发展中国特色的国际公益组织；建立体制和政策通道，支持有条件的公益组织“走出去”；发起“一带一路”青年国际志愿者行动计划，鼓励公益创新创业；倡导“一带一路”企业公益行动，践行企业社会责任；引导华侨华人关注当地社会建设，共同建设美好家园；举办全球公益学大会，推动公益学的学科建设和人才培养，引领全球范围内的公益慈善研究。

可发起“一带一路”青年国际志愿者行动计划，由团中央牵头，面向大学本科和硕士毕业生，定期公开招募一批致力于海外公益创新创业的青年志愿者，鼓励并支持他们参与到“一带一路”的公益创新创业实践中来。

五　《慈善法》对扶贫的促进作用

慈善组织是非常重要的扶贫力量。扶贫到了当下这个阶段，难度越来越大，只靠政府自上而下的力量有时候很难做到，能不能有效的改善贫困情况，有效的帮助贫困人口脱贫，这些可能都需要慈善组织的力量。

慈善法以慈善组织为主体，为那些参与扶贫的组织提供了一个很重要的法律武器，保障他们的权益，为他们提供相应的支持。

六　慈善与公权力的关系

这次慈善法草案用的是“慈善”这个概念，但我个人一直主张用“公益慈善”（慈善其实有小慈善、大慈善之分。公益慈善体现了大慈善的概念，是能体现现代慈善全过程的更为完整的概念）。现代慈善是一种公共过程，它是以自愿的方式动员社会的一定意义上的公共资源，然后通过公共资源的有效配置，去开展公共服务。只不过，这是特殊的公共服务，我们把它叫作公益服务。

正因为公益慈善也是这样一种公共过程，公权力在整个过程中都与公益慈善相伴而行。有一种传统的说法是，公益慈善是公权力的一种补充形式，或者说二者是此消彼长、零和的关系。但我个人更认同的是，现代社会中，公益慈善离不开公共管理，公共管理离不开公益慈善。公权力实际上是在这两个过程中有效地配置和整合的，准确地说，是一个融合的过程。所以，讲到公权力，其实它不仅仅指政府权力。从“公共领域”的角度来理解的话：我们现在讲的公权力是建制化的公共领域；而我们现在讲的公益慈善是社会的公共领域。这两个都是公共领域，实际上都表现为公共权力。这是从比较抽象的层面来谈的。

具体一点说，公益慈善涉及的一个核心问题是，政府和社会的关系。这次慈善法一个比较革命性的地方是什么呢？我们这次实际上把公益慈善作为一种社会资源、社会过程和公权力做了区分。公权力不能强制地介入公益慈善的过程，不能强制地分配公益慈善的资源。虽然我前面讲了二者有很密切的关系，但在制度安排上还是要做严格区分的。政府实际上是通过税收形成资源，然后通过一个民主的过程来有效配置这些资源，用于公共服务；而公益慈善是在这之外的，它不通过税收这种强制手段而是基于自愿的方式动员社会资源。

七　慈善法与信息公开

目前慈善组织信息公开存在的问题，主要表现在法律规范不完善，责任追究制度滞后，缺乏相应的处罚和问责机制；行业组织监管和自律体系建设相对滞后,缺乏专业、独立的行业监督和问责机制；信息公开平台建设处于起步阶段，管理体制之间的壁垒不利于信息共享和公开，导致慈善组织难以有效接受社会各界的监督。

“信息公开是慈善组织受监管的一种重要方式，公众确实都很关注。慈善法草案规定了多层次的信息公开，其中有政府的信息公开、慈善组织的信息公开、行业性平台上的公开,甚至还有捐赠人的信息公开、媒体的信息公开等。”王名说，“其中，一个非常积极的信号是明确提出了慈善组织年度报告的公开。这意味着，慈善组织的信息公开将面向全社会，由全社会来进行监督,而不是仅对政府公开，由政府监管。我认为，慈善组织年度报告的公开体现了慈善法在整个制度设计上的转变：由高门槛、松监管转向低门槛、严监管，由关注结果的监管转向关注过程的监管。”

为有效推动慈善法中关于信息公开相关规定的落实，王名建议，政府建立健全慈善信息统计和发布制度,利用政府信息公开平台增加慈善组织透明度，推动慈善组织的信息公开；慈善组织应创新信息发布的手段和方式，借助微博、微信等各类信息平台和手段，推动慈善组织向社会的信息公开的及时性和完整性，并依法向特定对象募捐的捐赠人和受益人公开信息。

八　公权力对公益慈善的责任

首先是法治，为公益慈善作一个明确的制度安排。这个制度安排，一是保障公民的社会权利（慈善权）；二是建立使公共资源有效配置和在阳光下运行的机制；三是保障这些资源有效地用于社会的过程。其次是登记、税收这样的行政权力的运行。再次是出现问题以后的执法和监督。再者，也是很重要的一方面，这次慈善法里专门一章讲到这个问题，即培育和支持。公权力是慈善活动很重要的一种支持力量。公权力从税收、购买服务等各种政策方面提供必要的支持。最后，保障公民的基本权利得以实现，不仅保障慈善行为者，也保障慈善受益人。这是抽象地讲公权力在公益慈善中运行的整个过程。

具体到这次的慈善法上，这个过程体现为几个主要的环节。

第一个方面是登记、认定和相应资质的赋予。这次建立了慈善组织的统一直接登记体制。相对于过去的混合登记体制（四类组织统一直接登记，其他实行双重管理），这是一种新的体制建立。与登记相配合的，是认定机制，这也是一个新制度。还有公募资格的许可。

第二个方面是监管。这次的慈善法在监管体制方面有很强的创新意义。此前的监管基本上是入口管理，对社会组织在登记的时候管，登记过后就不管了。这次明确实行过程监管：门槛比较低；而在登记注册后，则要建立一个全社会参与的过程监管。

第三个方面是支持。这是政府职能很重要的一个方面，也是这次慈善法给出的一个很重要的新的制度安排，旨在建立起包括民政、税收以及其他各相关职能部门参与的多方协调的支持体系。

九 《慈善法》体现了公权力与公益慈善关系模式的发展

这次的慈善法是一个里程碑，对整个公益慈善事业的发展、社会治理创新、社会转型，是一个重要的制度安排。无论是从立法过程，还是现行的立法框架，还是从法律出台后所可能形成的制度空间来看，这次的立法都是非常成功的。但毕竟不可能尽善尽美。就草案目前的状况而言，我个人感到遗憾的是政府购买服务问题。

现在许多慈善组织的收入中相当一部分来自政府购买服务，甚至有的慈善组织90%、100%的收入来自于此。依照草案的规定，慈善组织取得的收入依法享受税收优惠。我曾建议将“购买服务等公共资金”列入“慈善组织的收入”中，但目前来看这并不明确。政府购买服务，意味着有一部分公共资源会进入慈善组织，这部分资源如何定性？该不该视为慈善组织的正常收入而获得税收优惠？

政府的资金进入了慈善组织，如果是用于公共服务的话，应该享受税收待遇。通俗来讲，这实际上是钱从政府的左口袋，转到了右口袋，只不过是在右口袋花的时候，不是政府直接花，是慈善组织在花，这时候不应再征税。但草案在这个问题上比较模糊。

当然，这种模糊状态的背后，是基于对另一个问题的考虑。现在我们的慈善组织实际上有两种类型，（通俗来讲）官办的和民间的。如果在慈善组织的收入来源中特别强调政府购买服务资金，那么，官办慈善组织则会直接把原来的政府拨款转化为购买服务。这种转换实际上是缺乏前提的，可能会影响这部分公共资源在所有慈善组织中的有效配置，可能会对改革形成消极影响。在把政府拨款机制转化为购买服务之前，机构本身的性质应当由一个政府附属机构转变成一个社会组织。我们希望在顺序上，先推进相关机构本身的改革。所以，基于这样的背景和问题，我也没有特别地坚持我的建议。

十　官办慈善组织改革的问题

有关官办和民办，慈善法目前没有做这样的区分。在这次政府工作报告中，总理在讲行业协会商会时讲到了政社分开的问题。政社分开对一部分慈善组织来说也是一个问题，特别是全国性的影响比较大的一些基金会和公益性社团。原来我们的公权力和慈善是没有分开的；而慈善法颁布以后，我们又希望公和私有一个合作机制。如果没有在先的改革，直接进入合作，是不行的。应该是先改革，即先成为一个独立的社会组织或者慈善组织，然后再建立与公权力的合作机制。

那么，改革还没有进行或者还没有实现的这样一些组织，还没改革就进入了一个后改革时代，它们应该如何按照新法来参与慈善？这确实是慈善法里目前比较模糊的地方，但这也确实不是慈善法能够解决的问题，而应交给改革来解决。

十一　公众如何监管慈善组织

慈善组织是社会的，对它的权利不是股东权利，也不是会员权利。从所有权的角度讲，在慈善组织上，是一种社会所有权。不仅是会员，其实所有的公民，都有对慈善组织的监督权和起诉权。

在这点上，英国的公益举报制度对我们很有借鉴意义。它建立了一个全国的受理举报体系，所有公民在任何时候发现慈善组织有违法、违规或者有所质疑的话，都可以举报。我们目前还没有建立这种公益举报制度。但在监督管理方面，草案要求慈善组织的信息必须向社会公开。我们下一步也在探讨，慈善组织是公法人，它实际上是公民享有的一种权利的受体，它首先代表捐赠人，然后代表受益人，而慈善组织所获得的慈善资源是面向不特定多数人的，所以任何公民都应该是慈善组织的法律主体，都有相应的权利。

慈善组织的财产所有权是一个根本的问题。这个问题在学术界是有点争议的。我个人一直主张用“公益产权”这个概念来表述慈善组织的财产所有权，即，慈善组织的财产不属于政府，也不属于个人，它是属于社会权力范畴的一种公益产权，界于私人和国家之间。也有观点认为这是一种社会产权，意思是一样的。草案对信息公开的强调，实际上就表达了这样一种倾向：慈善财产是社会的，要对社会负责。

十二　慈善法的发展方向

慈善法草案尚有完善的空间。例如宗教慈善的问题。“去年民政口统计的我国慈善捐赠总量1040亿,这是不包括宗教在内的。一些寺庙成立的慈善机构也应该纳入慈善法。”其次,是关于彩票公益金的问题。王名认为,这也是一种公益慈善的内容,应该纳入管理,可由国务院相关法则另外规定。

慈善法也并未涉及境外在华的慈善机构。这些国际非政府组织相当一部分跟公益有关:扶贫、环保、生态、公共卫生、教育等,它们的运作模式对中国公益慈善发展起到了推动作用,应当给予鼓励。

建议国务院修订其它相关法规,下一步继续降低公益慈善机构成立的门槛。门槛低了,但你进来就得按规则走,出了问题就校正你甚至处罚你,改变以前那种登记门槛高,进来以后就没人管的状况。

后续还有制度建设、政策等方面需要政府去做，需要根据实践的发展去做出适当的安排。比如，对于网络募捐，怎么更好的去规范这种行为，利用开放的、信息及时公开的平台对他们进行实时监控和监管，这些都是今后需要完善的。

新法为未来其他立法及制度安排留出了空间，比如社会组织法的制定、税收政策的调整等。慈善法不能制定具体的税收政策，必须通过单行税法的调整和国务院出台配套文件来完成，为今后修订单行税法促进慈善发展预留了空间。

十三　互联网与慈善

微信朋友圈流行的由某个人发起为特定对象进行的定向募捐，这种行为一旦遇到个人纠纷不在慈善法保护范围内。例如微信，微信其实是一个半封闭的圈子，所以怎么监管其实还没有一个有效的手段，适当规避有必要。

慈善法草案规定，慈善组织开展公开募捐需取得公开募捐资格。慈善组织通过互联网开展公开募捐的，应当在民政部门统一或者指定的慈善信息平台发布募捐信息，也可以同时在其网站发布募捐信息。

移动互联网最大的作用是搭建的平台多。这样的平台既有政府部门的，如民政部的，也有互联网组织，比如新浪和腾讯的公益慈善组织。这种慈善组织的信息是公开的，后台也是可必要管理和控制的，可以监督。在网络捐赠中可以发挥监管作用。

十四　公益与金融

国务院在2014年11月下发的《关于促进慈善事业健康发展的指导意见》中，明确提出公益慈善与金融创新相结合的政策命题，倡导金融机构根据慈善事业的特点和需求创新金融产品和服务方式，积极探索金融资本支持慈善事业发展的政策渠道，并支持慈善组织为慈善对象购买保险产品，鼓励商业保险公司捐助慈善事业。

这个重要的政策文件，勾勒出了具有重大政策意义和社会意义的公益金融体系的建构方向，即一方面推动金融资本进入并推动公益慈善领域的发展，另一方面推动公益组织借力金融工具盘活资源、提高效率，形成自我支持、自我运作、自我发展的公益生态链。

在公益领域，金融的作用长期以来没能得到有效利用，原因有三：一是公益组织尤其是作为公益链条上游的基金会能否从事金融活动一直讳莫如深，既不许可也无规制，其风险控制和收益处于事实上的放任与无效控制之张力中；二是公益产业链不完整，公益融资困难重重，公益领域的大量闲置资产和金融资源远未得到激活和利用；三是政策、制度、体制和相关规制措施普遍缺失，尤其是管理机构不明确，税收优惠政策不到位，使得监管漏洞多，运营效率差，参与者积极性不高。

公益金融区别于传统的商业金融，更强调社会责任、社会价值和社会影响力；公益金融也区别于西方的社会金融，更强调普遍的公益性而非传统的慈善或社会救助。公益金融的具体形式包括公益创投、公益信托/慈善信托、小额信贷、社会效益债券、社会价值投资、互联网众筹等，公益金融在组织上既可采取公司形式，也可采取社会组织形式。大力发展公益慈善事业，如果能够与深化经济体制改革中的金融体制改革相结合，将有助于发挥经济体制改革的牵引作用，推动生产关系同生产力、上层建筑同经济基础相适应，推动经济社会持续健康发展。

如何建构公益金融体系，推动金融资本进入，并推动公益慈善领域发展？对此，我认为应从以下几方面着手。

第一，推动以基金会等社会组织为主体的公益金融活动。王名认为，公益金融体系的建设须重提基金会的金融功能，鼓励基金会积极参与公益创投，同时推动其他类型的、经资质认定的社会组织以慈善信托等方式从事相关金融活动。同时政府应适当减少行政干预，尊重基金会等社会组织从事相关金融活动的主体地位，制定合理的退出机制，形成完整的公益投资链。同时，应以政策优惠吸引商业投资者参与，将“风险投资”嵌入公益创投。

第二，要开展慈善信托试点，为蓬勃发展的公益慈善事业加油。王名表示，《慈善法》颁布后，应加快试点，可以通过建立不同领域、区域、层级的慈善信托试点，总结经验，发现问题，完善公益信托的相关配套措施，推动信托在公益领域的实践。

第三，借鉴国际经验成立公益银行，形成完整的现代银行系统。王名表示，公益银行作为第三支力量，可起到弥补“政府失灵”的作用。“将公益事业与金融市场融合，一方面靠金融手段保值增值，另一方面以公益价值约束规范金融市场，从而引导金融功能与价值的本位回归。公益银行作为流动的资金池，可为公益创投、公益信托和小额信贷提供支持，形成多元互补、协调共济的公益金融体系。”

第四，创新金融模式，推动公益金融的创新运转。王名指出，一是要学习借鉴传统金融体系中丰富的创新产品和设计，探索社会效益债券；二是要创新小额信贷发展模式，借力公益银行推动整体扶贫计划；三是要对社会价值投资、互联网公益众筹等公益金融领域的创新采取包容性支持，推动公益金融的创新发展。

第五，建立科学有效的监管机制和绩效评价机制，建立对公益银行绩效的科学评价体系。王名说，基于公益银行在金融体系中的特殊性以及其自身的使命，在其绩效评价体系上应区别于商业性银行和政策性银行。在其中，社会投资回报是对公益银行绩效评价非常有借鉴和参考意义的工具。社会投资回报不仅关注其经济效益、政策效益，更关注由投资带来的对社会、社区的改变。

这几年市场力量包括金融机制越来越多参与到公益慈善事业里来，已经出现了一些非常活跃的信托的案例。公益信托，把公益和市场有效结合是一个具有革命性的突破。

草案明确慈善信托的备案制度。设立慈善信托、确定受托人和监察人，应当采取书面形式；受托人应当在慈善信托文件签订之日起七日内将相关文件向受托人所在地县级以上人民政府民政部门备案。

对于公益信托的执行，王名表示，信托是一个相对专业的一种市场活动，不是所有的慈善组织都有能力参加公益信托，需要有一个试点的过程。所以我非常主张前期有一个试点，可以在不同的地方、领域或者组织、或者团队来进行试点，我们要找到信托接下来可能出现的一些问题，包括怎么样去进行有效的监管，需要出台一个关于慈善信托的具体的行政法规。

第六章
基金会支持智库发展的现状分析

摘　要：

基金会是智库体系中的一类重要组织，它们不仅为智库提供了赖以生存的资金支持，而且一些基金会自身也发展出了政策研究职能，成为决策过程中的重要参与者之一。本报告研究了2012-2014年基金会资助智库的基本情况、政策领域和智库类型，数据分析表明，近年来基金会对智库的资助呈现出增长的趋势，并涌现出一批著名的智库型基金会，但是总体资助规模依然偏小，对民间智库的支持不足。

关键词：

智库；基金会；政策研究

Abstract:

Foundations have close ties with think tanks. Some of them provide think tanks with financial support, while others engage in policy research and play an increasingly important role in policy making. This chapter analyzes the basic facts, research areas and types of think tanks that are be funded by Chinese foundations from 2010 to 2014. Data analysis suggests that funding to think tanks from foundations is rising in recent years, which contributes to the emergence of foundation-think tank hybrid. However, the funding scale is still small, especially for non-government think tanks.

Key Words:

think Tanks, foundations, policy research

一　基金会与智库

1. 我国智库总体发展态势

智库是相对独立且稳定运作的政策研究机构，作为政府的“外脑”，在现代政府决策中发挥着重要的作用，是国家决策体系中必不可少的组成部分。

2015年1月20日，中共中央办公厅、国务院办公厅联合印发了《关于加强中国特色新型智库建设的意见》，明确提出了建设中国特色新型智库体系的总体目标，并且做出了实施国家高端智库建设的规划。智库建设得到国家的高度重视，这为我国智库带来了新的发展机遇。

随着我国公共决策科学化水平的不断提升，中国智库近年来发展迅速，数量和质量都呈现出明显的上升趋势。根据美国学者JamesG.McGann发布的2014全球智库报告，中国智库数量达到429家，位列世界第二。在智库数量不断增长的同时，我国智库的影响力也在不断提升，涌现出诸如中国科学院、中国工程院、国务院发展研究中心等多家专业化高端智库。根据JamesG.McGann发布的全球智库报告，进入报告的中国智库数量也在稳步上升。

表1　James G. McGann全球智库报告中中国智库数量

单位：家

年份	2008	2009	2010	2011	2012	2013	2014
数量	74	428	425	425	429	426	429

数据来源：James G. McGann全球智库报告（2015）

我国智库的经费、人员近年来也有了显著增长。根据《2009-2010全国软科学研究机构统计调查报告》，[8]2010年，全国共有软科学研究机构2408个，

8　目前没有关于智库的全国性统计数据，因此只能通过《全国软科学研究机构统计调查》来了解我国智库的总体发展情况。软科学研究是以实现决策科学化和管理现代化为宗旨，以系统科学理论方法为基础，进行跨学科、跨领域、定性和定量相结合的研究。软科学研究机构就是从事软科学研究的机构，而智库是相对独立于政府的政策研究机构。因此智库属于软科学研究机构，但软科学研究机构的概念比智库要更加宽泛。

软科学研究机构的经费为239.7亿元，其中66.5%来自政府。与2006年相比，经费增长了6倍多。2010年全国共有软科学研究机构工作人员8.4万人，比2006年增长4.8万人。

随着投入的增加，智库的研究成果和影响力也有了显著增加。2009-2010年度，全国共完成软科学课题20708项，正在进行中的课题有14334项，课题经费共计41.8亿元。同时，全国共发表软科学研究论文15.5万篇，比2005-2006年度增加8.1万篇，出版研究著作1.1万部，撰写内参或内部报告2.4万篇。这些课题成果共得到领导批示5551次，软科学机构参加政府咨询会10020次，观点被媒体引用3万多次。

同时，中国智库也呈现出多元化的发展态势。半官方智库、高校智库和民间智库都得到了蓬勃发展。但是中国智库也具有资金来源渠道单一、自主性欠缺、国际化程度不足、发展不平衡等问题。

2. 基金会与智库

基金会是智库体系中的一类重要组织，对智库建设起着重要的作用。一方面，科学研究已经成为基金会的重要资助方向之一，不少基金会通过资助政策研究项目为智库提供了赖以生存的研究经费。此外，一些基金会自身也发展出了智库的功能，自己发掘政策议题并组织开展政策研究，并借助各种渠道向决策者提出自己的政策建议。这类基金会通常被称之为“智库型基金会”，如北京修远经济与社会研究基金会、中国发展研究基金会等。

基金会为智库建设提供资金支持

在我国，政府是智库的最主要资金来源，这使得我国智库的独立性一直为西方研究者所诟病。基金会对智库的资助行为，将政府与资金分离开来，政府作为智库产品的消费者，但并不直接为咨询建议提供经费，这使得政府、智库、基金会所代表的“政治”、“知识”、“资金”三个公共领域得以相对独立开来，这样的局面有助于增强智库的独立性。同时，基金会资助政策研究为智库提供了政府资助之外更加多元化的经费来源，为智库的发展提供了有力支持。

基金会自身发挥智库职能

智库型基金会通过资助政策研究项目，提供政策咨询，成为了公共决策过程中的重要参与者，通过直接或间接的渠道影响着公共政策。例如北京修远经济与社会研究基金会，在思想、政治、社会等各个领域开展研究项目，并以《文化纵横》杂志为平台，致力于向学者、官员等精英阶层传播政策思想和文化理念。中国发展研究基金会多年来在中国发展与改革、反贫困等方面开展了一系列研究，并通过《中国发展研究基金会研究参考》、《中国发展研究基金会报告》等形式向社会各界公布研究成果。作为半官方的基金会，中国发展研究基金会曾经于2011年向国务院提交了两份关于西部贫困地区学生营养状况的调查报告，得到温家宝、刘延东等国家领导人的重视，促成了《关于实施农村义务教育学生营养改善计划的意见》的出台。

基金会资助智库发展的优势

研究资金是智库赖以生存的关键，加大资金投入保障力度是中国特色新型智库建设的重要举措之一。中国和国办印发的《关于加强中国特色新型智库建设的意见》指出，要研究制定和落实支持智库发展的财政、金融政策，鼓励企业、社会组织、个人捐赠资助智库建设。由此可见，基金会资助政策研究对智库的发展起到了不可忽视的作用。

首先，基金会资助政策研究是国家资助的有益补充。目前我国智库的资金来源渠道还比较单一。根据科技部全国软科学研究机构调查的结果，软科学研究机构的经费来源高度依赖政府，2009-2010年，我国软科学研究机构课题研究经费共41.8亿元，而其中11.6亿元来自中央政府的资助，18亿元来自地方政府的资助，政府投入占全国软科学课题研究经费的比例为70.9%。[9]而基金会对智库资助力度的逐年增长有助于改变智库经费来源单一的局面，有助于建立多元化、多渠道的经费输入机制。

表2　2009-2010年我国软科学研究机构课题经费构成

2009-2010年	经费（亿元）	百分比
中央政府下达课题	18.0	43.1%
地方政府下达课题	11.6	27.8%
自选课题	2.1	5.1%

9　以上参考资料来源于《2009-2010全国软科学研究机构统计调查报告》

续表

2009-2010年	经费（亿元）	百分比
其他	10.1	24.0%
合计	41.8	100%

数据来源：2009-2010全国软科学科研机构统计调查报告

其次，有利于中小型智库的发展。由于我国智库发展的不平衡局面，政府的资金投入大多流向了大型的半官方智库，而大多数中小型的民间智库则常常面临经费不足的窘境。基金会提供的资助恰好为这些中小型智库的发展注入了活力。

第三，为智库的人才队伍建设提供了支持。高层次人才是智库产生高质量思想的依托。一些基金会的资助项目虽然没有直接资助智库或政策研究，但是通过对人才的资助，为智库培育了可用之才，间接支持了智库发展。例如成立于1994年的孙冶方经济科学基金会设立了“孙冶方青年菁英奖学金”、“孙冶方经济科学奖”、“孙冶方金融创新奖”等人才资助项目，每年资助和奖励经济学领域的青年学者和科学家，对智库的人才队伍建设起到了促进作用。

二　基金会资助智库发展的现状

1. 基金会对智库的资助情况（2010-2014）

基金会资助智库的基本情况

智库的主要职能是从事政策研究和政策倡导，而课题项目制是目前各类智库普遍采用的科研组织管理模式，因此我们通过基金会对政策研究项目的资助来衡量基金会对智库的支持。基金会对智库发展的资助经历了一个从无到有，逐步发展的过程。2008年到2009年没有政策研究项目被基金会资助。2010年，仅有1个基金会资助了1个政策研究项目，项目金额为33.75万元。2011年有3个基金会资助了7个政策研究项目，项目金额增长为351.70万元，是上一年的10倍。到了2013年，受到资助的政策研究项目达到162个，项目金额达到10572.12万元，为历年最高。2014年，资助规模稍有回落，政策研究项目数量为148个，项目金额为7042.92万元。可以看出，基金会对政策研究的资助力度经历了一个迅速上升的阶段，于2013年达到一个峰值，随后趋于稳定。

表3　基金会资助政策研究基本情况

年份	基金会数量	公募基金会数量	非公募基金会数量	政策研究项目数量	项目年收入（万元）	项目年支出（万元）
2008	0	0	0	0	0.00	0.00
2009	0	0	0	0	0.00	0.00
2010	1	1	0	1	0.00	33.75
2011	3	1	2	7	191.49	351.70
2012	35	11	24	82	1654.29	4142.84
2013	65	21	44	162	7406.68	10572.12
2014	51	11	40	148	2313.35	7042.92

数据来源：基金会中心网，截止日期：2014年12月31日

2008年至2014年，得到基金会资助的政策研究项目总共有400个，累计项目金额22143.33万元，平均每个项目资助额为55万元。可见，目前我国基金会资助政策研究的总体规模还不太大，项目数量并是特别多，但是单个项目的资助力度并不算低。

在所有资助政策研究的基金会中，公募基金会占30.9%，非公募基金会占69.1%。非公募基金会成为了资助政策研究的主要力量，这个趋势与非公募基金会近年来在全国范围内蓬勃发展的趋势是一致的。

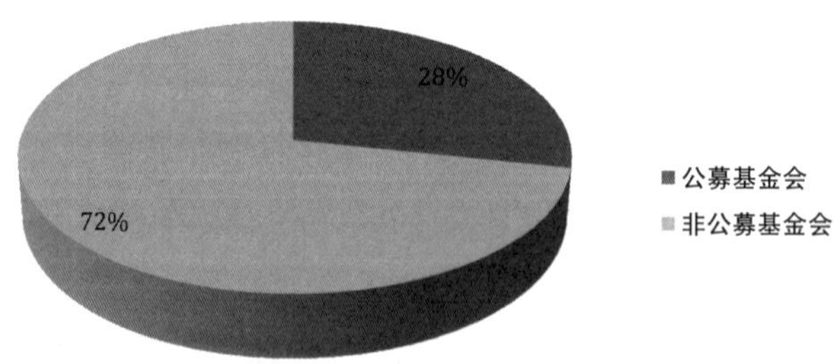

图1　资助政策研究的基金会类型分布，2012-2014年

资料来源：基金会中心网，截止日期：2014年12月31日

在基金会类别方面，资助政策研究的基金会之中，最多的是独立型基金会，占72.2%；其次为大学基金会，占18.3%；企业型基金会占据了4.8%的份额，其中外企0.5%，民企2.3%，国企2.0%；位列第四的是行业系统型基金会，占4.3%。

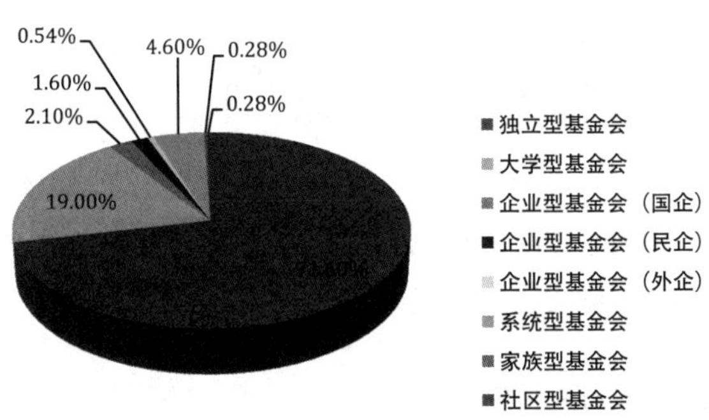

图2　资助政策研究的基金会类别分布，2012–2014年

资料来源：基金会中心网，截止日期：2014年12月31日

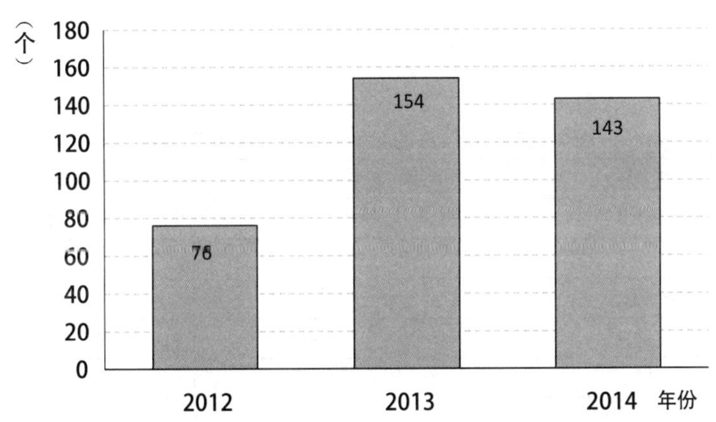

图3　基金会资助政策研究类项目数量，2012–2014年

资料来源：基金会中心网，截止日期：2014年12月31日

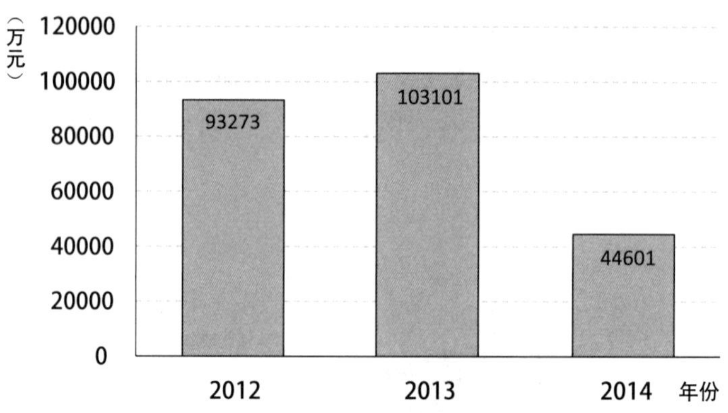

图4　基金会资助政策研究类项目年支出，2012–2014年

资料来源：基金会中心网，截止日期：2014年12月31日

基金会关注的政策研究领域

2008年至2014年，共有400个政策研究项目得到基金会资助，累计项目金额达到22143.33万元。那么，这些项目资金都资助了那些领域的政策研究呢？或者说，基金会更偏好关注那些领域的公共政策呢？我们将基金会关注的政策研究领域划分为社会、经济、政治、法制、科教文卫以及生态6个大类，并对相关数据进行了分析，结果如表4。

表4　基金会关注的政策领域（2008–2014）

政策领域	项目数量	比例
经济	180	45%
社会	90	22.5%
政治	42	10.5%
科教文卫	37	9.3%
法制	28	7.0%
生态	23	5.8%
合计	400	100%

数据来源：基金会中心网，截止日期：2014年12月31日

如表4和图5所示，最为基金会关注的政策领域是经济，资助经济政策研究的项目多达171个，占全部项目数量的45.8%。这与我国改革开放以来以经济建设为中心的基本方针是相一致的，反映了基金会对政府需求的回应；其

次就是社会政策的研究也受到广泛关注，共有84个项目，占全部项目的22.5%，这些项目涉及慈善捐助、扶贫、救灾、妇女儿童发展等方面，恰好是基金会的主要职能所在。可见基金会对于自身在社会建设中所扮演的角色和发挥的职能是相当关注的，并且希望通过对社会政策领域研究项目的资助，推动相关改革议程。此外，政治、法制、科教文卫和生态领域的项目比例分别为9.4%、9.1%、7.0%和6.2%。

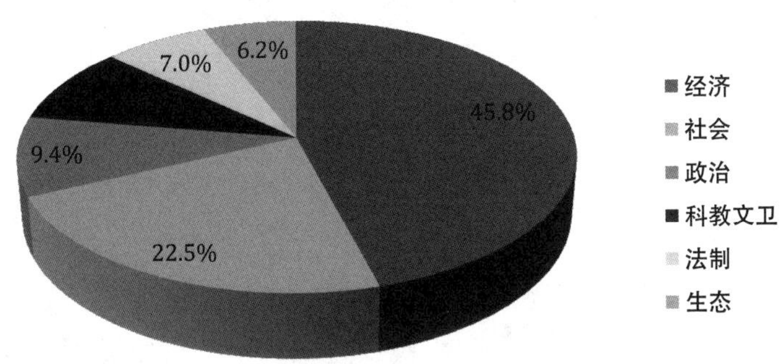

图5　基金会资助政策研究项目的研究领域，2012–2014

资料来源：基金会中心网，截止日期：2014年12月31日

总的来说，基金会对各个方面的公共政策都有关注，但基金会资助最多的是经济政策研究，其次为社会政策、这反映了基金会对国家发展和自身建设的关切。

从科学研究到政策研究

在2014年基金会的项目支出Top10的构成中，项目支出和项目数量占据榜首的是教育类，科学研究类项目数量位居第6，虽然份额并不靠前，但已有一定的规模。在科学研究项目中，大多数是纯粹科学研究，政策研究类项目相对较少。

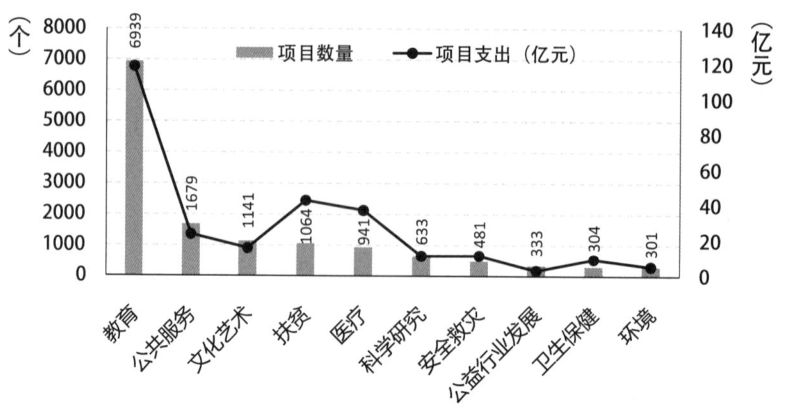

图6　2014年基金会项目数量TOP10支出情况

资料来源：基金会中心网，截止日期：2014年12月31日

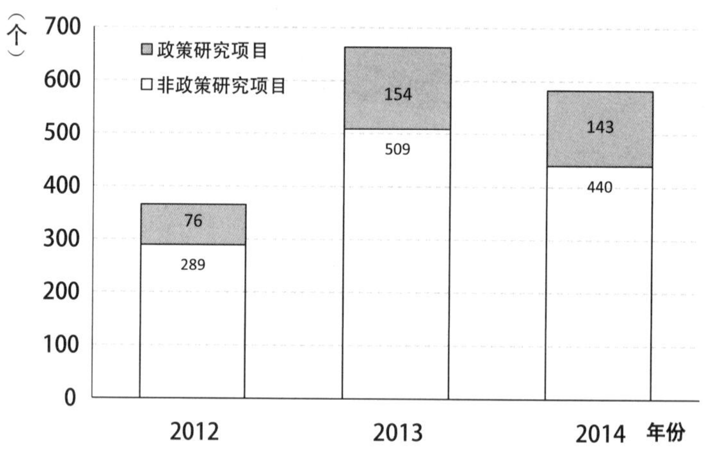

图7　科学研究类项目构成，2012–2014年

资料来源：基金会中心网，截止日期：2014年12月31日

根据图7所示，从2012年到2014年，资助政策研究的基金会数量和政策研究类项目数量都有了显著提升，并在2013年达到峰值。

然而从图7可以看出，政策研究类项目在科学研究项目大类中所占的比例是比较稳定的。2012年至2014年，政策研究类项目的数量大致至占所有科学研究类项目的五分之一左右。

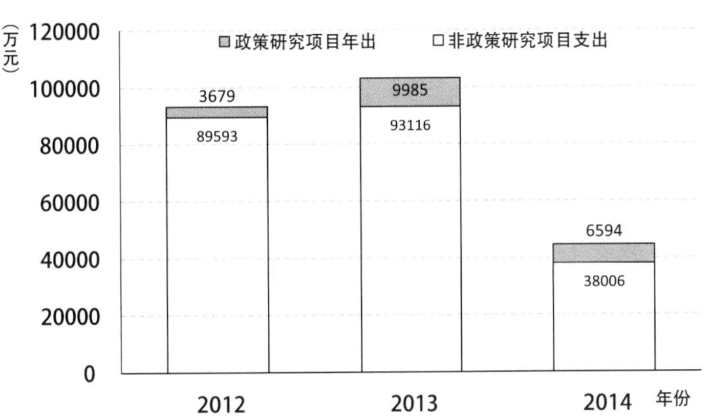

图8 科学研究类项目年支出，2012–2014年

资料来源：基金会中心网，截止日期：2014年12月31日

从项目金额来看，政策研究类项目表现平平。如图8所示，与科学研究类项目的年度支出相比较，政策研究类项目所占比例较小。

政策研究项目资金流向

在我国，智库一般被分为三类：半官方智库、高校智库和民间智库。半官方智库一般拥有事业单位法人的身份，是由国家机关举办或者其他组织利用国有资产举办的，在经费和人事方面与政府的关系较密切。典型的半官方智库有国务院发展研究中心、中国社科院、中共中央党校等。高校智库是指隶属于大学的政策研究机构，这类智库虽然存在于事业单位的大学之中，但一般不具有独立的法人身份。电信的高校智库有清华大学国情研究院、中国人民大学重阳金融研究院等。民间智库是注册为民办非事业单位或企业的政策研究组织，这类智库在改革开放后开始快速发展起来，其典型有天则经济研究所、零点研究咨询集团、21世纪教育研究院等。

在我国，半官方智库的经费主要来自国家财政拨款，高校智库的经费来源一般比较复杂，包括国家财政拨款、国家科研基金资助、承接委托项目、捐赠等等。民间智库的经费一般来自委托项目和各类捐赠。那么，基金会所资助的政策研究项目，其资金都流向了那些智库呢？

我国基金会政策研究资金的流向，根据实际情况将其划分为6类，分别是：1.资助民间智库；2.资助高校智库；3.资助半官方智库；4.资助海外智库；5.基金会自己组织研究或与其他机构合作研究；6资助其他非智库机构（企业、个人、政府机构等）。

表5　2012–2014年政策研究资金流向

资金流向	民间智库	高校智库	半官方智库	海外智库	自己研究与合作研究	其他
比例	11.0%	35.4%	17.7%	1.3%	27.1%	7.5%
项目数量	41	132	66	5	101	28

资料来源：基金会中心网，截止日期：2014年12月31日

从表5和图9中可见，在2012年至2014年基金会所资助的373个政策研究项目中，资助高校智库的项目最多，共132个，占全部政策研究项目的35.4%；其次是基金会自己组织研究或与其他机构合作研究的项目，有101个，占全部政策研究项目的27.1%，资助半官方智库的项目有66个，比例为17.7%；民间智库得到的资助项目只占11%，数量为41个。还有少量项目资金流向了海外智库和一些非智库机构。

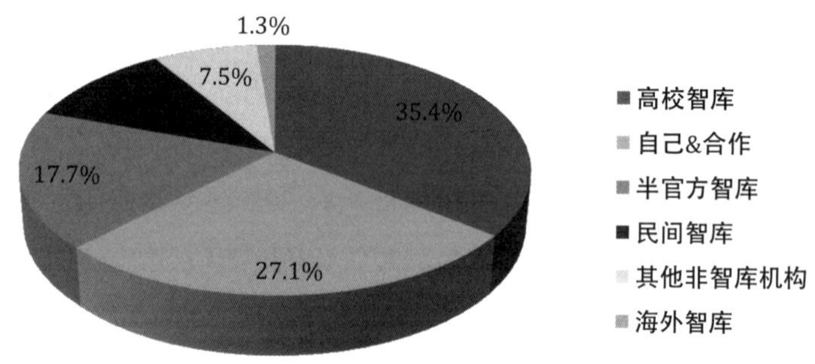

图9　政策研究项目的资金流向，2012–2014

资料来源：基金会中心网，截止日期：2014年12月31日

看来，我国基金会相对还是更偏爱研究能力较高的高校智库；此外，很多基金会自己也发展出了政策研究的能力，可以自己组织研究队伍或与其他智库合作开展政策研究项目。半官方智库也拿走了很多项目，一方面，半官方智库实力雄厚，其次，很多公募基金会本身就是由半官方智库发起成立的，自然要资助发起智库。例如中国发展研究基金会是由国务院发展研究中

心发起成立的，中国经济体制改革研究基金会是由中国经济体制改革研究会发起成立的。

相较而言，基金会对民间智库的资助并不是很多，项目数量只有42个。看来我国民间智库不但难以得到来自国家的资助，在吸引基金会资助方面也落在了高校智库和半官方智库的后面，这种局面制约了民间智库的发展。这应该和民间智库研究能力不强、人际关系网络匮乏两个原因有密切关系。因此，民间智库吸引基金会资助的能力还有待进一步提高。

2. 2014年基金会资助智库情况

2014年，受到基金会资助的政策研究类项目共有143个，资助金额共6593.51万元，来自50个基金会。平均每个项目的资助力度为46.11万元，资助金额最小的项目0.05万元，金额最大的项目为564.04万元。

表6　2014年政策资助类项目的描述统计

单位：万元

项目资助均值	项目资助中位数	最小值	最大值	项目数量
46.11	10.00	0.05	564.04	143

资料来源：基金会中心网，截止日期：2014年12月31日

2014年，所有143个政策研究类项目中，34个由公募基金会资助，占23.8%；109个由非公募基金会资助，占76.2%。

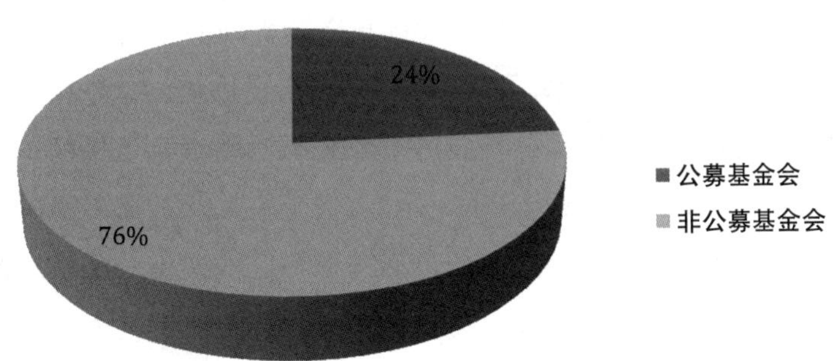

图10　资助政策研究的基金会类型，2014

资料来源：基金会中心网，截止日期：2014年12月31日

2014年，全部143个政策研究项目中，由独立型基金会资助的为83个，占58.0%；其次为大学基金会，共47个项目，占32.9%；企业型基金会的比例为4.9%，其中民企0.7%，国企4.2%，没有外企资助的项目；其余为系统型基金会，占4.2%。

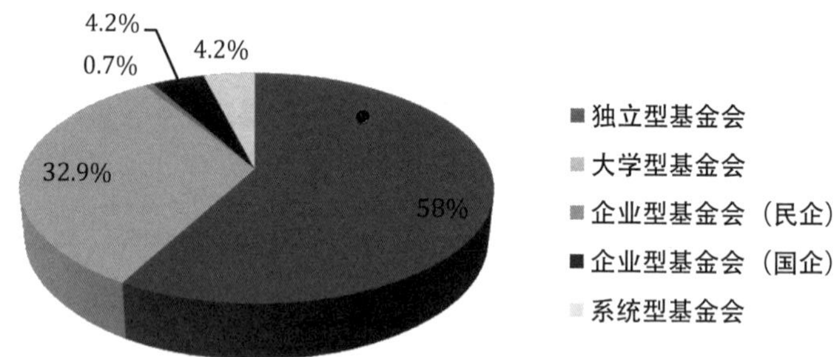

图11　资助政策研究的基金会类别，2014

资料来源：基金会中心网，截止日期：2014年12月31日

2014年，资助力度最大的10个政策研究项目分别是1.友成企业家扶贫基金会资助的“新公益资助项目”（564.04万元）；2.北京巧女公益基金会资助的“生态建设-中国人大教育基金会”项目（500.00万元）；3.深圳市现代创新发展基金会资助的“大梅沙论坛”项目（485.99万元）；4.山西煤炭职业教育基金会资助的“《山西煤炭工业发展报告》绿皮书”项目（400.00万元）；5.河仁慈善基金会资助的“中国企业国际化与各国投资环境研究”项目（360.00万元）；6.友成企业家扶贫基金会资助的“新公益倡导项目”（359.87万元）；7.北京市刘鸿儒金融教育基金会资助的“‘中国金融’学科终身成就奖”项目（308.38万元）；8.中国民航科普基金会资助的《浙江省宁海县三门湾通航产业规划》项目（305.46万元）；9.海南改革发展研究基金会资助的“‘十三五’经济体制改革的目标与任务”等四个子课题（210.00万元）；10.中国老龄事业发展基金会资助的“老年产业研讨及成果发布会”项目（170.00万元）。

表7 2014年政策研究项目TOP 10

排名	项目名称	项目支出（万元）	基金会	类型	政策领域
1	新公益资助项目	564.04	友成企业家扶贫基金会	非公募	社会政策
2	生态建设-中国人大教育基金会	500.00	北京巧女公益基金会	非公募	经济政策
3	大梅沙论坛	485.99	深圳市现代创新发展基金会	非公募	经济政策
4	《山西煤炭工业发展报告》绿皮书	400.00	山西省煤炭职业教育基金会	非公募	经济政策
5	中国企业国际化与各国投资环境研究	360.00	河仁慈善基金会	非公募	经济政策
6	新公益倡导项目	359.87	友成企业家扶贫基金会	非公募	社会政策
7	“中国金融”学科终身成就奖	308.38	北京市刘鸿儒金融教育基金会	非公募	经济政策
8	《浙江省宁海县三门湾通航产业规划》	305.46	中国民航科普基金会	公募	经济政策
9	(1)“十三五”经济体制改革的目标与任务；(2)中国公共部门改革创新战略；(3)打造海南海上丝绸之路桥头堡的对策建议；(4)全面深化改革信息化支撑平台。	210.00	海南改革发展研究基金会	公募	经济政策
10	中国老龄事业发展基金会	170.00	老年产业研讨及成果发布会	公募	社会政策

数据来源：基金会中心网，截止日期：2014年12月31日

2014年资助政策研究金额最多的10家基金会分别是：1.友成企业家扶贫基金会（1079.42万元）；2.北京师范大学教育基金会（543.77万元）；3.北京巧女公益基金会（500.00万元）；4.深圳市现代创新发展基金会（486.00万元）；5.北京市刘鸿儒金融教育基金会（438.98万元）；6.山西省煤炭职业教育基金会（400.00万元）；7.河仁慈善基金会（360.00万元）；8.中国民航科普基金会（305.46万元）；9.海南改革发展研究基金会（290.00万元）；10. 深圳市绿色低碳发展基金会（205.61万元）。其中8家为非公募基金，2家为公募基金。主要的资助领域集中在经济政策方面。部分基金会专门资助某一家智

库，如北京巧女公益基金会专门资助人大生态金融研究中心；海南改革发展研究基金会专门资助中国（海南）改革发展研究院。

表8 2014年资助政策研究基金会TOP 10

排名	基金会	政策研究支出（万元）	项目数量	类型	政策领域
1	友成企业家扶贫基金会	1079.42	3	非公募	社会政策
2	北京师范大学教育基金会	543.77	36	非公募	社会政策，经济政策
3	北京巧女公益基金会	500.00	1	非公募	经济政策
4	深圳市现代创新发展基金会	486.00	1	非公募	创新发展政策
5	北京市刘鸿儒金融教育基金会	438.98	3	非公募	经济政策
6	山西省煤炭职业教育基金会	400.00	1	非公募	能源政策
7	河仁慈善基金会	360.00	1	非公募	经济政策
8	中国民航科普基金会	305.46	1	公募	民航政策
9	海南改革发展研究基金会	290.00	3	公募	经济政策
10	深圳市绿色低碳发展基金会	205.61	4	非公募	生态政策

数据来源：基金会中心网，截止日期：2014年12月31日

总的来看，近年来我国基金会对智库和政策研究项目的资助一直呈现增长的趋势，愿意将资金投入政策研究的基金会越来越多，并且出现了一批著名的智库型基金会。这是一个很好的发展态势，这种增长与近年来智库本身的发展相呼应，对于我国新型智库体系的建设起到了促进作用，扮演了越来越重要的角色。但是，与基金会在非政策研究的科研项目及其他领域的资助额相比较，政策资助的项目数量和项目额度都还很少；而且，政策研究项目更多资助了高校智库和半官方智库，民间智库得到的资助依然不多。这与我国建设多元化、多渠道、多层次智库经费投入体系的要求还不相适应。未来还需要采取更多措施鼓励和激励基金会更多投资智库和政策研究，更好地发挥对智库建设的支持作用。

第三部分：案例分析

Part 3: Case Analysis

绿皮书的第三部分节选了以下几个案例，简单来说：

1、敦和基金会2014年的公益支出远超其原始注册资本金，并且于2015年在公益行业投入亿元，在巨大的资助金额背后，体现出是他们的资产保值增值意识和卓越的资产管理能力。

2、中国的家族基金会处于发展初期，老牛基金会利用家族财富实现了代际传承，成为家族基金会的学习典范。

3、爱佑基金会的创新性商业运作模式和社会投资机制，形成一套独特的慈善方法论，为中国公益慈善领域提供可借鉴范本。

4、银杏计划独特的资助模式在资助公益人才领域独树一帜，直接投资于人的模式突破了传统慈善模式，对公益基金会具有变革性的影响。

5、腾讯基金会推出的”99公益日”不仅掀起全民参与公益的浪潮，更在三天内平台接受的捐款即超过亿元，为互联网公益的发展提供了参考样本。

6、随着基金会行业的发展，中国基金会的国际参与意识逐渐加强。在过去十年的尝试中，以中国扶贫基金会、中国和平发展基金会为代表的几家基金会所发起的优秀海外项目，获得了国际认可。

1. Dunhe Foundation's public welfare expense in 2014 exceeded its original capital. The foundation planned further to invest 100 million RMB in public welfare in 2015. The investment was possible because of the foundation's excellent asset management and financial skills.

2. Family foundations is still at an early stage of development in China. The second generation has successfully taken over the management of Laoniu Foundation as part of property inheritance of the family. It is a role model for all the family foundations in China.

3. Aiyou Foundation has a creative business model and social investment plan. It has developed a unique charity methodology. It provides a role model for the charity industry in China.

4. The Yinxing Plan has a breakthrough, transformational model of subsidizing public welfare talents, which, different from traditional foundations, directly invests into individuals.

5. The "99 Public Welfare Day" promoted by Tencent Foundation has not only ignited public participation in public welfare, but also collected more than 100 million RMB donation through the platform in three days, which set a good example for online charity in China.

6. As the foundation industry evolves, Chinese foundations become gradually aware of the importance of international participation. Foundations such as China Foundation for Poverty Alleviation and China Foundation for Peace and Development have started their overseas charity programs, which are well recognized by the international community.

案例1
敦和-中国第一个名副其实的资助型基金会

一　案例背景

2015年的“亿基金”事件把大家的焦点集中在鲜少有新闻的浙江敦和慈善基金会。拨开这一事件的迷雾，我们也看到了浙江敦和慈善基金会对现代慈善资金管理的态度——捐赠不是慈善的全部，慈善捐助资产保值增值的意识和能力也极为重要。

随着中国社会建设的不断推进，社会募捐逐步会成为常态，那些具有一定影响力、品牌知名度、公信力较好的，具有专业化能力的公益慈善组织逐步会被社会公众接受和认可，募捐市场会充分竞争，基金会尤其是公募基金会需要回归理性发展之路，捐赠收入向多元化发展。然而，目前中国的基金会收入80%是来自于捐赠，收入组成过于单一，公益组织自身的发展面临极大风险。

首先，我们来通过数据探索基金会的资产管理的现状。根据基金会中心网数据显示，2014年的1024亿基金会净资产中475亿为货币资金，也就是46.5%的基金会资产“沉睡”为银行存款。2015年由国务院发展研究中心主办、中国发展研究基金会承办的“中国发展高层论坛2015”年会上，敦和资产管理有限公司总经理张志洲发言提到：“目前中国90%的慈善基金会的钱都是存在银行的，其他做投资理财的慈善基金会的平均收益率不到4%。如果考虑了房价上涨等广义通胀因素，过去10多年中国基金会不仅没有实现增值，甚至连保值也没有实现。”

实际上，中国基金会在投资理财方面承受着制度、能力、舆论等方面的压力，这使它们在投资理财上始终难以放开手脚。

2001年出台《信托法》至今未能落地，因为里面有“设立公益信托需要公益事业管理部门批准”的条款，基金会很难找到政府部门愿担责任，批准设立信托。2004年通过的《基金会管理条例》中包括了基金会财产的使用和管理。《条例》第二十八条规定：基金会应当按照合法、安全、有效的原则实现基金的保值、增值。《条例》的出台，虽然在法规层面上肯定了基金会的投资理财行为，但如何才算是“合法、安全、有效”，却没有进行细化。与此同时，对于基金会在实际运作中如何进行保值增值，《条例》也没有给出明确的规定。同时，按照财政部和税务总局发布的关于免税收入和免税资格的通知，基金会通过投资理财获得的收益部分，需要缴纳25%的所得税。

在这样的背景下，基金会无法判断自己的理财行为风险大小，不敢进行投资理财，加之本身投资理财能力不足，公众对自己的捐款“被投资”不能理解，都导致中国基金会投资理财水平发展缓慢。

据基金会中心网数据显示，2014年基金会投资收入只占基金会收入的6.7%，成为收入构成中的潜在增长点。

2015年9月18日在“慈善+金融：现代基金会的成功之路”讨论中，中国工商银行资产管理部高级经理赵柏功表示，2014年中国工商银行一项专门针对基金会的调研显示，70%以上的受访基金会都有投资理财意愿，但仅有40%进行了理财。讨论中，南都公益基金会理事长徐永光总结了慈善资产投资理财推动困难的四个主要原因：

第一，慈善文化环境不好，存在着道德绑架、道德审判的问题；

第二，基金会管理者在资产管理问题上也是审慎有余，关注不足；

第三，法律法规存在很多障碍，投资收益要交企业所得税，还有可能承担风险；

第四，缺少专业、有公信力、有效的第三方投资服务平台。

然而，在这种慈善环境下，浙江敦和慈善基金会不仅在投资理财方面交出了较为满意的成绩单，在倡导基金会投资理财方面也作出了很多新的尝试。

二　案例描述

浙江敦和慈善基金会(简称“敦和基金会”，英文名为“DUNHE FOUNDATION”）成立于2012年5月11日，是一家在浙江省民政厅登记注册、具有独立法人资格的资助型非公募基金会，以公益行业支持、中华文化传承为己任，致力于“做民间公益和社会创新的资源提供者和建设者”。

敦和基金会秉承低调务实的处世哲学，基金会设有杭州、北京两个办公室，截止到2015年5月，杭州、北京两个办公室也不过10位工作人员，[10]官网也是在2016年2月才上线的。这家低调的基金会，在成立不到四年的时间内对外资助总额已超过人民币2亿元。

1. 发展历程

敦和基金会自2012年5月1日成立，就践行资助型基金会的宗旨，以较大金额资助公益组织及其项目。通过敦和基金会披露的2012–2015年度报告显示，敦和基金会已支出了资金约2.12亿元，共资助公益慈善项目230多个。其资助项目和资金情况如下（按领域分年度统计），见表1、表2、表3、表4。

表1　敦和基金会2012年度项目资助情况

捐赠时间	合作伙伴	资助金额（万元）	用途
7月6日	慈济慈善事业基金会	50	义乌、江西助学
9月12日	深圳壹基金公益基金会	100	云南彝良地震救灾
9月24日	中国非公募基金会发展论坛	20	第四届论坛2012年会
10月9日	哈尔滨工业大学教育发展基金会	20	校园文化建设
11月6日	深圳壹基金公益基金会	34.768	2012透明典范奖评选
11月9日	浙江大学医学院附属第二医院	200	2号病房大楼改造
11月21日	崔永元公益基金	50	口述历史项目
12月4日	中国滋根乡村教育与发展促进会	10	农民工子弟学校改造

10　来源于敦和基金会秘书长刘洲鸿演讲《敦和：开启资本与公益和谐共舞新篇章》

续表

捐赠时间	合作伙伴	资助金额（万元）	用途
12月4日	基金会中心网	20	北京师范大学珠海分校公益慈善管理本科专业教学发展
12月20日	西部儿童救助专项基金	10	西藏那曲先天性心脏病儿童救助
12月27日	南都公益基金会	50	银杏伙伴成长计划
12月27日	慈济慈善事业基金会	50	贫困地区冬令物资发放
12月27日	成都城市河流研究会	10	长江上游清流项目
12月28日	四川尚明公益发展研究中心	5	机构运营支持
12月28日	浙江省新华爱心教育基金会	120	女童班、珍珠班项目
12月31日	拉迦寺大悲妙法院	5	孤儿过冬物资购买
合计：754.77万元			

资料来源：浙江敦和慈善基金会。截止日期：2012年12月31日

表2　敦和基金会2013年度项目资助情况

捐赠时间	合作伙伴	资助金额（万元）	用途
1月21日	西部儿童救助专项基金	35	西藏那曲先天性心脏病儿童救助
1月21日	北京大学公民社会研究中心	5	2012十大社会事件评选
5月22日	中国滋根乡村教育与发展促进会	10	机构运营支持
6月4日	北京市西部阳光农村发展基金会	3	“雏雁起飞”大学生公益行动激励计划
6月5日	向阳花儿童意外伤害救助基金	10	浙江贫困家庭儿童意外伤害救助
6月6日	大爱清尘基金	60	尘肺农民救助
6月8日	宁波小雨点听力语言训练中心	20	宁波贫困家庭儿童听力康复
6月14日	上海真爱梦想公益基金会	100	“梦想中心”素质教育体系、机构发展支持
6月24日	北京市西部阳光农村发展基金会	50	桥畔计划
6月26日	宁波爱心同盟	5	宁波贫困家庭大病应急救助
7月18日	第九世界公益俱乐部	5.23	黔东南少数民族文化保护、杭州公益小天使项目

续表

捐赠时间	合作伙伴	资助金额（万元）	用途
7月18日	中国非公募基金会发展论坛	7.5	第五届论坛2013年会
7月24日	北京瓷娃娃罕见病关爱中心	15	2013全国病人大会
8月1日	基金会中心网	50	三周年大会
8月9日	深圳壹基金公益基金会	100	中国民间公益透明项目（GTI指数）
8月12日	杭州网义工分会	1.64	杭州未成年女孩自我防护教育
9月25日	深圳市龙越慈善基金会	10	浙江抗战老兵大病救助
9月25日	北京市企业家环保基金会	10	2013年会费
9月27日	上海交通大学第三部门研究中心	20	社会组织评估蓝皮书出版
10月17日	北京春苗儿童救助基金会	10	机构发展支持
10月21日	内蒙古敖汉妇女发展协会	30	农孵计划（小额信贷）种子基金
10月28日	恩久关爱基金	10	公益从业者关爱和救助
10月28日	中国非公募基金会发展论坛	10	第五届论坛2013年会
10月31日	深圳市信息无障碍研究会	10	支持创立盲人信息无障碍团队
11月4日	南都公益基金会	100	银杏伙伴成长计划
12月11日	逄飞（北京一耽学堂总干事）	10	个人发展支持
12月12日	天台县南屏学校	9.5	校园改造和文化建设
12月17日	上海仁德基金会	20	基金会培育项目
12月18日	广东省华媒传媒发展基金会	50	灾难及突发报道支持专项基金
12月20日	向阳花儿童意外伤害救助基金	40	机构发展支持
12月24日	北京尚善公益基金会	20	抑郁症常识宣传和普及
12月26日	中国青少年发展基金会	50	新工场协力中心联合劝募基金
12月30日	无锡灵山慈善基金会	25	中华慈善百人论坛
12月30日	大爱清尘基金	20	机构运营支持
12月30日	北京大学公民社会研究中心	5	2013十大社会事件评选
合计：936.87万元			

资料来源：浙江敦和慈善基金会。截止日期：2013年12月31日

表3　敦和基金会2014年度项目资助情况

类别	合作伙伴	资助金额（万元）	用途
公益支持	南都公益基金会	100	2015银杏伙伴成长计划
	南都公益基金会	100	2015银杏计划之“公益专才”项目
	南都公益基金会	200	联合发起“银杏公益基金会”
	基金会中心网	200	基金会行业研究与倡导
	深圳壹基金公益基金会	100	中国民间公益透明项目（GTI）
	深圳壹基金公益基金会	200	2015备灾基金
	中国扶贫基金会	100	“公益同行”计划及国际化项目
	英国大使馆文化教育处	119.6	社会投资平台——敦和社会创新资助奖
	中央电视台社会与法频道	120	社区英雄
	福建正荣公益基金会	100	正荣微公益——平台型机构小额资助
	中国社会企业与社会投资论坛	10	联合发起成员年费
	中国非公募基金会发展论坛	3.3	组委会成员年费
	招商局慈善基金会	50	第六届中国非公募基金会发展论坛2015系列活动
	江苏华益社会组织评估中心	10	两岸三地公益发展论坛
	北京瑞森德筹款研究中心	40	中国筹款人联盟
	福建省同心慈善基金会	50	2014中国公益慈善管理福建EMP班
	福建省同心慈善基金会	50	2014心灵公益人才培养计划
	福建省同心慈善基金会	100	2015中国公益慈善管理福建EMP班及心灵公益人才培养计划
	中国发展简报	50	公益线上资料库
	上海交通大学第三部门研究中心	20	《中国社会组织评估发展报告（2014）》编写出版
	上海交通大学第三部门研究中心	10	《中国第三部门研究》7、8卷编写出版
	公域合力管理咨询（北京）有限公司	20	《公益组织筹资策略》出版
	零点研究咨询集团	1.9	2014中国公益人才发展研究
	益人义助联合劝募基金	26	中国公益人保险计划

续表

类别	合作伙伴	资助金额（万元）	用途
公益支持	21世纪教育研究院	100	LIFE教育创新项目
	北京市西部阳光农村发展基金会	77.3	2014桥畔计划
	北京市丰台区源头爱好者环境研究所	86.9	青年环保人才“挂职锻炼”项目
	北京益微青年公益发展中心	10	START·V立营——教育社团骨干培养平台
	北京市永源公益基金会	100	2014“家·春秋”大学生口述历史影像记录计划
	北京市永源公益基金会	100	2015“家·春秋”大学生口述历史影像记录计划
	中国比较经济研究中心	500	机构运营支持
	安平公共传播公益基金	50	机构发展支持
	深圳市龙越慈善基金会	50	机构发展支持
	四川尚明公益发展研究中心	10	机构发展支持
	新公民计划	10	公益专才支持
	上海联劝公益基金会	45.2	2015社创之星
	北京和众泽益志愿服务中心	25	“企业志愿者——公益行业从业者”发展计划
	深圳市信息无障碍研究会	15	信息无障碍项目
	北京益云社会创新中心	20	人人益播公益广告设计大赛
	上海慈善教育培训中心	15	东北地区NGO能力建设
	杭州上城区博信公益发展服务中心	84	2014浙江小额资助
	浙江省爱心事业基金会	150	2015浙江公益支持
	上海联劝公益基金会	300	2014“敦和种子基金计划”
	北京市西部阳光农村发展基金会	300	2014“敦和种子基金计划”
	深圳龙越慈善基金会	300	2014“敦和种子基金计划”
	北京春苗儿童救助基金会	300	2014“敦和种子基金计划”
	广东省希贤教育基金会	300	2014“敦和种子基金计划”

续表

类别		合作伙伴	资助金额（万元）	用途
公益支持		北京尚善公益基金会	300	2014“敦和种子基金计划”
		北京永源公益基金会	300	2014“敦和种子基金计划”
		北京仁爱基金会	300	2014“敦和种子基金计划”
		南都公益基金会	600	2014“敦和种子基金计划”
		中国发展研究基金会	800	“山村幼儿园”拓展等项目
国学创新		中国儿童少年基金会	100	格孟寺（五明佛学院）藏文译经计划
		浙江省桐乡市香海禅寺	20	慈悲系列书籍出版
		空瓶子文化传播上海有限公司	20	自然恩典项目
		北京云门草堂文化发展有限公司	20	法艺应用研究与传播
		北京华夏艺林文化艺术有限公司	10	四维通慧书院四维助教行动
		清芬燕园（北京）文化发展中心	10	苇杭书院儒家原初学术思想研究
		北京永真公益基金会	50	24节气课程开发推广
		北京修远经济与社会研究基金会	50	《文化纵横》杂志运营支持
		北京太安正安文化传播有限公司	600	生命物理和生命科学探寻之旅
		北京太安正安文化传播有限公司	20.9	北京正安堂口述中医历史
		正心堂国际文化发展（北京）有限公司	200	“孝信爱禅”广告片制作
医疗健康	抑郁症	北京尚善公益基金会	100	2014倾听一小时
		北京尚善公益基金会	100	2015倾听一小时
		杭州滴水公益服务中心	50	2014海豚热线
		上海郁今香心理健康服务中心	5	抑郁防治和社会宣传倡导
	医疗救助	大爱清尘基金	200	2014尘肺农民救助、机构发展支持
		大爱清尘基金	200	2015尘肺农民救助、机构发展支持
		北京瓷娃娃罕见病关爱中心	70	罕见病组织孵化中心
		深圳市慈缘慈善基金会	30	医疗领域中等规模行业标杆孵化中心
		深圳市慈缘慈善基金会	15	先天性疾病儿童救助

续表

类别	合作伙伴		资助金额（万元）	用途
医疗健康	医疗救助	北京春苗儿童救助基金会	30	先天性疾病儿童救助
		北京春苗儿童救助基金会	20	机构发展支持
		玉树州农牧民健康促进会	30	玉树赤贫地区医疗健康促进计划
		宁波爱心同盟	5	宁波贫困家庭大病应急救助
		中国女医师协会	5	
教育	上海真爱梦想公益基金会		40	梦想教练项目
	上海真爱梦想公益基金会		100	火种培育计划
	上海真爱梦想公益基金会		92	2014深圳慈善拍卖
	杭州市第二中学		100	中西文化交流
	上虞市人民教育基金会		15	奖学奖教项目
救灾	深圳壹基金公益基金会		100	云南鲁甸地震救灾
养老	北京十方缘老人心灵呵护中心		10	临终老人心灵呵护师培养
	绍兴市上虞区永和镇项家桥村经济合作社		30	绍兴市上虞区永和镇项家桥村春节慰老
合计：9477.1万元				

资料来源：浙江敦和慈善基金会。截止日期：2014年12月31日

表4　敦和基金会2015年度项目资助情况

类别	合作伙伴	资助金额（万元）	用途
公益支持	基金会中心网	222	中国基金会资产管理倡导项目
	北京瑞森德咨询有限公司	9.38	中国公益筹款人联盟2015全国沙龙项目
	永续动力（北京）咨询有限公司	10	社会资源研究所中国资助者圆桌论坛项目
	无锡灵山慈善基金会	10	慈善立法民间支持计划项目
	上海交通大学第三部门研究中心	5	慈善法草案意见讨论会项目
	上海仁德基金会	5	新常态下公益事业发展论坛项目
	为江苏华益社会组织评估中心	10	2015两岸三地公益论坛项

续表

类别	合作伙伴	资助金额（万元）	用途
公益支持	北京恩玖非营利组织发展研究中心	8	基金会中心网五周年大会项目
	上海交通大学第三部门研究中心	30	《中国第三部门研究》和《中国社会组织评估发展报告》出版项目
	上海联劝公益基金会	12	于联劝·活水计划项目
	福建省正荣公益基金会	60	和平台项目
	陕西省妇女理论婚姻家庭研究会	7.65	中国民间公益慈善妇女峰会
	中国妇女发展基金会和北京农家女文化发展中心	10	乡村女性发展专项基金中国打工妹生存状况发展调研项目
	成都市锦江区社会组织发展基金会	16.67	爱有戏义仓全国学习网络建设项目
	北京共益巷科技有限公司	45	公益讲坛全国高校巡讲项目
	北京商道纵横信息科技有限责任公司	19.15	CRO-NGO互助沙龙项目
	广东省千禾社区公益基金会	8	双城记-广深基金会公益思享汇项目
	银杏基金会、劲草同行、壹基金、西部阳光基金会和成都慈善会	479.75	敦和公益优才计划
	深圳市亚太国际公益教育基金会	840	亚太国际公益学院原始基金和学校建设
	千禾基金会、正荣基金会、蓝态基金会等9家基金会	2,709.56	敦和种子基金计划
	中国农业大学教育基金会	15	《公益慈善周刊》发展支持项目
	北京明天美好咨询服务有限公司	15	ABC咨询社2015秋季咨询项目
	勐腊小云助贫中心	86.7	勐腊小云助贫中心机构发展支持项目
	广州市海珠区益友社会组织信息中心	20	NGOCN机构发展支持项目
	中华社会救助基金会	43.5	“说出你的故事”公益基金机构发展支持
	中国青少年发展基金会	10	明日中国基金机构发展支持
	中国青少年发展基金会	18	爱心衣橱基金机构发展支持

续表

类别	合作伙伴	资助金额（万元）	用途
公益支持	云南省青少年发展基金会和云南协力公益支持中心	8	缅甸果敢公益组织发展支持
	中国扶贫基金会	60	童伴计划
	英国文化协会	120	社会投资平台敦和社会创新资助奖
	上海聚善助残公益发展中心	27.06	Aha社会创新学院社会投资平台敦和社会影响力投资运作项目
	杭州市西湖区啄木鸟食品药品安全服务中心	16	食品安全数据库扩容与应用项目
	中国人民大学非营利组织研究和公域合力管理咨询（北京）有限责任公司	54	基金会战略规划项目
	中国青少年发展基金会	600	民生项目–希望厨房及爱心衣橱项目
	中国扶贫基金会	238	民生项目–新长城助学、爱心厨房及溪桥工程项目
	为北京五十人论坛顾问有限公司	80	中国经济50人论坛福利经济诺贝尔奖经济学家学术交流会及论坛年会
	北京市企业家环保基金会	10	阿拉善SEE公益机构年度会费
	正心堂国际文化发展（北京）有限公司	51.82	社会服务联席沙龙
	正心堂国际文化发展（北京）有限公司	93.4	公共智慧与社会发展阳光论坛
	北京永真公益基金会	154.8	永真公益生态体系建设项目
	北京真容公益基金会	150	真容基金会机构发展支持
	深圳市博雅文化研究基金会	48	博雅基金会机构发展支持
	无锡灵山慈善基金会	5	于第六届春晖论坛
	中央编译局比较政治与经济研究中心	3.29	《治理、问责与非政府组织发展》出版
	华南师范大学慈善组织市场化运营与监管研究中心（筹）	4.4	慈善组织市场化转型实践案例研究
	中国扶贫基金会和北京策琥文化传媒有限公司	60	优酷影像中国项目

续表

类别	合作伙伴	资助金额（万元）	用途
公益支持	中华少年儿童慈善救助基金会	18	资助型业务发展支持项目
	北京七悦社会公益服务中心	13.97	北京七悦社会公益服务中心机构发展项目
	北京农禾之家咨询服务中心	18	北京农禾之家咨询服务中心机构发展项目
	北京市倍能公益组织能力建设与评估中心	11.9	北京市倍能公益组织能力建设与评估中心机构发展项目
	上海联劝公益基金会	10	一众基金机构发展支持项目
	北京长平经世经济咨询有限公司	30	长平经济研究所机构发展支持
	清华大学教育基金会	50	“菁华助成、美丽乡村”项目
	广东省华媒传媒发展基金会和财新传媒有限公司	520	媒体行业发展支持
国学创新	浙江省爱心事业基金会	5	浙大公众历史传播基金浙江大学校友口述史
	中国女医师协会	10	第五届生命物理学论坛
	北京大学公共传播与社会发展研究中心和爱德基金会	126	北京大学跨语际生命传播思想峰会
	北京朝夕天地文化发展中心	30	长城讲坛
	终南山佛教文化研究所	100	南怀瑾先生逝世三周年纪念会
	北京怡谖溯源文化有限公司	15	全国中学生历史记录大赛
	兰州文化行者文化交流中心	9	文化遗产友好使者论坛项目
	北京修远经济与社会研究基金会	50	《文化纵横》杂志
	福建省同心慈善基金会	62	百岁梦参老和尚书籍出版
	为广州正安文化传播有限公司	274	生命物理与生命科学的人文探究项目
	中国道教协会和北京豪顿室内装饰设计有限公司	18	郝光明古道家医学研究项目
	兰州大学出版社有限责任公司	25	李守力著作出版
	中国女医师协会和北京仓颉八八国际汉语教育科技有限公司	60	陈瑞祥中医基础及定量化研究项目

续表

类别	合作伙伴	资助金额（万元）	用途
国学创新	中国中医科学院和北京一尘互动科技有限公司	36	黄拓命脉系统生成与进化项目
	北京地球村环境教育中心	60	曲阜乐和家园
	江苏永丰林农业生态园有限责任公司	50	福慧灯大学生特训营
	陕西允中文教院	54	高校国学社团援建及校外国学院建设项目
	北京以德服人科技有限公司	3	“《秋准来了》拍摄”项目
	镇江金山江天禅寺	20	南京和平祁福会
	北京市永源公益基金会	80	“家·春秋”大学生口述历史影像记录项目
	北京财新在线文化有限公司	300	纪录片《吴敬琏》拍摄
教育	北京市西部阳光农村发展基金会	99.64	桥畔计划
	北京市西部阳光农村发展基金会	21.15	2015教育公益组织年会
	上海浦东新区禾邻社艺术促进社	6.35	乡村学校艺术人文教育现状调研项目
	上海真爱梦想公益基金会	25	教育高峰论坛暨2014年报发布会
	北京市西部阳光农村发展基金会	10	阳光助飞教师资助项目
	杭州市上城区教育发展基金会	300	杭州上城教育发展支持
	浙江省杭州第二中学和杭州鑫桥会展有限公司	100	杭二中教学发展支持
	亲近母语研究院	56.3	首届儿童传统文化教育研讨会
	北京华鼎书院文化发展有限公司	7	一缕阳光乡村教师培训
	北京华严吉祥云舍文化传播有限公司	36	生命教育课程研发项目
	新疆维吾尔自治区青少年发展基金会	8	乡村校园志愿者基金梭梭计划项目
	中国发展研究基金会	480	儿童早期养育及山村幼儿园发展
	四川省甘牧州石渠县刚金职业学院	60	刚金职业学院教育支持项目

续表

<table>
<tr><th>类别</th><th colspan="2">合作伙伴</th><th>资助金额（万元）</th><th>用途</th></tr>
<tr><td rowspan="3">救灾</td><td colspan="2">四川大学–香港理工大学灾后重建与管理学院</td><td>3</td><td>社会性别视角中的灾害管理研讨会</td></tr>
<tr><td colspan="2">成都合众公益发展中心</td><td>6.03</td><td>中国社会组织灾害应对机制和国际化路径：尼泊尔地震的经验与启示项目</td></tr>
<tr><td colspan="2">中国扶贫基金会</td><td>20</td><td>安平公共传播公益基金尼泊尔地震报道项目</td></tr>
<tr><td rowspan="5">医疗健康</td><td rowspan="2">心理健康</td><td>海口市蓝湾社区服务中心</td><td>12</td><td>孤独症儿童家庭冥想坊</td></tr>
<tr><td>杭州滴水公益服务中心</td><td>30</td><td>海豚热线项目</td></tr>
<tr><td rowspan="3">医疗救助</td><td>北京爱力重症肌无力罕见病关爱中心</td><td>10</td><td>“微笑梅里–罕见的行走”和“爱力康复营”项目</td></tr>
<tr><td>上海四叶草罕见病家庭关爱中心</td><td>26.6</td><td>罕见病信息、大会及政策倡导</td></tr>
<tr><td>北京新阳光慈善基金会、深圳市慈缘慈善基金会、北京瓷娃娃罕见病关爱中心</td><td>23</td><td>“爱流转”医疗救助项目</td></tr>
<tr><td rowspan="2">养老</td><td colspan="2">中国扶贫基金会</td><td>15</td><td>养老行业调研及团队培养项目</td></tr>
<tr><td colspan="2">北京市石景山区乐龄老年社会工作服务中心</td><td>8</td><td>社区居家养老协力联合网络项目</td></tr>
<tr><td colspan="5">合计：10031.07万元</td></tr>
</table>

资料来源：浙江敦和慈善基金会。截止日期：2015年12月31日

从上述4个资助项目一览表可以看出，敦和基金会的资助范围比较广，基本涵盖了公益支持、国学创新、教育、医疗健康、养老、救灾等多个领域。资助的金额也是逐年上升，尤其是从2014年开始资助力度非常大，公益支出达到了9550万元，已经远远超过了其原始注册资本金。

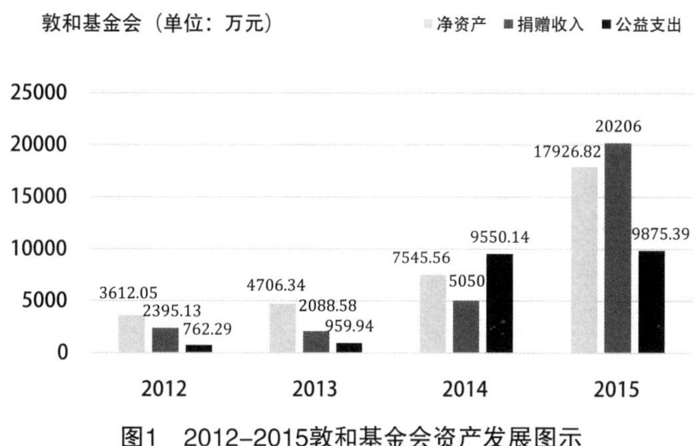

图1　2012–2015敦和基金会资产发展图示

为何敦和基金会刚成立不久就能做出如此巨额的公益投资呢？敦和能有大笔公益资金的投入，得益于基金会成立了专业的投资管理委员会来确保公益资金的保值增值。敦和资产管理有限公司总经理张志洲2015年公开发表演讲中提到，仅2014年敦和基金会就实现了理财投资收益1亿元左右，在整个资源财力方面有了可持续的保障。可见，专业的投资背景以及出色的投资业绩，确保了敦和基金会资助公益项目的顺利进行。

既然资源财力方面有了可持续的保障，敦和基金会为何会走向倡导基金会投资理财的道路呢？敦和资产管理有限公司总经理张志洲解释[11]：“敦和基金会通过过去几年的实践，深刻的感受到了中国的公益和慈善行业的发展与中国经济发展相比是严重滞后的，市场经济效率与社会公平正义两者之间是阴阳严重失衡的。依据民政局统计数据，截止到2014年年底，中国共有4千多家基金会，总资产规模是1500亿，占GDP的比例在0.2%左右，这个数字在美国是3%。除此之外，中国目前绝大多数的慈善基金会都是属于项目运作型的基金会，作为慈善行业的资源提供者的捐助型基金会是少之又少的。目前中国的公益慈善行业既面临着可动用的总量资源少的困境，同时又面临着散财和聚财能力的失衡。”

结合这种现状以及敦和的特点和优势，基金会在过去两年一直在进行聚

11　2015年由国务院发展研究中心主办、中国发展研究基金会承办的“中国发展高层论坛2015”年会上，敦和资产管理有限公司总经理张志洲发言内容

财和散财平衡发展方面探索。不仅在项目资助上对多个公益领域提供支持，而且基金会定位为资助型基金会，做慈善行业的资源提供者和建设者，通过资金、智力的支持培育社会组织，提升基金会行业的投资理财能力，增加慈善资源，协助政府解决社会问题，满足社会需求。

敦和基金会的13位发起人大多具有金融投资家背景，当金融背景与公益结合，他们希望公益投资的资源能够得以有效利用，从而使社会效益最大化。他们通过组建专业的公益团队，选择与专业化的、社会影响力大的标杆机构合作，充分发挥捐赠资金的杠杆效应，实现捐赠资金的可持续、保值增值，立足长远来解决社会问题，进而探索出回报社会和践行社会责任的最佳方式。《基金会管理条例》规定，基金会应当按照合法、安全、有效的原则实现基金的保值增值。敦和基金结合了作为专业资产管理机构的优势，在散财和聚财双轮驱动方面做的尝试取得了满意的效果，实现了在公益资助模式和制度方面的创新。

2015年，敦和基金会资助举办“基金会资产管理专业研习会”和“慈善+金融资产管理圆桌论坛”，为基金会了解投资理财提供参考和学习渠道，帮助基金会提升整体资产管理水平，提高资产管理收入占机构收入的比例，从而有效支持基金会的发展和成长。

通过开展专业培训、政策倡导、年度论坛、国际交流、专题研究、专项激励等综合手法，有效改善基金会资产管理的行业、政策和社会环境。提高基金会领导人对于资产管理的认知水平，提升基金会资产管理的能力与收益，进而实现间接支持中国公益行业发展和成长的目的。敦和基金会希望通过各方努力，促进中国基金会提升1个百分点的收益率，提升基金会对资产管理的重视。

除此之外，基金会还发挥投资理财的优势，为基金会、社保、基金等理财提供社会保障资源的供给。敦和基金会发起“种子基金”，从为基金会解决管理经费不足的问题到推动“种子基金”基金会形成投资理财的意识，同时增强基金会的公开透明。

2. 敦和基金会资产管理的创新之处

敦和基金会参考诺贝尔基金会的方式。首先理事会成立投资委员会，制订包括基本原则在内的资产管理框架，进行投资风险和收益评估并基于风险和收益评估报告，确认大类资产配置的比例（主要是股票，固定收益投资和另类投资）。之后的具体工作由投资委员会负责，包括：定期评估投资原则和方法，如有需要则提交改变方案；决定不同资产的持有时间及配置；决定在各个大陆及国家的资产配置；决定管理风格，比如回报、增长率、信誉及风险等；为不同资产选择投资经理。

选择投资经理的考虑因素包括：投资哲学、投资过程、历史业绩、风险控制、组织管理、薪酬和工作方法等。大多数基金会领导者不具备也没有必要具备专业的投资知识，理事会要做的主要是制定框架、评估风险、选择信任的人或者机构进行具体投资工作，以及负责后续的监督和评估工作。

3. 敦和基金会资产管理的创新效果

敦和基金会出资人均来自金融投资界，他们非常看重投资的杠杆作用。基于创始人的投资背景和经验，基金会选择与专业化的、社会影响力大的标杆机构合作。

同时，敦和基金会将市场投资和企业管理中成熟的规则、经验、方法引入到公益投资领域，如重视数据、强调绩效、结果导向、360度考评等。经过近4年的探索实践，敦和基金会的内部治理结构渐趋完整，使命与目标逐渐清晰，核心团队也更加精干专业。通过跨界创新、多元合作、持续学习，敦和基金会已经建立起基金会投资理财参考范本，走在了基金会投资理财的前列。

2016年3月16日慈善法审批通过，慈善法中提到“慈善组织为实现财产保值、增值进行投资的，应当遵循合法、安全、有效的原则，投资取得的收益应当全部用于慈善目的。慈善组织的重大投资方案应当经决策机构组成人员三分之二以上同意。”慈善法的出台给予了基金会投资理财肯定与支持，基金会应该有意识的对资产管理进行学习。敦和基金会有一套较为完善的投资机制，也应该共享更具体的风险评估和管理机制。

三 案例总结

秉承“敦伦尽分，和由心生”的公益慈善文化，敦和基金会定位于资助型基金会，立志做“基金中的基金”。在其资本运营智慧背后是着眼全局发展的理念，帮助基金会资产保值增值被视为是支持伙伴的另一种方式，其独特性、创新性和可持续性体现在如下几个方面：

一是在公益资源的来源及使用。敦和的出资人均来自金融投资界，他们具有丰富的商业管理经验、良好的成本风险控制及高效的投资回报意识。同时敦和倡导用东方智慧促进公益事业发展，如“授人以渔而不是授人以鱼”和“不患寡而患不均”。正是带着商业领域的成熟经验、巨额的公益资本投入以及把东方智慧融入公益的理念，敦和基金会为开展公益资助事业奠定了坚实的后盾和基础。

二是在基金会资产管理的框架制定方面。敦和基金会的理事会成立投资委员会，制定框架，评估风险，并选择信任的人或者机构去进行具体投资工作。之后的具体工作则由投资委员会负责，同时理事会负责后续的监督和评估。这一框架制定保证了基金会资产管理是在符合基金会使命的前提下进行的，成立的投资委员会也保证了资产管理的职业化、专业化、高效化。

三是在可持续的资源财力方面。基金会通过组建专业的公益团队，充分发挥捐赠资金的杠杆效应，实现捐赠资金的可持续、保值增值，探索出新的回报社会和践行社会责任的有效方式。

敦和基金会对资产管理的框架模式为中国基金会提供了可借鉴的范本。如何智慧的把基金会使命和资产管理结合到一起，为社会创造更大的价值，这是中国公益界需要思考的议题。期待有更多基金会意识到资产管理的重要性并参与到其中，共同搭建良好的资产管理网络，为中国公益行业的发展提供可持续的资源。

案例2
家族型基金会的代际传承之路

一　案例背景

1. 什么是家族基金会

家族基金会是指由个人发起成立或其家族成员共同发起成立，并且由发起人或其家族成员直接参与运营管理的基金会。目前世界上许多国家都有家族基金会，尤其是在美国，家族基金会不仅数量众多而且规模巨大，譬如闻名全球的世界最大基金会比尔&梅琳达·盖茨基金会，传承百年的洛克菲勒基金会，“汽车大王”亨利·福特创建的“福特基金会”等，都是家族基金会。美国的家族基金会已经成为推动美国的教育、医疗、环保、社区等领域发展的重要力量。而根据美国基金会中心的史蒂文.劳伦斯介绍，到2000年，最富有的美国人中有3/4拥有自己的基金会。另外，美国的家族基金会大部分没有雇员，主要由家族成员来管理拨款和行政事务，只有大型家族基金会雇佣职员管理拨款，其家族成员则组成董事会起到监督作用。

南都基金会理事长徐永光认为，“一个家族基金会的建立能够让家族的后人把家族的荣誉看成是自己的生命，从而继承先人的梦想，不断地追求卓越，创造辉煌”。由此可见，家族基金会不仅能造福社会，还能让家族更和谐，让后人更幸福。家族基金会拥有财富的独立性，更具有自主性，更能为社会创新承担风险，有助于推动社会创新。

2. 中国家族基金会现状

目前中国的家族基金会仍处于发展初期。基金会中心网认为，目前中国的家族基金会具有以下多个或全部特征：（1）发起方为个人以自己或家族成员名义发起；（2）原始基金由发起人或家族成员提供；（3）理事会有发起人或家族成员参与。参照此特征分类，截至2015年底，中国共有47家家族基金会，其中绝大多数是由企业家发起成立。值得欣喜的是，近年越来越多的中国富豪及其子女开始成立家族基金会，譬如2013年年底成立的广东省何享健慈善基金会、2014年底成立的浙江马云公益基金会、2015年成立的北京老牛兄妹基金会等。

而目前，做的已经比较成功的中国家族基金会，当属老牛基金会。因为从学术的定义来看，家族基金会有两个重要的标志，一是处置的是否是家族的私人财富，二是能不能实现家族的代际传承。而目前来看，符合这两个标志的中国家族基金会，只有老牛基金会。老牛基金会是由蒙牛乳业集团创始人，前董事长、总裁牛根生先生携家人将其持有蒙牛乳业的全部股份及大部分红利捐出，于2004年底成立的非公募家族基金会。之后十年间，老牛基金会捐赠了9个多亿用于社会公益事业，同时牛根生先生还带领其家族成员一起开展慈善活动：妻子申淑香从事老人关怀，儿子牛奔从事环境保护，儿媳陈霄鹏从事文化教育，女儿牛琼从事儿童关怀。到2015年3月19日，为更好地从事公益慈善事业，牛根生先生的儿子牛奔和女儿牛琼共同发起成立“北京老牛兄妹公益基金会”，进一步扩展家族慈善事业。真正实现了中国家族基金会的代际传承。

二　案例描述

1. 老牛基金会缘起——“全球股捐第一人”

老牛基金会创始人牛根生先生是蒙牛乳业集团创始人，也被成为“全球捐股第一人”。牛根生先生于1958年出生在内蒙古，1983年进入乳业工厂，从基层干起，直至担任伊利集团生产经营副总裁；1999年离开伊利并创立蒙牛，后用短短8年时间，使蒙牛成为全球液态奶冠军、中国乳业总冠军。2002年中国十大创业风云人物之一，2003年CCTV 中国经济年度人物。牛根生先生的座右铭是“小胜凭智，大胜靠德”，信奉“财聚人散，财散人聚”的经营哲学。因此，在企业崛起后，他逐步由企业家转型为慈善家。2004年，牛根生先生创立了老牛基金会。2005年，他宣布捐出其在蒙牛所持的全部股份，成为“全球捐股第一人”。2006年，牛根生先生辞去蒙牛集团总裁职务，主要精力转移至慈善事业。2009年8月，他又辞去蒙牛集团董事长职务，成为专职慈善家。《凤凰周刊》将比尔·盖茨、巴菲特、李嘉诚、牛根生并称为“全球四大捐赠巨头”。

老牛基金会的成立，并不是一蹴而就的，牛根生先生成为“全球股捐第一人”也不是一帆风顺的。首先，老牛基金会成立于2004年12月28日，其前身是老牛公益事业发展促进会。最初的章程规定，基金主要用于褒奖对蒙牛集团作出突出贡献的人士或机构，员工个人遭遇不幸或生活窘困可向基金会申请资助。老牛基金会在一份文件中专门提到，之所以最初设立为老牛公益事业发展促进会，一是因为对相关法规政策的理解不到位，没有分清基金会与社团组织的职能定位；二是对单独设立公益组织缺乏经验，又无可参照的实例。

而关于股捐的过程，一波三折。2004年6月，蒙牛正式于香港联交所主板上市；2005年1月，牛根生与其家人即宣布，捐赠持有的全部蒙牛乳业股份，并约定在其有生之年，该股份红利所得的51%归老牛基金会，49%归个人支配；待其天年之后，该股份的红利100%归老牛基金会，家人只领取相当于北京、上海、广州三地平均工资的生活费。按照当时牛根生与家人直接拥有和间接拥有的蒙牛2.635亿股计算，此次捐出的蒙牛乳业资产市值总额为54.55亿港元。

但是，由于当时的法律限制以及对于企业品牌的保护，牛根生并没有立即完成其承诺的股捐，原因是牛根生所持有蒙牛的股权分为境内和境外两部分，其在境内所拥有的内蒙古蒙牛乳业(集团)股份有限公司股权按照内地公司法律，以每年25%的比例转入老牛基金会，已于2010年7月捐赠完毕；境外蒙牛公司的股权，牛根生以公益信托的方式，于2010年12月28日在香港宣布，转让给瑞士信贷信托公司下设的恒信信托完成捐赠。该信托是一项不可撤销信托，信托的受益方除了老牛基金会外，还包括中国红十字会、中国扶贫基金会、壹基金、大自然保护协会、内蒙古慈善总会等公益慈善组织。同时，受益方还包括了唯一非慈善受益方，他们是牛根生及其家人，他们将根据牛根生签署的相关捐赠文件的约定得到捐出的蒙牛股份股息的约三分之一。

2. 老牛基金会的公益实践

老牛基金会秉承“渡人渡己，心怀感恩；树人树木，责任天下”的宗旨，坚持“教育立民族之本、环境立生存之本、公益立社会之本”的使命，主要关注环境保护、文化教育及行业推动这三大公益领域。截至2015年底，老牛基金会累计与国内外142家机构、组织及个人合作，在环境保护、文化教育、行业推动、救灾帮困等业务领域开展了171个公益慈善项目，遍及中国29个省（市/自治区）及美国、加拿大、法国、非洲、尼泊尔等部分地区；公益支出超过9.81亿元（见图1）。

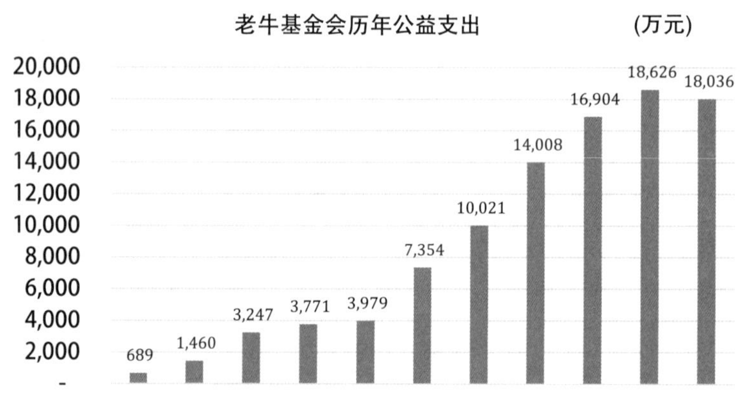

图1 老牛基金会2005–2015年公益支出

数据来源：基金会中心网，数据中心。截止日期：2015年12月31日。

截至2015年底，老牛基金会在环境保护领域开展了内蒙古盛乐国际生态示范区项目、中国湿地保护、珠峰生态社区建设等18个项目，公益支出达到3.5亿元。其中，“内蒙古盛乐国际生态示范区项目”是老牛基金会联合中国绿色碳汇基金会、大自然保护协会（TNC）及内蒙古林业厅，在内蒙古和林格尔开展的近4万亩的生态修复与保护项目；该项目从气候适应、植被恢复、水资源管理、绿色产业四个方面进行生态修复的探索和示范。老牛基金会2014年年报数据显示，老牛基金会已经为此捐资2.62亿元，完成造林面积超过3万亩。该项目预计能在未来30年的内，吸收固定22万吨二氧化碳，将直接为当地带来近3亿元的经济收益，并为当地解决近114万个工作日的临时就业机会，提供18个长期工作岗位，该项目荣获2013年度中华慈善奖“最具影响力项目”。

在文化教育领域，老牛基金会开展了儿童探索博物馆、内蒙古师范大学附属盛乐实验学校、多伦多大学白求恩基金等58个项目，公益支出34730万元。其中，“儿童探索博物馆”是老牛基金会与呼和浩特市政府、中国儿童中心及北京师范大学中国公益研究院合作开发的0–7岁儿童早期教育项目通过引进欧美儿童博物馆先进的设计理念，结合中国优秀的传统文化和中国儿童教育发展实际，先后在北京和呼和浩特市建立两所示范性儿童博物馆。其中北京的“中国儿童中心老牛儿童探索馆”已于2015年5月31日开馆，截至2015年底，访客量达11万人次。“呼和浩特市儿童探索博物馆”目前正在建设中，预计2017年完成。该项目的教育理念是让孩子通过实践、观察、发现获得对这个世界的正确认识；同时该项目由政府出地、基金会出资出钱、非营利组织具体运营，大大提高了资源利用率和项目效率。

截至2015年底，老牛基金会在行业推动领域发起成立了“中国公益研究院”和“深圳壹基金公益基金会”，开设了“慈善千人计划——老牛学院”，创办了“首届东西方慈善论坛”，资助了首届“中国慈善论坛”、“华裔美国人及中国慈善家慈善事业研究”等31个项目，公益支出9951万元。在救灾帮困及其他领域开展了“听得见”——老牛贫困聋儿救助、“看得见”——老牛贫困白内障患者救治、“站起来”——老牛阳光助行（残疾人假肢装配）以及在汶川地震、玉树地震、通辽地震、雅安地震、鲁甸地震、南方冰雪灾害、西南旱灾等自然灾害中开展了抗灾、救灾及灾后重建工作，共计64个项目，公益支出18427万元。

另外，从2011年起，老牛基金会更加注重社会效益最大化与运行管理精细化，同时走出国门，开展了广泛的国际交流与合作。依托环境保护和文化教育领域，老牛基金会开始探索一条“公益全球化、项目国际化”的慈善之路。与美国洛克菲勒基金会、比尔及梅林达·盖茨基金会、亨利·保尔森基金会、英国查尔斯王子慈善基金会、托尼·布莱尔一起开展“非洲治理倡议”项目，致力于支持马诺河区政府从埃博拉危机中复苏。也与法国戴高乐基金会、李嘉诚基金会、深圳壹基金公益基金会等众多国际著名慈善家族和机构进行了交流与合作。

3. 老牛基金会的创新之处

老牛基金会理事会由来自全国各地的9名理事组成，设监事1名，分别来自全国各地不同行业。创始人牛根生为老牛基金会荣誉会长，同时兼任中国慈善联合会副会长、中国企业家俱乐部理事、美国大自然保护协会（TNC）中国理事会副理事长、理事长张醒生和秘书长（法定代表人）雷永胜。现有专（兼）职工作人员29人，设有秘书处（内设综合行政部、法律事务部、信息管理部、北京办公室）、项目部、财务部。

为了确保慈善事业的永续发展，老牛基金会成立之初就在考虑如何使资产保值增值。经过数十年的发展，老牛基金会参照国外家族基金会的治理模式，结合中国实际情况，逐渐摸索出一条适合自身发展的道路——“双治理”模式。一方面，日常业务交由专业团队打理，这支团队负责公益慈善事业的开展，包括项目调研设计、实施管控、效果评估、建档利用等。另一方面，还有一支团队以信托理财的形式，进行资产的保值增值，实现基金会的可持续发展。两支团队各司其职、职能清晰、互不影响，保证基金会的专业运作。而牛根生先生作为老牛基金会创始人、荣誉会长并不干预基金会日常业务开展，更多的是从慈善理念、发展规划等大方向上为基金会提供建议。就目前来看，这是适合老牛基金会发展的最好模式。

牛根生先生曾说：“前半生经商，通过渡己来渡人；后半生行善，通过渡人来渡己”。未来，老牛基金会将向着“中国式现代慈善家族基金会”的方向努力，做到永续发展，做成千年老店，同时尽其所能，推动中国公益慈善事业健康有序发展。

4. 老牛基金会的创新效果

北京老牛兄妹公益基金会是2015年3月19日在北京市注册成立的非公募基金会，理事长牛奔，秘书长陈霄鹏。宗旨是：通过支持儿童福利和青年创业支持项目关注下一代发展，用创新慈善理念引领社会进步。

关于成立北京老牛兄妹公益基金会的原因，理事长牛奔在第二届中国家族财富传承峰会，家族慈善与家族传承论坛上说道“洛克菲勒有两个基金会，一个是家族基金会，更多地是面向社会；一个是兄弟基金会，更多地是转向于家族。通过和他们交流学习，我们正尝试把老牛基金会渐渐转向社会，而成立兄妹基金会，则是要转向于家族。”[12]

三　案例总结

在中国，改革开放的经济机遇为许多家庭带来了前所未有的财富，随着公益行业的不断发展，部分企业家以成立非公募基金会的方式回馈社会，实现家族财富和慈善的传承，这便形成了中国家族基金会的雏形。目前，中国的家族基金会还处于起步阶段，大多数都还是富一代，如何更好的将慈善传承下去，形成百年慈善，老牛基金会或可提供一些启示。老牛基金会可以说是国内第一个按照洛克菲勒基金会构思建立的家族基金会，学习引进了国际知名家族基金会的操作模式。从项目领域来看，老牛基金会从一开始的集中在国内救灾帮困、教育、医疗、环保几大部分到2014年逐渐开启了一些国际项目，着眼于非洲和美国。从家族基金会传承上来看，老牛基金会成立十年后，牛根生先生的子女又成立了老牛兄妹基金会，快速实现了家族基金会的代际传承。未来，老牛基金会还将不断传承下去。

12　资料来源于慈讯网《家族基金会是最好的传承家族成就和精神的平台》2015-10-14 14:44:40 http://www.icixun.com/2015/1014/5167.html 访问时间2016.4.2

案例3
爱佑-创新性商业运作模式和社会投资机制的范本

一 案例背景

近年来越来越多的企业家开始参与基金会的运作，他们重视效率和专业化，关注解决社会问题，为中国慈善行业的发展带来了积极的示范效应。爱佑慈善基金会是其中的代表之一。

爱佑慈善基金会是2004年由企业家发起并管理运作的全国性非公募基金会，爱佑的理事都是成功的企业家们。理事长王兵是鼎天资产管理有限公司董事长，副理事长则分别由恒基兆业地产集团的副主席李家杰和腾讯公司的董事会主席马化腾担任。理事中有李彦宏、马云、史玉柱、俞敏洪等有名的商界精英。爱佑强大的理事会阵容，注定了它不会是一个平凡的基金会。

2004年至今，爱佑从最初的募款额20万到如今的2个多亿，从专注于单一项目到五个项目齐头并进，从儿童医疗救助全面发展到公益创投模式，爱佑不断探索更专业、更高效，并倡导让公益融入每一个人的生活。[13]

二 案例描述

爱佑慈善基金会是2004年《基金会管理条例》颁布施行后国内首家注册成立的非公募基金会，其英文名称是AI YOU FOUNDATION（缩写：AYF）；宗旨是开展社会救助，促进慈善事业发展。爱佑的主要工作为孤贫儿童医疗救

13 资料来源于爱佑基金会官方网站公开内容，“爱佑介绍”和“组织架构”，http://www.ayfoundation.org/

助与公益创投。爱佑在内部管理上实行企业化管理，始终坚持专业化、规范化、职业化、国际化，追求高效、透明以及慈善效果可度量。爱佑在企业家精神的指引下，始终坚持创新并不断摸索能解决社会问题、促进公益慈善行业发展、产生更大社会影响力的新模式，不断尝试探索适合中国公益慈善行业发展的理念和方法，以丰富的项目实践逐渐形成一套独特的慈善方法论，致力于为中国公益慈善领域提供可鉴范本。

1. 发展历程

根据基金会中心网“行业分析——微型可视化报告”数据显示，爱佑慈善基金会2009年到2015年公益支出总额达到62,640万元，尤其是近三年来（2013-2015年），爱佑慈善基金会每年的公益支出超过了1亿元，2015年更是达到17,839万元（审计中），爱佑慈善基金会的快速发展可见一斑。

项目方面，截至2015年底，爱佑慈善基金会的“爱佑童心”——孤贫先天性心脏病患儿手术治疗项目，累计救助超过30,000人；“爱佑天使”——孤贫白血病患儿救治项目，累计救助6,700余人次；“爱佑新生”——病患孤儿医疗养护项目累计救助5015人；“爱佑和康”——残障儿童康复项目，已在全国成立6家康复中心。目前，爱佑慈善基金会在儿童医疗救助领域已然成为全球规模第一，爱佑的儿童医疗救助项目已经成为能够不断撬动企业家和社会力量进入公益慈善领域的“入口”。

另外根据爱佑慈善基金会官网和基金会中心网行业分析数据显示，爱佑的公益创投项目“爱佑益+”，自2013年6月成立至今，资助机构已达三十个。截止2015年底“爱佑益+”资助机构和人员数量年均增长率超过40%，资助机构收入年均增长率超过120%！

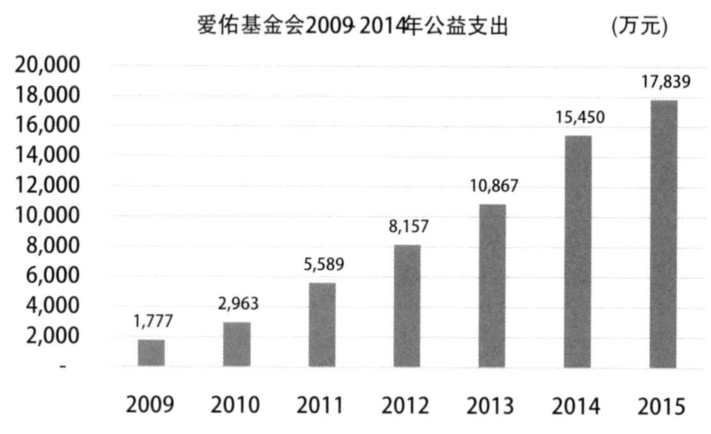

图1　爱佑基金会2009–2014年公益支出

数据来源：基金会中心网，数据中心；截止日期：2014年12月31日

2. 爱佑基金会的创新之处

（1）独特的商业化项目管理模式：爱佑童心

爱佑坚持商业化理念，探索了一条独特的基金会发展道路。爱佑慈善基金会的运作模式从创立初期就非常明确：公开透明、零管理费用、最终结果可度量。王兵理事长对这种模式寄予厚望："希望我们这个模式在现阶段慈善行业中是最合适的。"随着爱佑慈善基金会的发展，这种模式愈发成熟。

爱佑的项目选择标准：可复制、能做大、可监控、可度量。爱佑在成立之初就决定要专注于儿童医疗救助，其最终目标是"做世界上最好的儿童医疗救助基金会"。确定了专注于儿童医疗救助的方向后，具体项目爱佑也经过了一段摸索阶段。在摸索过程中，爱佑确立了选择项目的三大标准：第一要可复制，能做大；第二要可监控；第三要可度量。详细来说，首先考虑病种需要资助的程度，对政府医疗保险没有覆盖的大病、难病重点关注；其次病种的治疗需要可评估，有可行的治疗方案且成功率高；另外病种的治疗价格要可控。经过了解，爱佑决定把先天性心脏病救治作为项目方向，即"爱佑童心"项目。

"爱佑童心"标准化的项目运作：慈善"流水线"。爱佑慈善基金会理事长王兵一直坚持“做正确的事，正确地做事，把事做到极致”。这套标准在爱佑项目运作仍然适用。基于精细、高效的项目管理系统，爱佑童心项目形成了一道慈善“流水线”。每个患儿的救治会经过这样的“流水线”：申请资助→实时审核→批量入院治疗→批量出院。

同时，爱佑使用量化的指标来对项目进行考核，对每个时间点项目应该做到什么结果都有规定，全部用数字来说话。为了提高效率和项目管理标准化，2008年，爱佑启用了网络业务平台系统，项目管理和日常办公都在网络数据库中进行。工作人员在网络业务平台系统中办公，用数据库实时监控受助人申请、审批、核准和手术、钱款结清，形成“闭环”管理系统。项目系统以孩子为单位，以时间点为标准，形成项目的标准化流水作业。医院和基金会共享网络平台，全国40余家合作医院可以通过基金会的网络业务平台完成患儿资料填报。患儿申请上传网站后，爱佑工作人员对申请筛选、核实，3个工作日内给出反馈；基金会完成审核后，可一键生成与医院的协议，节约大量的时间和沟通成本；医院得到审核信息后通知患儿治疗，同时在网站上提供治疗过程的进度；手术结束后费用会在网上显示，第三方财务收到基金会提供的信息后付款，医院收到款后再开具发票。每个环节严格遵循这样一套闭环的系统流程，进一步推动了项目管理的精益求精。基金会工作人员通过数据库实时监控受助人申请、审批、核准和钱款结清的过程，对各个环节进行有效的管理和监控，保证救助款项精准高效的使用。

针对项目实施的各个环节，爱佑还会开展评估监测和抽样回访，确保项目成果有效、可度量。比如，总结出对医院精细化考量的标准，每3个月通过后台数据对合作医院进行评估。爱佑根据术前检查准确率、手术成功率、费用控制情况、项目执行配合度等各方面情况，划分定点医院等级，按一定比例每年与排名最低的几家医院终止合作，以确保“爱佑童心”项目的定点医院良性循环。

另外，爱佑还坚持公开透明的项目准则，在网站上每月发布善款收支信息及受助患儿信息，每月向捐赠人发送善款使用情况信息。网络业务平台系统使项目实现流程闭环控制，提高了项目流程和结果的透明度。同时，网络业务系统会开放给捐赠人，捐赠人可以通过账号和密码登录后，根据使用权限的不同，实时查询善款使用情况及所资助儿童的详细信息。爱佑财务独立于任何发起人或发起人企业，由资深会计师事务所管理，保证善款管理、使用过程的安全、高效、透明。同时爱佑会在网站上及时公布年报，通过这种“零距离”公开的形式，向捐赠人、媒体及社会大众全面、客观地披露爱佑年度整体审计报告及运营情况，主动接受公众的监督。公开背后是爱佑的自信，“透明的前提是身材好”，爱佑理事冯仑这样评价。

与此同时，爱佑深知多方合作整合外部资源的重要性，积极开展多元的渠道建设。大规模救助患儿需要与医院进行合作，而在贫困地区开展项目需要政府部门的支持，“零管理费用”模式需要理事会捐赠人的大力支持。其中，医疗资源尤其重要，只有和一批医院建立合作关系，才能实现项目的规模化。爱佑的第一家定点合作医院的西安市西京医院。合作之初，爱佑与西京医院选取陕西省的一个贫困县，救助了百余位孩子。规范的操作、快速结款赢得了西京医院的信任，医疗资源渠道建设更加稳定。近几年来，爱佑的定点合作医院不断调整，合作范围持续扩大，目前共有41家遍布全国，继续保持行业内独有的领先渠道资源优势。爱佑的工作也受到政府的认可，其“爱佑新生”项目还在2012年获得中央财政专项资金支持共计150万元；理事会成员的巨额资金投入以及捐赠办公室、办公设备等行动，直接促进了爱佑的发展。[14]

（2）多维度的公益创投资助项目：爱佑益+

爱佑基金会有两大业务板块，一块是专业的儿童医疗救助项目，其核心由“爱佑童心”、“爱佑天使”、“爱佑新生”和“爱佑和康”4个产品构成。另一块就是多维度的公益创投资助项目。爱佑基于自身在传统慈善项目方面积累的十年经验，引进国际先进的理念与模式，借助移动互联网思维和技术，创建了“爱佑益+”项目。

该项目意在搜寻有潜在巨大社会影响力的社会企业和公益组织，依托爱佑多年来积累的经验和资源，为其提供资金支持、资源拓展、战略指导、管

14 以上资料来源于基金会中心网《中国基金会发展独立研究报告2014》”企业家的慈善理念“——”王兵的慈善坚持和爱佑的运作模式”p86-p95

理（人力资源、财务和 IT）辅导、品牌活动等多方面支持，帮助公益组织最终实现长期可持续发展，进一步推动中国公益慈善事业的发展。“爱佑益+”项目不同于传统型的输血式资助项目，而是帮助受助机构建立造血功能的资助模式，具有以下特点：

（1）高参与度：“爱佑益+”与被支持的组织有密切的联系，因为公益创投需要为组织提供除资金外的战略梳理、资源嫁接、组织管理、财务、IT系统等能力建设，需要对组织有深入了解。这类资助需要保持较长的资助周期，高参与度才可保证项目的持续性，达到预期效果。

（2）量身定做的资金支持：基于机构自身的长远发展需求，为不同的机构在不同阶段制订不同的资金支持计划。

（3）长期支持：组织变革和机构自身发展需要相对较长的时间，必须保证可提供给机构长期的持续性支持，方可保证机构有空间设计并完成成长期变革。

（4）组织能力建设：处于成长期的公益机构，有时业务发展会受制于自身的组织能力，公益创投项目为实现更大的社会效益、提高机构运营效率，必须在组织能力建设上给予支持。

（5）资源平台作用：除了资金支持外，公益创投项目需为组织嫁接市场营销、人力资源、财务管理等方面支持。

（6）绩效评估：公益创投是基于绩效的，所以把重点放在良好的业务规划、可衡量的成果、里程碑的实现以及高层次的财务问责和管理能力上，引导机构建立以结果为导向的绩效评估体系。[15]

“爱佑益+”筛选标准：爱佑主要支持成长期到成熟期的机构，这些机构在业务方面具有很强专业性，但是在机构管理、人力资源、财务、IT、法律等方面存在瓶颈，爱佑最看重机构的发展潜能和发展意愿。爱佑遵循一套严格的标准来筛选NGO，这种模式是对商业投资选择方式在慈善领域的改良。

首先，选择有改变行业潜力的机构，发现组织的内在价值、预测其未来发展潜力是最关键的选择标准。爱佑重点资助那些行业领军机构、有带动效

15 以上资料来源于爱佑基金会官方网站项目公开资料，网址：http://www.ayfoundation.org/ayxm/ayyjxm/xmgc/index.shtml 访问时间：2016.4.2

应的新兴机构和联盟机构。爱佑希望通过找到行业转变的关键支点，通过资助设立行业标杆，以一家机构的提升带动整个行业的转变。爱佑相信，行业转变需要有更新的力量去推动。同时爱佑非常看好移动互联网对行业的推动作用，认为移动互联网将成为社会创新的趋势。现在资助的机构都是有互联网平台的，应用了互联网技术，可以吸引更多人参与进来，而且通过联盟可以影响一批民间组织。其次，关注备选机构的主营业务。这一点和商业领域的投资是共通的。再次，选择有优秀领导团队的机构。“投资就是投人”，对于爱佑理事长王兵来说，寻找爱佑的扶助对象，他看重的同样是领导者的能力，这也是慈善和商业投资的共通之处。

爱佑公益创投项目支持的首家NGO是公众环境研究中心（Institute of Public & Environmental Affairs，IPE）。IPE是一家在北京注册的非营利环境保护机构。自2006年5月成立以来，IPE开发并运行中国污染地图数据库，推动环境信息公开和公众参与，促进环境治理机制的完善。中心主任马军曾获得环保界的诺贝尔奖戈德曼国际环保奖。爱佑资助IPE时，IPE正处于快速成长阶段，其支撑系统亟待完善。爱佑通过深入了解资助机构，发现其发展瓶颈：现有资金规模不足以支撑其快速发展；因选择性增多而面临战略规划难题；机构能力包括组织结构设计、人才队伍能力不能支持其实现跨越式发展等。为此，爱佑不仅加入其理事会、分享自身经验，还利用爱佑自身资源，在资金、机构战略给予了支持，对其人力资源进行一对一辅导，帮助其招聘财务人员，协助其进行IT咨询，并帮助其引入了阿里云、SEE五年2000万的资助。帮助IPE实现了长远发展。

“爱佑益+”从2013年开始至今累计资助30家机构，资助总量约1300万左右。2016年，“爱佑益+”计划资助机构累计达到100家，总资助额计划达到2500万。

三　案例总结

中国基金会行业现状处于转型期，很多基金会在做相关探索。爱佑基金会在企业家精神的指引下，通过高效运作、数字化管理和突破创新，把爱佑打造成了一家全能型的慈善基金会。其独特的商业运作模式和创新性的社会投资机制，可推动整个公益行业的发展，让公益生态系统中的基金会、政府职能部门、捐助企业、被捐赠人、志愿者以及民间NGO等各个部分充分发挥自己的作用，实现最优效率的资源配置，搭建可持续性发展的良性公益生态圈。爱佑以丰富的项目实践逐渐形成一套独特的慈善方法论，其承载的更大价值在于为中国公益慈善领域提供可鉴范本。

案例4
银杏伙伴从一个计划拆分成一个基金会

一 案例背景

改革开放三十年来，中国的经济转型和经济发展引人瞩目，而中国的社会转型和变革却相对滞后、缓慢。民间公益起步晚，政策环境及制度限制大，资金及人力匮乏，加上薄弱的社会基础，中国的民间公益尚未形成强大的力量，民间活力不足。

与此同时，中国的公益运作模式大多停留在捐款、赠物、扶贫济困的传统慈善模式上。人们对大部分基金会的理解不过是资金搬运工。很多人不认为做公益需要专业的人、需要专业的投入，更难理解基金会需要对公益市场的人才进行培养，难以理解公益领域也需要建立相对有效的分工、协作机制，而提高基金会及其他民间组织的工作效能。甚至，很多资助型基金会只关注项目执行，而不重视人才与项目执行效率之间的关系，忽略自身人才培养和发展，行业人才培养与发展更被忽视。多种因素致使中国民间公益组织的人力资源状况与其他行业的状况形成巨大反差：人力资源严重匮乏，人员薪资和福利过低，人员发展机会少，人员流失频繁，专业性差。

2010年南都公益基金会联合腾讯公益慈善基金会、刘鸿儒金融教育基金会、零点研究咨询集团，对中国社会组织人才现状及需求进行了调查。研究问卷调查了5000多家社会组织，有效问卷450多份，以民非、社团为主，另外也包括一部分基金会。需要说明，能够找到联系方式并接受调研的社会组织，本身就是相对比较活跃、发展较好的机构，尽管如此，研究还是发现，社会组织在人才发展方面很不乐观。统计结果显示，52%的机构认为招人很难或非常难；发展型岗位中，具有专职筹资或公关传播员工的机构只有45.4%，有研究人员的只有30.1%；草根NGO和社团有员工离职的比率均在60%左右。

结果表明，社会组织在人才发展方面主要存在招人难、发展型人才缺乏、公益人才流失严重等问题，这些问题在草根NGO上表现的尤为严重。[16]

社会组织要发展，就要解决人才问题。徐永光这样形容公益行业的人力资源，“首先是因为资源的瓶颈造成人才缺乏，又因为人才的缺乏，使行业获取资源的能力就更缺，更弱。人才缺乏原本是一个果，但是现在又成了制约行业发展的主因。”

针对行业发展面临的人才困境，2010年9月南都公益基金会启动“银杏伙伴成长计划”项目（以下简称“银杏计划”），该项目是一个资助青年人突破成长瓶颈，帮助其成为公益领域的领导型人才的长期计划。从项目开展以来，银杏伙伴们得到了显性和隐性的帮助，“银杏计划”本身也在不断地学习和进步。2015年南都公益基金会对“银杏计划”的放飞，推动了银杏公益基金会的成立。为公益行业人才发展提供更大的空间，这种独立探索解决社会问题的方式，为公益行业人才培养方向提供了参考价值。

为什么会想到投资于人？源于南都理事长徐永光先生的判断：公益行业的瓶颈在于人才、资源和文化，而其中人才是最迫切解决的问题。“我们希望未来不仅支持专业的公益人才，也希望支持大学实习生和专业志愿者。公益一定是专业精神与志愿者精神的结合。”

二　案例描述

1. 发展历程

初创阶段：了解需求，明确方向

中国公益人才发展和现状的趋势调查显示一方面是公益行业招人难，第二是人才流失严重。人才的缺乏导致机构的专业能力不足，又很难得到资源，而掌握资源的一方认为机构不够专业不愿意捐赠，所以就形成了一个恶性循环。

公益人才最主要的制约有三个方面。一是待遇低，发展空间小。研究发

16　资料来源腾讯公益：《人才缺乏制约公益发展银杏计划促公益人才成长》，2010年12月17日。

现，NGO组织基本人员薪资与全国水平趋同，差异不大；但是高级管理人员与其他行业差距很大，上升空间小。二是保险、生活保障不完善。近4成机构未给员工购买社会保险；为员工购买社会保险的NGO中，五险一金都上的也不到2成。尤其是社会组织没有资格购买社会生育险，生育医疗费用成了公益人一个很大的负担。同时，员工对于提升管理能力、拓展视野及个性化需要等得不到满足。三是员工的社会认同感。很多人做公益得不到家庭的理解，得不到社会的尊重，同行的支持和资助方的认可。

银杏基金会希望通过满足这三方面的需要，来强化公益人才内在的驱动力，让他们更好的实现自己的使命。2010年9月南都公益基金会发起了“银杏计划”，“银杏计划”采取推荐制和非量化的评选规则，由专家进行面试、评审。每个候选人有一个5分钟的简短自我介绍，向评委介绍自己从事的工作，然后专家和候选人一对一进行一个小时的长谈。面试范围覆盖机构历史、业务模式、个人在其中收获、目前面临困难等内容。如果选拔成功，该计划会提供每年10万、连续三年的资金支持。

第二阶段：公益变革的力量

2010年该项目在北京、四川、云南三地试点，“银杏计划”荣获2010环球慈善项目奖，2011年起面向全国接受推荐。

为了扩大与NGO的交流，增进公益伙伴对“银杏计划”的了解，同时进一步传递“银杏计划”的项目理念，2013年南都基金会在长春、济南、南昌、兰州、北海、乌鲁木齐6个城市开展了“项目推介会”，共有146家机构代表参加了现场推介会。

截至止2014年，“银杏计划”已开展近五年，共有355位推荐人，447位银杏候选人，实地考察112位银杏伙伴，共资助银杏伙伴67人，伙伴遍布21个省（市、自治区），银杏伙伴项目涉及城市社区发展、健康扶助、劳工福利、农村社区发展、青少年教育、生态保护、性与性别、NGO支持、文化艺术、灾害与安全、志愿者服务等11个领域。

第三阶段：银杏伙伴2.0时代

进入第四个年头之后，“银杏计划”花了9个月的时间进行了一次自我回顾和评估，并在此基础上进行了项目战略升级和组织形式转型。

2014年9月，南都公益基金会理事会讨论2015年工作计划，首次提出银杏2.0的概念：放飞银杏伙伴计划，鼓励银杏伙伴走向自组织。2.0会选择更有行业使命感，更愿意积极承担公共责任的人。2015年，银杏伙伴与敦和合作开展优才计划，由敦和慈善基金会资助银杏伙伴所在机构聘用专职的传播和筹资人员，银杏伙伴也直接参与到银杏公益基金会的筹建当过程中。

银杏2.0的提出，实际上是基于对“网络领导力”理念的践行。银杏伙伴计划累计资助了67位银杏伙伴。这些社会创业家们，有想法，有能量，在南都公益基金会理事长徐永光的眼里“谁都不能领导他们，只能他们自己领导自己”，因此“银杏计划”的工作人员，一直在想办法更好的发挥伙伴们的能力，让他们有更高的自由度，以及更大的发挥潜力的空间。

全国各地举办的伙伴分享会就是一个很好的例证——由伙伴们自行组织，场地、人员、宣传等等都做好，银杏伙伴项目总监林红笑称“我从来没有办过这么舒服的活动，只要来参加就好了。”在提出银杏2.0的想法之前，工作人员和伙伴进行了大量访谈和调研工作，了解他们对于银杏伙伴计划的想法，反馈得出的结论也是，银杏伙伴们愿意通过共治的方式，更大的发挥银杏网络与自身的力量。

2014年11月在北戴河举行的秋季聚会上，银杏伙伴们经过3个日夜的讨论，意识到一个自己管理自己，自己对自己的2.0时代到来。会后，银杏基金会筹备小组、银杏伙伴合作基金筹备小组、春季聚会筹备小组、银杏项目品牌与传播小组，5个由伙伴组成的工作小组宣告成立，与秘书处团队一起推动各项活动的开展。

2. 银杏伙伴成长计划的创新之处

非常规的设计思路

（1）锁定目标群体

“银杏计划”的着力点放在加速填补机构领导人和意见领袖的空缺，并希望通过倡导，让更多的捐方来开展不同定位的支持人才的项目，能产生出一个支持人才成长的链条。

（2）确定目标群体的需求

通过深入的调研和大量的信息收集，通过调查和访谈发现，他们主要面临的问题有资金的缺乏、对自己事业发展乃至行业认知的缺失以及对行业支持体系的缺失。

独到的运作模式

（1）筛选资助对象

项目采用推荐人提名模式，同时成立专家评审会，即通过邀请外部专家对候选人进行评审，保证最终结果的权威性，并监督和促进项目官员的工作。通过两个闭环机制，通过“初步考察”期和“深入考察期”两个闭环，对候选人会进行循环持续的考察，直至候选人入选，可能历时1–3年的时间。避免推荐人的意见过多影响到之后的程序，也建立了一个庞大的人力资源库。

（2）寻找特定群体的特定需求

针对目前公益人才在资金、认知和支持系统方面存在的问题，“银杏计划”将资助内容分为显性和隐性两种。提供连续3年，每年10万的资金支持；引导被提名人花时间思考个人事业的目标、发展瓶颈和解决方案，从而制定个人事业发展计划并逐步实行；引导伙伴与其他伙伴协作，设计完成资助期内的考察和其它活动，进一步实践科学项目管理和资源动员协调的方法，增强与其他伙伴异地协作的能力；资助和协助组织1年2次的伙伴集体活动，包括海外考察1次和国内其它形式的活动1次；在公众平台上对伙伴进行适当的媒体宣传，帮助伙伴增加社会影响力和拓宽筹集资源的渠道。

（3）银杏伙伴网络建设

通过举办推介会，银杏伙伴活动月，以及媒体的传播宣传，“银杏计划”影响到的人群，不仅仅局限在几十个银杏伙伴身上，项目的宣传传播一方面是吸引了更多的推荐人和公益青年的参与进来，另一方面也提升了银杏品牌，使“银杏计划”更多的得到社会的认可，使公益人才问题获得更广泛的关注和参与。

3. 银杏伙伴成长计划的创新效果

示范效应显现

“银杏计划”提倡的资助于人的理念对公益领域很重要。继“银杏计划”实施后，北京企业家环保基金会推出关注环保领域青年人才的培养计划；友成基金会实施“小鹰计划”，目的在于培养优秀的应届毕业生、政府或企业的新员工，让他们成长为未来的公益领袖；人大、北师大等高校纷纷开设针对公益领域人才培养的MPA课程；此外，由民政部主办的“中国公益慈善创新型人才”培养计划启动，欲打造中国公益慈善事业的“黄埔军校”。公益人才培养问题开始在业内受到越来越多的关注。

银杏伙伴个人成长成效显现

“银杏计划”使银杏伙伴个人得到了成长，银杏伙伴机构得到了提升，银杏伙伴对行业的责任感也得到加强。银杏伙伴个人和机构都有成长。成为银杏伙伴后，银杏伙伴的自信心、安全感、被支持感、对行业的责任感都大大增加；“银杏计划”的资助给了伙伴们一个喘息、反思的机会，进而发现以前没注意的问题，如工作非常忙乱、目标不清楚等。经过一段时间的反思，银杏伙伴会采取一些行动，比如团队建设、自我梳理、开拓视野、修补家庭关系等。这些行动又会产生一些积极的影响，比如银杏伙伴所在机构团队凝聚力提升、机构筹资额增加、机构影响力扩大。（南都基金会：《投资于人，培育未来公益领袖——2012年度银杏伙伴揭晓》）

银杏计划品牌逐渐形成

“银杏计划”自推出以来，受到行业的关注和认可：项目入选《2010中国慈善蓝皮书》，作为非公募基金会项目创新案例在第三届非公募基金会发展论坛上进行展示和交流，受邀参选2011京华公益奖以及参加多个国内外会议并作主题发言。2012年12月，“银杏计划”荣获“2012零点金铃奖”。“金铃奖”是第一个由民间评选，为在民意倾听、用户倾听以及民意传播中有突出表现的机构而颁发的奖项。

银杏公益基金会成立

2015年7月20日，银杏公益基金会成立。8月31日召开首次理事会，银杏公益基金会将继续以人才培养为主线开展未来工作的。从2010年9月开始截止到最近，有300多位推荐人推荐了400多名的被提名人，67名伙伴得到了资助，其中不乏近两年“红”起来的公益人士：“瓷娃娃”王奕鸥、歌路营杜爽、春节基金会崔澜馨等。

三　案例总结

“银杏计划”有一个深入了解伙伴的发心，了解伙伴的参与模式、学习能力、相处环境、理想情怀等，并进而帮助他们。因为这样的初衷，也让“银杏计划”在资助公益人才领域独树一帜。同时，因为这个无法衡量的标准，也促使“银杏计划”开发一套有助于产生未来公益领袖的“梦工厂”式的运营机制，包括筛选、支持、网络建设，切实、有效地培养新时期的中国民间公益领袖。

其中包括专家评委、项目顾问和各地的推荐人在内，是一个“贡献了巨大价值的群体”。这份价值使得看似模糊的筛选标准最终形成一些气质雷同的东西：社会创业家——一个在别人眼里并不起眼的社会问题，对这个人特别重要，为了解决这个问题，他会很坚韧，会想很多办法并各种方式，会不断地反省自己和改进自己。在这个过程当中，他绝对不是为了私利。 这种胸怀天下，脚踏实地的风格形成了银杏伙伴专属的“银杏style”。

除了社会创业家精神的发掘和培育之外，通过定期聚会及海外考察活动，银杏伙伴之间的自组织能力也在不断加强。

随着“银杏计划”的进展和梳理，南都基金会的适时放飞以及银杏伙伴的共治成长推动了银杏公益基金会的成立。银杏公益基金会的角色定义为“黏合剂与催化剂”，“放飞银杏”之后，实际上银杏伙伴由原来南都公益基金会引领的一个树状组织，变为雪花状的“多中心”结构，成为更多由伙伴们充分发挥自身优势、自行参与管理的“自组织”。这有助于已经产生核心影响力的银杏伙伴成为一个个网络化的“节点”，通过提升凝聚力和辐射力，连接起更广泛的社会资源。

银杏伙伴的创新、变革，不是一蹴而就的。尤其在公益领域产生变革性的影响力，其任务的艰巨性非比寻常。虽然“银杏计划”已在业界获得高度认可，但它还在进程中。

在资助于人的项目上，南都基金会的理事会与秘书处之间是高度一致的，但也不免会出现一些分歧，这些分歧是形成共识过程中必然会经历的。在这些分歧上，决策团队与执行团队通过民主协商也达成了共识。除了民主协商达成共识，评估也是学习中不断改进的一环，通过评估得到经验，然后又反馈到项目设计中，执行后再评估，这是一个螺旋上升的过程。

结语

从“银杏计划”可以看出，整个项目突破了中国的公益领域捐款、赠物、扶贫济困的传统慈善模式，更变革了投资于项目的传统投资理念，直接投资于人，其资助理念、资助路径，可谓中国公益发展史上具有里程碑式的项目，它对公益领域，特别是对公益基金会具有变革性的影响。尽管项目对整个公益界的影响现在还无法客观的给出，但是这种独立地探索解决社会问题的方式，并引领社会进步的精神，无疑是值得我们赞扬和学习的。

案例5
互联网公益：从腾讯“99公益日”到其他创新

一 案例背景

“99公益日”是由腾讯公益联合全球企业发起的一年一度公益活动，作为发起者和连接器，腾讯基金会在2015年9月7日到9月9日期间对数千个公益项目进行配捐，三天总计配捐金额达到9999万。

2016年1月15日腾讯发出的《全民99公益日倡导》中显示，首个“99公益日”活动中疾病救助类项目超过780个，扶贫救灾项目超过230个，占整个筹款项目的50%以上。在短短3天时间内，全球的爱心网友筹集了1.27亿人民币，共有205万人次参与捐款。“99公益日”捐赠金额参与人数创造国内互联网募捐记录，见证了互联网与公益结合迸发出的强大力量，腾讯公益的第1个亿筹款花了6年，如今不到3天就筹集了一亿，显示出互联网公益正在蓬勃发展。[17]

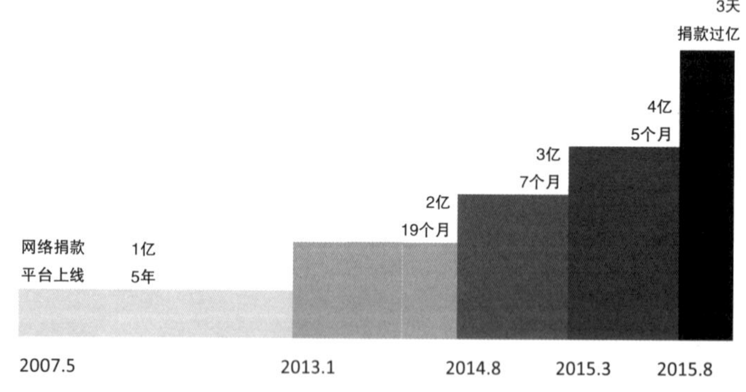

17 资料来源于《“互联网+”丨中国首个互联网公益日诞生57小时捐款破亿》，网址：http://zwgk.gfx.gov.cn/bm/content/2015/10/28/108214.htm

二　案例描述

2015年9月9日是中国首个公益日，活动主题为“一起爱”，旨在用移动互联网化、社交化等创新手段，用轻松互动的形式，发动全国数亿热爱公益的网民通过小额现金捐赠，步数捐赠、声音捐赠等行动，以轻量、便捷、快乐的方式参与公益。

1. 腾讯基金会的创新之处

作为发起者和连接器，腾讯基金会在公益日期间对数千个公益项目进行配捐，配比规则是1配1，三天总计配捐金额达到9999万。

配比规则吸引了大量公益组织和公众参与，公益日的捐款体验也刷新了公众对公益捐款的理解，捐款如同进入透明的玻璃瓶子，看得见怎么进入，追踪得到如何支出，让捐款人与善款不再失联。

除了在配比规则和透明捐赠上吸引公众，公益日期间腾讯整合旗下产品的强势渠道以及合作伙伴，共同为“99公益日”进行引流推广，掀起全民公益的热潮。除了公益组织，有数十家全球知名品牌加入“99公益日”行动，这些知名品牌也利用自己强大的营销渠道（线上及线下）助力“99公益日”。

“99公益日”通过移动互联网化、社交化等创新手段，发动全国数亿热爱公益的网民通过小额现金捐赠，步数捐赠、声音捐赠等行为参与公益。公众每捐1万步，腾讯基金会及其爱心伙伴配捐2元。公众除了可在微信、手机QQ、腾讯新闻等众多线上入口进入99公益日活动页面，还可在线下数千家合作门店体验多元化的公益互动。

《全民99公益日倡导》显示，“99公益日”使更多公益组织走到舞台的中心，成为倡导人人公益的主力军。在短短3天时间内，全球的爱心网友筹集了1.27亿人民币，共有205万人次参与捐款。捐赠金额和参与人数皆创造国内互联网募捐记录，显示出互联网与公益结合迸发出的强大力量。

同时，在公益日期间腾讯进行配比的规则是1配1，力度之大吸引众多公益机构加入。但如何完善制度防止机构滥用配比规则进行劝捐、骗捐，也是今后鼓励全民公益的互联网企业应该思考的问题。

2. 腾讯基金会的创新效果

腾讯基金会作为互联网领域的第一家公益慈善基金会，其定位在于发挥腾讯及腾讯公益的平台优势，去做人人可公益的创联者。

腾讯公益并不执行具体的项目，而是作为公益各方的连接器。通过腾讯自身产品和平台的优势，以及众多合作伙伴的力量，以前所未有的规模，连接受助人、捐助人、公益组织及项目、知名企业、明星名人和数亿用户，通过移动化支付、社交化场景和趣味化互动，唤起社会各界参与公益的热情，打造一个全民参与的超级公益日。

腾讯公益此次发起“99公益日”，为中国公益组织提供了一套“互联网+公益”行业方案，联合100多家公益机构，引进16家顶尖的4A公司深度参与本次活动。他们充分利用自身的营销经验，为公益组织提供全面的新媒体传播方案，让更多的优质公益项目在整个互联网上广泛铺开。在公益日活动中，腾讯整合了微信、QQ、腾讯新闻、电脑管家等数十个自有渠道，通过移动化支付、社交化场景和趣味化互动，培养公众“随手公益”的习惯。

腾讯把关系链、社交劝募能力、支付能力作为最原始的工具开放给合作伙伴，在这一天，公募基金会、草根组织、项目发起人、捐赠人才是真正的主角，大家合力共建网络公益捐赠平台的生态圈。

作为行业领先的互联网企业，腾讯的互联网公益尝试不仅仅在“99公益日”上，利用互联网的公开高效、连接互动的特性，平台和生态圈的力量将公益的影响力辐射开来，是腾讯一直在做的。

以腾讯公益推出的“益行家”项目为例，活动上线1个月来，网友捐赠步数376亿步。这便是充分利用腾讯强大的平台优势，整合各方资源，有效解决用户缺乏便捷渠道与信任、公益项目推广传播难、企业难寻社会认同和展示爱心的舞台的行业痛点。

腾讯公益还陆续推出月捐平台、乐捐平台等细分慈善平台；启动微爱计划、筑梦新乡村、益行家等爱心项目；努力推过公益的去中心化，推出“一起捐”平台，使各方资源高效对接。

除了在自身探索和尝试之外，腾讯公益平台联动腾讯各大产品，思考如何用互联网核心能力做公益：微信发起为盲胞读书项目，号召每一个网友捐赠60秒声音，给盲胞制作有声读物；QQ邮箱发起暖灯行动，号召网友删除邮件，给山区孩子点亮一盏明灯；QQ空间发起老有所衣项目，为贫困孤老送上新年暖衣；QQ创立了的“全城助力”项目，为所有找不到回家路的孩子，在黄金72小时内，提供精准的全民救援，力求打造成中国的“安珀警报”；腾讯棋牌也将启动“智慧的力量”大型公益项目，致力于帮助弱势儿童群体获得更多的教育机会。

3. 互联网思维下创新事件

（1）互联网公开透明促使信任重建

2012年中华少年儿童慈善救助基金会正式把新媒体筹资作为重要的筹资数据进行统计分析。据中华儿慈会副秘书长姜莹介绍，该年通过新媒体筹到的资金是618万，占当年基金会总筹资额的8%。而2015年上半年，儿慈会有80%的捐赠变成个人捐赠，其中一半是来自互联网。在“99公益日”的三天活动时间内，儿慈会发起的项目包括配捐募得3500万的善款。

80%善款来自企业、20%来自公众的二八定律正在被改变。[18]

腾讯公益慈善基金会执行秘书长窦瑞刚表示：“爆炸式增长的背后推力，除了技术的飞跃，更重要的是人们对信任的重构——让每笔捐款透明化，让项目发起者、捐款者之间不再有盲区。”

（2）大电商平台全面加入公益运作

2014年9月26日，由基金会中心网与京东集团携手推出的公益触电·未来之路公益项目在京东北京总部正式启动。北京作为该项目全国展示的第一站，共有来自30多家基金会的秘书长及代表参加了第一期宣讲会。基金会搭配电商平台，让物资采购及公益众筹更具效率与活力。由基金会中心网联合京东集团共同发起的“公益触电·未来之路”公益项目，旨在利用京东集团作为中国最大自营式电商的资源、业务优势，推动慈善基金会在日常管理工作中植入互联网思维与互联网工具，提高基金会的运作效率、降低机构运营成本及增强社会影响力，让公益慈善与互联网接轨。活动中京东集团分享了

18 资料来源于《腾讯公益：当互联网遇到公益》，网址：http://finance.sina.com.cn/roll/20150922/114723315718.shtml

大客户B2B业务及金融众筹业务与公益组织合作的优势与心得，同时中国儿童少年基金会与红丝带基金也作为公益组织代表在会上分享了与京东的合作体验。

（3）社交媒体的公益“狂欢”

2014年11月27日–28日，在中国福基会瓷娃娃罕见病关爱基金“冰桶挑战–关爱渐冻人”项目的善款支持下，由中国福基会和东方丝雨渐冻人罕见病关爱中心主办的第一届全国渐冻人病友大会在京召开并在本次大会上启动“百万呼吸——为渐冻人生命接力”项目。

“冰桶挑战”是为罕见病肌萎缩性脊髓侧索硬化症（ALS）患者（也称“渐冻人”）筹款而举办的一次募捐活动，旨在让人们更多关注罕见病ALS，并达到筹款目的。活动规则极为简单，参与者要将一桶冰水浇到自己头上，然后可点名3个人接受挑战，被邀请者如拒绝挑战，就需要向ALS协会至少捐款100美元。就是这样简单的“游戏”，却成为2014年整个夏季最火的事件。“ALS冰桶挑战赛”的旋风从美国硅谷刮到中国，从文娱明星、体育大腕刮到政治精英、商界偶像，“冰桶”+“互联网”的行为艺术，让慈善变酷。

活动发起后，迅速红遍名人圈，各界明星大佬纷纷应战，获得社会广泛关注。除此之外，明星效应下的捐款数额更是“前所未有”。

移动互联网时代的到来，真正开始让捐赠和分享成为我们生活的一个组成部分，移动互联网时代的到来正在让“日行一善”变得越来越容易实现。当公益与“互联网+”结合，公益变得离每个人越来越近。朋友圈、微信群里分享的公益募捐就是很好的实例。

腾讯通过移动互联网化、社交化等创新手段，用轻松互动的形式，发动全国数亿热爱公益的网民通过小额现金捐赠，步数捐赠、声音捐赠等行为，以轻量、便捷、快乐的方式参与公益。

（4）公益行业积聚力量共同探索

2014年12月8号下午，由共益巷承办的第六届中国非公募基金会论坛平行论坛在北京亮马河会议中心万黛厅D厅成功举办。论坛以“互联网技术在公益行业的运用——开放、跨界、共享”为主题，来自公益行业和互联网行业的嘉宾从互联网思维和互联网技术两个方面，与参会人员分享了他们的经验。

例如，上海真爱梦想公益基金会去中心化的教师交流平台的梦想盒子，老师可以把课程发布到梦想盒子上，学生也可以把所有课程的作业同步到梦想盒子上，再加上线下去中心化的体系，从而实现基于精准控制的去中心化。上海真爱梦想公益基金会从2008年到2014年的发展历程，包括前进中所走的弯路，让大家了解到IT系统一定要以用户为核心，用户处于什么层次，就只能开发相应系统，否则就会走弯路。通过新的移动互联网技术，让这种评估，得到受益人、捐款人的真正参与，是最有说服力的。

本次论坛中隆重推介的带有答谢机制的公众小额定额募捐平台——“路人甲”，正是公益行业基于移动互联网进行的模式探索的力作。“路人甲”作为一个带有答谢机制的公众小额定额募捐平台，模式创新之处在于，从诞生理念到产品设计都是紧密围绕其核心用户——“捐助人”的感受来展开的。“路人甲”中最创新的地方——“惠捐模式”，捐助人在捐助10元后，可以在平台里兑换一张优惠券，而这些由爱心商家提供的优惠券，金额往往大于10元，并且涵盖了日常生活中的买、食、住、行，真正意义上让捐助者的捐助行为和日常生活发生了联系，从而逐步实现“人人公益”的伟大理想。

本次论坛着墨谈论的“社会创新型企业”的形式，就是运用商业手段，利用模式上的创新，解决社会问题。“路人甲”正是中国公益行业在这种商业形式的探索和实验，使以前简单的捐受行为变成了公益项目更有尊严地获得捐助，捐助人得到精神和物质的双重答谢，爱心企业收获了社会声誉以及优质用户的三方互赢，实现了公益捐赠的价值闭环。

三　案例总结

1. 互联网公益的创新机制

互联网超越简单的工具属性，重构公益链条上的各方，用户得以快乐、健康、免费地完成公益行为，将互联网思维体现得淋漓尽致。互联网与公益不再是浅层次的相加，而是深层次的融合汇通。

移动互联网所带来的指尖公益，不仅意味着从项目推送、捐赠、进展反馈在手机上成为闭环，也意味着人们通过社交网络、朋友圈将朋友与圈子连接，将公益的影响力成倍放大。

公益时代从过去的公众通过相关机构参与公益，到如今由机构和企业合作搭建互联网平台，带动公众来推动和发展公益进行的时代。这个新时代，正是由于“互联网+”的嵌入，公益正在去中心化，让公益有了“大众参与”、“联手创造”的新特征。

2. 互联网公益的人才缺失

目前中国的公益组织对互联网的使用、公益项目与互联网的结合还处于起步阶段。许多好的公益项目因为缺乏传播创意和渠道，无法爆发它应有的筹款潜力。

由NGO2.0发起，中国科学技术大学知识管理研究所执行的《中国公益组织互联网使用与传播能力》第四次调研报告显示，参与调查的547家民间公益组织中，73.49%的公益组织没有“互联网专业人员”，受访组织对互联网和计算机使用的最大需求是“提供互联网传播策略培训”（37.43%）。由于普遍缺乏专职的互联网相关操作人员，接近50%的公益组织都没有使用过互联网众筹平台，目前传统的公益筹款，仍然以线下渠道为主。[19]

3. 互联网募捐首次写入法律

在互联网进行公益活动的过程中，若是审核不严、把关不严，也很容易出现一些个人或者团体以互联网为平台，骗取大家的爱心。2015年10月发生的“救人被狗咬” 以及2016年1月知乎童谣的骗捐事件，无疑是对社会善良的伤害。

为了公益行业的健康发展，在公益与“互联网+”如火如荼的开展的同时，也应当对于互联网公益进行进一步的规范，结合公益平台的构建，让公益行业也走向规范化和监督透明化。

2016年审议通过的慈善法（草案）中，利用互联网募捐首次写入法律。草案规定，具有公开募捐资格的慈善组织，可以通过互联网开展募捐；不具

19 资料来源于《“互联网+公益”研习营举办腾讯公益发起“99公益日”》，网址：http://gongyi.china.com.cn/llgyjj/2015-06/25/content_8019030.htm

有公开募捐资格的组织或个人，不得采取公开募捐方式开展公募，但可以与有公开募捐资格的慈善组织合作开展公开募捐，募得款物由具有公开募捐资格的慈善组织管理。

慈善法的出台，肯定了通过互联网开展公开募捐的方式，更是将个人爱心、专业慈善机构、互联网平台三者以有机结合的形式制度化。

4. 小结

在互联网思想与公益的相互作用下，可以预见，我们将迎来一个“全民公益”的美好时代。在这个时代，公益活动将不再以数量论英雄，只要愿意，我们都能够成为某个家庭的雪中之“炭”，在这个时代里，公益活动将走向机构和个人的完美结合，在互联网的推动下，共同为他人带去温暖。全民公益，让人人都可以成为公益的主体，人人都能参与到公益中来。

案例6
基金会国际救援参与

一　案例背景

2015年中国公益组织国际化发生了一系列重大事件。2015年7月1日，爱德基金会在埃塞俄比亚成立了中国首家公益组织海外办公室。2015年7月27日，中国扶贫基金会在缅甸成立了中国第二家公益组织海外办公室。2015年4月25日，尼泊尔地震，中国公益组织大规模参与救援。2015年3月28日，中国政府“一带一路”战略提出“要加强沿线国家的民间组织的交流和合作，促进沿线贫困地区生产生活条件改善”。一系列事件都在说明，随着中国经济实力的增强和国际地位的提升，无论是中国公益组织自身还是中国政府，都认为中国理应承担起一些国际人道主义的责任，与国际进步力量共同推动世界的和平发展。在这样的背景下，我们希望通过研究中国基金会的国际援助项目开展情况，一方面为中国的基金会参与海外捐赠提供思路，一方面也为国际社会了解中国基金会行业对外捐赠发展现状提供参考。

相较于中国政府和中资企业的海外慈善捐赠和人道主义援助，中国的基金会参与国际救援参的历史很短，只有十余年，而且在捐赠的金额和项目的规模上都不足以与前两者比较，但是基金会的国际援助项目却有着得天独厚的优势。由于基金会的独立性，在进行海外援助项目时，他们可以更为灵活地扩展合作伙伴，而不仅局限在与当地政府合作。基金会自身在国内积累的丰富项目经验，以及完善的项目管理体系，都对在新的地区开展相应的项目具有了重要的参考价值。在过去十年的尝试中，已经出现了以中国扶贫基金会、中国和平发展基金会为代表的几家基金会所发起的优秀海外项目，并且获得了相当的国际认可。

二　案例描述

随着中国社会经济的快速发展，中国基金会行业也在发生着翻天覆地的变化。过去，中国的基金会只是作为受援助对象的代表，接受海外基金会捐赠，协助海外组织在中国进行慈善捐赠和项目实施。而如今，中国基金会已经开始从单纯的受援者逐渐转变为资助者。事实上，早在十年前，中国的基金会已开始尝试迈出国门，以捐赠者的身份，积极参与国际灾害救援，寻求与海外民间组织合作并逐步在海外设立长期项目点。根据基金会中心网数据和网络公开新闻信息整理，我们发现过去十年，中国至少有46家基金会开展了国际救援项目，捐助金额至少3.14亿元，主要涉及领域包含教育支持、安全救灾、医疗救助等，资金流向地区主要为亚洲、非洲和北美洲。

1. 教育支持

过去十年，中国基金会对海外的教育资助额占全部资助额的43%，在教育资助领域的具体内容上，更是有了实质的进步。2010年以前，海外教育资助还仅局限在教育这种单一模式的资助上，而如今，中国基金会不但已经在巴基斯坦等一些发展中国家开展希望小学援建和职业教育项目，同时也开始在发达国家的高等学府设立奖学金，极大地丰富了中国基金会海外教育资助的内容，也折射出中国基金会日益增强的国际参与意识。

2. 安全救灾

过去十年，近三分之一的中国基金会海外资助用于灾难救助。2005年到2014年，共计有9,189万人民币用于海外灾害救助。近年来国际上几次较大的自然灾害，包括2005年印度洋海啸、2010年海地地震、2011年东日本大地震以及2013年菲律宾台风等，中国基金会都参与了灾害援助。从2005年仅中国扶贫基金会一家对印度洋海啸捐赠，到2011年，东日本大地震共有16家中国基金会对受灾国施以援手，可以看出中国的基金会正在越来越多地参与到国际援助中。从捐赠金额上看，2005年中国扶贫基金会对印度洋海啸的单笔捐赠高达4,400万元，这也是全部中国基金会海外支出最高单笔支出。2013

年菲律宾遭遇台风袭击时，北京联益慈善基金会第一时间赶赴灾区，与菲律宾Gawad Kalinga社区发展基金会共同参与救灾，并且在当地深入走访灾区，调查了解灾区实际需求。在为期五天的灾区走访后，北京联益慈善基金会的工作人员第一时间将菲律宾灾区的情况及时地传递到了国内，并且联合广东卫视，在第一时间记录下了中国的基金会首次赴海外进行人道主义援助的情况。尽管联益基金会回国后很快启动了在线的筹款活动，但是在一定程度上受到当时中菲两国因为南海争端而引发的一些误解，民众参与筹款的热情并不高，因此最终项目未能实现预期的筹款计划。尽管这次尝试伴随着很多挑战，但非常值得肯定的是中国的基金会已经开始探索国际化的道路。

纵观过去十年，中国基金会在海外救灾援助上呈现出以下四个特点：第一，灾害发生年份的捐赠集中，因此捐赠金额随着灾害发生与否而起伏，这导致在时间纵向上，捐赠金额无明显上升趋势出现，在地理空间上，捐赠也集中在大的灾害发生地。第二，参与海外捐赠基金会数量有限，且大额捐赠多出现在具有官方背景的大型基金会上。第三，相比于中国政府、中国红十字会以及中资企业而言，中国基金会对海外救灾的援助程度并不高。第四，2004年印度洋海啸的捐赠可以看做是中国基金会正式开始海外救灾援助的标志。

2011年，东部非洲因为干旱面临最严峻的灾难，包括肯尼亚在内的大片东非地区自2010年秋季以来遭受60年以来最严重的旱情，直接受影响的人员达1,200万人。爱德基金会与肯尼亚圣公会合作，支持当地名为「Work for food」的项目。项目内容为聘请当地居民建造水坝，为解决当地长远的饮食问题。当地居民在工作之后获派发粮食代替金钱，因此居民并不需要长途拔涉到城镇购买粮食，可以节省很多时间进行其他经济活动。爱德的捐款用作购买项目所需的粮食。派发的食物解决了因旱灾带来粮食不足的问题。另一方面，建设水坝的工程解决了他们长年累月需要步行数小时去打水的问题，让他们的生活得到长远改善。

3. 医疗救助领域

过去十年，11%的中国基金会海外资助用于医疗领域，而且项目仅在亚洲和非洲两地开展。最早在海外开展医疗援助项目的中国基金会是中国扶贫基金会，2007年，中国扶贫基金会在几内亚比绍开展了母婴救助项目，在2010年到2012年，连续三年间中国扶贫基金会都在非洲地区持续开展医疗援助项目。其中，2011年援建的苏丹阿布欧舍医院项目，由于成熟的基金会参与和对项目可持续性的恰当考虑，赢得了广大学者的赞誉，被认为是中国基金会在海外医疗援助中做得最为出色的项目。除此之外，以救助白内障患者为核心的“光明行”系列活动，在中国友好和平发展基金会和中国和平发展基金会的积极推动和众多中资企业的参与下，已经成功在亚洲和非洲的多个国家开展，这个项目也成为了中国基金会海外的品牌项目。

4. 国际救援参与典范

在“一带一路”大背景下，越来越多的中国基金会认识到走出去的重要性。其中，中国扶贫基金会和爱德基金会的国际化战略定位明确，并在境外建立了项目相应的常驻机构，堪称国际救援参与典范。

中国扶贫基金会的国际化进程

成立于1989年的中国扶贫基金会是目前中国规模最大、实力最强的公益慈善组织之一，早在2007年4月中国扶贫基金会便提出了组织国际化的战略，致力于走出国门、开展海外公益慈善项目。2012年12月，中国扶贫基金会成立国际发展项目部，专门负责开展国际援助项目。2015年7月27日，中国扶贫基金会首家海外办公室正式在缅甸成立，也意味中国扶贫基金会国际化探索进入了一个全新阶段。

中国扶贫基金会早在2005年便开始了国际项目，包括对印尼海啸、美国新卡特里娜飓风、缅甸台风、巴基斯坦大地震、智利、海地和日本地震、非洲之角旱灾等世界范围内的自然灾害的援助，以及对柬埔寨受饥儿童、几内亚比绍和苏丹贫困母婴的救助行动。截至2014年12月，中国扶贫基金会已经累计支出7559万元开展国际援助项目，其中最为经典的项目是2008年在苏丹援建阿布欧舍友谊医院。

根据世界卫生组织2009年的报告，苏丹的孕产妇死亡率为十万分之450，这意味着每100个婴孩出生就有0.45位母亲死亡，排名世界前五，苏丹非常需要开展妇幼保健项目。中国扶贫基金会在进行了可行性分析和需求评估之后，选择了需求最迫切的阿布欧舍医院作为项目具体实施地点。在中国驻苏丹大使馆和中石油尼罗河公司的大力支持下，基金会充分与当地NGO开展合作，还将中国扶贫基金会在国内开展的品牌项目——“母婴平安”项目的管理模式和经验成功地在当地实施。通过捐赠助产士包和小型医疗设备，帮助搭建医院周边社区母婴保健网络，公开招募志愿者赶赴苏丹参与医院管理，开展农村社区综合发展等项目，将医院建成提高苏丹母婴保健水平的示范医院。2011年，中国外交部将阿布欧舍友谊医院评为“2011年公共外交典范工程”。

爱德基金会——非洲之饥粮食援助

爱德基金会开展了多个国际项目，包括爱无国界个案救助、马达加斯加沼气项目、菲律宾风灾救助以及尼泊尔地震救助等。其中比较经典的项目是非洲之饥粮食援助项目。

2011年，东部非洲因为干旱面临最严峻的灾难。包括肯尼亚在内的大片东非地区自2010年秋季以来遭受60年以来最严重的旱情，直接受影响的人员达1,200万人。爱德基金会与肯尼亚圣公会合作，支持当地名为「Work for food」的项目，项目内容为聘请当地居民建造水坝，为解决当地长远的饮食问题。派发的食物解决了因旱灾带来粮食不足的问题，因此可以节省很多时间进行其他经济活动。另一方面，建设水坝的工程解决了他们长年累月需要步行数小时去打水的问题，让他们的生活得到长远的改善。[20]

中国公益组织国际救援集体行动之尼泊尔首秀

2015年4月25日，尼泊尔发生8.1级大地震，造成至少8786人死亡，22303人受伤。地震发生后，中国地震局启动三级地震应急响应，派出现场工作队赶赴灾区开展应急处置工作。与此同时，中国扶贫基金会、壹基金、爱德基金会、社会福利基金会、蓝天救援队、蓝宝救援队等数十支民间救援力量第一时间集结震区。众多公益组织充分发挥各自的长处：开展灾后紧急救援，建设临时安置社区，发放救灾物资，积极与国际公益组织以及当地公益组织合作开展救灾项目。例如壹基金救援联盟除积极运送紧急救灾物资，派遣云豹救援队、红星救援队等携带专业救援装备的队员前往灾区开展救灾工作，

20 资料来源于爱德基金会官网，非洲之饥粮食援助，网址：http://www.amity.org.cn/访问时间：2016.4.2

与救助儿童会合作，在受灾村庄建起“儿童服务站”，并将为村庄的母婴中心提供帐篷；中国扶贫基金会建立的可容纳超过1500名灾民的巴德岗博叠临时安置社区，成为尼泊尔最大的地震集中安置区；爱德与两个当地社会组织合作，以对方为主导，不对其本身救灾体系做过多的干扰，在进入过渡安置期以后，爱德定期派出工作人员前往尼泊尔，与合作伙伴进行沟通，保障项目顺利运行。相较于2011年日本发生大地震时，中国基金会单靠捐款捐物的方式进行援助，此次尼泊尔救援，才真正能够称得上是中国公益组织海外救援的首秀。[21]

三　案例总结

随着中国经济的快速发展，中国政府对外援助的程度快速增长，对非营利组织在外援方面的作用也越来越重视，因此基金会在海外开展慈善活动也变得越来越活跃。现任中国国际民间组织合作促进会副理事长兼秘书长黄浩明博士认为，在大数据与云计算的电子时代，中国社会组织的国际化发展已经是不可回避的战略选择。相信随着民间公益组织的发展和力量的增强，基金会“国际化”将会成为一种趋势。

21　以上资料参考来源于网络新闻《中国公益组织“国际化”首秀尼泊尔》，网址：http://news.163.com/15/0802/06/B008VLKB00014AED.html

附 录

Appendix

中国慈善事业2015年大事记

一 公益人才行业培养工作更进一步

继2010年成立的北京师范大学中国公益研究院、2011年成立的中山大学中国公益慈善研究院之后，2015年中国公益行业又新诞生了两个重量级人才培养基地。

清华大学公益慈善研究院成立

2015年4月26日，清华大学公益慈善研究院成立仪式暨公益慈善新趋势论坛在主楼接待厅举行。民政部部长李立国、教育部副部长杜占元、清华大学校长邱勇分别在仪式上致辞。李立国、杜占元、民政部副部长邹铭和清华大学党委书记陈旭，副校长谢维和、杨斌共同为公益慈善研究院揭牌。李立国、陈旭担任名誉理事长，邹铭、谢维和担任理事长，公共管理学院教授王名出任首任院长。清华大学公益慈善研究院是落实中共中央办公厅、国务院办公厅《关于加强中国特色新型智库建设的意见》和国务院《关于促进慈善事业健康发展的指导意见》等重要决策的要求，由民政部和清华大学联合发起成立的校级科研机构。研究院开展的四个方面研究包括：一是公益慈善的制度和体制研究，二是公益慈善的组织和治理研究，三是公益慈善的资源和项目研究，四是公益慈善的价值和文化研究，努力发展成为一个体现国家战略、融入创建一流大学进程、致力于公益慈善研究与人才培养体系建设的国家级智库，为推动中国公益慈善事业的发展做出积极贡献。成立仪式后还举行公益慈善新趋势论坛，就慈善立法与制度创新、社会改革与体制创新、民间活力与跨域合作三个议题进行研讨。

深圳国际公益学院成立

2015年11月12日，中国首家国际公益学院“深圳国际公益学院”成立。该学院由比尔及梅琳达·盖茨基金会联席主席比尔·盖茨，美国桥水公司联席首席投资官、北京达理公益基金会理事瑞·达利欧，老牛基金会创始人、荣誉会长牛根生，北京巧女公益基金会会长何巧女，浙江敦和慈善基金会名誉理事长叶庆均等五位中美慈善家联合倡议成立。这也是这是比尔·盖茨（Bill Gates）首次支持支持在中国建立公益教育机构，盖茨表示：“通过发起成立深圳国际公益学院，我们希望为那些愿意贡献自己的领导才能、聪明才智和丰富资源的人提供支持，共同消除不平等现象，创造一个让所有人都能过上健康而富有成效生活的世界。”深圳国际公益学院以促进中国与国际公益慈善事业发展，提升公益教育专业化水平，加强公益慈善领域的国际交流与合作，推动全球慈善事业改革创新为使命，以回应当下对公益人才的亟需。深圳国际公益学院运用国际化、实践型、创新性的公益慈善知识生产方式，实行“学术指导+实践引领+访学研修”三位一体的公益教学新模式，通过创建国际公益学院导师计划，打造“公益慈善组织管理”、“社会企业与社会创新”、“社会服务与社会工作”、“家族慈善与传承”、“公益慈善筹款”、“公益慈善与人文”等专业教学研究体系，建设以提升培养慈善家、慈善组织高级管理人才为主，以社会服务认证教育和大众教育为依托的应用型公益慈善教育培训和知识传播体系。第一届董事会主席由招商银行原行长马蔚华担任，北京师范大学教授王振耀担任院长。

二　慈善立法进入实质阶段，慈善行业积极参与到立法讨论过程中

2015年10月底，《中华人民共和国慈善法(草案)》首次被提交十二届全

国人大常委会第十七次会议审议。该草案明确了“大慈善”理念，标志着历经十年的努力，我国慈善立法迈出历史性的一步。草案对慈善组织、网络募捐、慈善监管、信息公开等外界关注的热点问题一一作出回应，同时明确了违规慈善行为的法律责任。该法历经10年终于在全国人大的推动下开门立法，不仅引发各界对于公益慈善事业发展的热议与建言，也有望弥补了慈善行业法律滞后、法规不健全的被动局面，对推动与规范我国现代慈善事业发展具有深远影响。北京师范大学中国公益研究院院长王振耀教授认为，慈善业步入法治轨道，各项政策调整到位后，中国将出现合理的“慈善潮”，一方面，社会捐赠会翻番；另一方面，慈善服务将极大解放社会生产力，使大量人员去慈善领域就业。11月，人民日报社《民生周刊》杂志社主办的“第九届国际公益慈善论坛暨第二届人民日报社《民生周刊》公益理事会”在北京举行，“探讨慈善立法与公益慈善的影响”。

三　毕节儿童家中自杀身亡，社会关注留守儿童

2015年6月9日晚，毕节市七星关区田坎乡四名留守儿童在家中喝下农药自杀，经抢救无效死亡。四名儿童是兄妹关系，最大的哥哥13岁，最小的妹妹5岁，事件引发舆论强烈关注并再次掀起对留守儿童的讨论。贵州省连续发布《精准帮扶留守儿童困境儿童家庭劳动力返乡创业就业工作方案》《关于进一步加强留守儿童困境儿童关爱救助保护工作的实施意见》等多个政策文件，解决留守儿童问题已迫在眉睫。

四　腾讯“99公益日”引爆互联网+公益

2015年9月，腾讯联合全球数十家知名企业、上百个公益组织、中国创意机构、名人明星以及数亿网友一起，发起一年一度的全民公益活动—“99公益日”，希望通过腾讯自身产品和平台的优势，以及众多合作伙伴的力量，

连接受助人、捐助人、公益组织及项目、知名企业、明星名人和数亿用户，通过移动化支付、社交化场景和趣味化互动，唤起社会各界关心、参与公益的热情，打造一个全民参与的超级公益日。99公益日期间，腾讯整合微信、手Q、腾讯新闻、电脑管家、QQ空间、QQ邮箱、腾讯视频等强势渠道，以及滴滴打车、大众点评、微店、同程网等合作伙伴，共同为“99公益日”进行引流推广。除了公益组织，还有数十家全球知名品牌加入“99公益日”行动，其中包括肯德基、国美、必胜客、联合利华、顺丰速运、有范App、京东、可口可乐、沃尔玛等知名企业等。此次99公益日，腾讯基金会对腾讯公益平台上正在筹款的所有公益项目进行1：1配捐。网民捐多少，腾讯基金会即按比例匹配捐赠相应的额度。9月7日零点，“99公益日”配捐启动，15分钟内网友捐款超1000万；截至7日上午10点50分，当天3333万元配捐金额达至上限，有超过15万网友参与爱心捐款。腾讯公益表示，愿社会各界“一起爱”，有更多的机构、企业和个人加入到“99公益日”中来，并以此99公益日为契机，探索“互联网连接公益”更多更美好的可能。

五 尼泊尔地震，中国海外救援力量表现积极

2015年4月25日，尼泊尔发生8.1级强烈地震。中国扶贫基金会、壹基金、中国社会福利基金会蓝豹救援队、浙江公羊会等救灾和救援团队积极参与救灾，并首次采取建立“4.25尼泊尔地震中国社会组织信息协同平台”、与国际组织联合救灾等合作方式实施联合应对。这是我国社会组织首次真正意义上的大规模投身国际紧急救援，既是对社会组织灾害应对能力的一次考验，也是我国社会组织国际化进程的一次重要实践。4月25日下午地震发生20分钟后，中国扶贫基金会启动人道救援响应，中扶人道救援队出发前往加德满都，并展开灾情排查和需求评估，当地时间26日晚上10时，第二批20位专业救援人员到达灾区。4月25日14点43分，壹基金联盟成员队西藏蔓峰救援队响应灾情，赶往尼泊尔震区。蓝天救援队、蓝豹救援队等国内知名的救援队也已经开赴前线。对地震救援一直非常专注的爱德基金会联合国际救灾联盟向

全球147个国家成员单位发出了第一份灾情简报，为尼泊尔灾区呼吁国际人道主义援助。

六　环保问题得到社会热烈关注

新《环境保护法》实施，首例环境公益诉讼案件立案

2015年1月1日，随着新修订的《环境保护法》正式生效实施，这部新法彰显了国家解决目前严峻环境问题的决心，其中立法理念、监管机制及法律责任成为新法的亮点。新《环境保护法》体现了国家立法理念的升华，修订后首次将生态保护红线写入法律。新法规定，国家在重点生态保护区、生态环境敏感区和脆弱区等区域，划定生态保护红线，实行严格保护。新《环境保护法》同时规定，省级以上人民政府应当组织有关部门或者委托专业机构，对环境状况进行调查、评价，建立环境资源承载能力监测预警机制。新《环境保护法》被称为“史上最严”的环境保护法，对各类环境违法行为“零容忍”，并加大惩治力度。对于拒不改正的排污企业，罚款金额可以“按日连续处罚”上不封顶，并赋予环保部门查封扣押等权利。新法还加大问责官员力度，领导干部虚报、谎报、瞒报污染情况将引咎辞职。出现环境违法事件，造成严重后果的，监管部门主要负责人要引咎辞职。与此同时，行政拘留、刑事追责等强制处罚手段也被纳入新法。论证多时的“环境公益诉讼”也被以法条的形式明确。1月4日，中国民间环保组织“自然之友”在北京启动“环境公益诉讼支持基金”。在新环保法实施后，由该基金支持的第一例环境公益诉讼案件——“福建南平生态破坏案”获得立案。

马云、马化腾等成立“桃花源生态保护基金会”

2015年4月10日，“桃花源生态保护基金会”在浙江宁波宣布成立，马云、马化腾出任该机构董事会联席主席，国内一批知名企业家及公益人士亦参与其中。该基金会希望能融合海外经验和中国实际，探索适合中国公益事业的方法、道路和体系。马云表示：“取名‘桃花源’是希望中国几十年之后能拥有更纯净的水和空气。中国现在的公益需要创新，应该以公益的心

态，商业的手法去做。效益是靠商业，当然要有公益的心态，有感恩和敬畏之心。发起人之一、中国银泰投资有限公司董事长沈国军表示，桃花源生态保护基金会将关注国内外生态环境保护事业，并将积累的经验分享给全球从事自然保护的机构，让更多的人参与生态保护事业。

七 社区基金会发展引起关注

2015年4月，江苏省政府发布《关于促进慈善事业健康发展的实施意见》，首次明确支持单位或社区成立互助过渡性慈善组织，支持房产开发商、物业公司设立小区内的互助基金等新型慈悲方法，让人们在“家门口”就能得到帮助。为充足激活草根慈善组织活气，江苏省将慈善类社会组织直接登记权下放给县市区。今后还将通过税收减免政策刺激慈善捐赠热忱。企业产生的公益性捐赠支出，在年度利润总额12%以内的局部，准予在盘算应征税所得额时扣除；个人公益性捐赠额未超过纳税任务人申报的应纳税所得额30%的部门，从其应纳税所得额中扣除。在之后两年，南京市将建成以东山街道圆梦社区型基金会为代表的不少于30家社区型基金会。到2020年，全省要实现每个城乡社区有1家以上登记或存案的互助性慈善组织。6月，上海市社会团体管理局关于印发《上海社区基金会建设指引（试行）》的通知。之后，上海先后有江浦社区公益基金会、甘泉社区基金会、石泉社区基金会、万里社区基金会、曹杨社区基金会、长寿社区基金会、宜川路街道社区基金会、真如社区基金会等16家登记成立。

八 徒步募捐活动扎堆

2015年9月，众多公益机构不约而同选择通过徒步方式进行善款募捐，如中国扶贫基金会的“善行者”项目，中国青少年发展基金会的“挑战8小时”以及阿里公益天天正能量的“环保健康跑”都进行了徒步公益项目。2015年善行者公益徒步活动共筹集善款5016762.89元（不含腾讯公益和支付宝网友捐赠），人均筹款1567.74元，有效捐赠行为45945笔，人均动员14人次参与捐赠。壳牌喜力、加多宝、立邦等25家企业合作伙伴参与了善行者，为活动提供资金、物资、服务的支持。“挑战8小时”是2012年由中国青少年发展基金会发起的公益徒步筹款活动，倡导公众在亲近自然，挑战自我的同时，为公益项目筹集善款。参与者4人一队，通过完成30公里或15公里的徒步挑战，用徒步8小时的毅力和坚持，感染身边的人支持参与公益，帮助乡村孩子快乐健康地成长。截至2015年，“挑战8小时”已为“希望工程快乐阅读”、“快乐体育园地”等公益项目筹集善款2291173.82元，兴建快乐体育园地20个，捐赠图书10余万册，直接受益学校百余所。阿里公益“天天正能量”项目由阿里巴巴集团倡议发起，旨在通过发掘、传播和奖励社会上的正能量人物或事件，推崇人性真善美，弘扬社会正能量。由上海市闸北团区委、青年报、阿里公益等多方联手主办的2015“跑出正能量 保护母亲河”环保健康跑于9月在苏州河畔激情开跑。百名热爱公益环保和运动的小伙伴不惜冒雨跑完全程，成为名副其实的“江河卫士”，用实际行动为环保添力。

慈善法

中华人民共和国慈善法

(2016年3月16日第十二届全国人民代表大会第四次会议通过)

第一章 总则

第一条 为了发展慈善事业，弘扬慈善文化，规范慈善活动，保护慈善组织、捐赠人、志愿者、受益人等慈善活动参与者的合法权益，促进社会进步，共享发展成果，制定本法。

第二条 自然人、法人和其他组织开展慈善活动以及与慈善有关的活动，适用本法。其他法律有特别规定的，依照其规定。

第三条 本法所称慈善活动，是指自然人、法人和其他组织以捐赠财产或者提供服务等方式，自愿开展的下列公益活动：

（一）扶贫、济困；

（二）扶老、救孤、恤病、助残、优抚；

（三）救助自然灾害、事故灾难和公共卫生事件等突发事件造成的损害；

（四）促进教育、科学、文化、卫生、体育等事业的发展；

（五）防治污染和其他公害，保护和改善生态环境；

（六）符合本法规定的其他公益活动。

第四条 开展慈善活动，应当遵循合法、自愿、诚信、非营利的原则，不得违背社会公德，不得危害国家安全、损害社会公共利益和他人合法权益。

第五条 国家鼓励和支持自然人、法人和其他组织践行社会主义核心价值观，弘扬中华民族传统美德，依法开展慈善活动。

第六条 国务院民政部门主管全国慈善工作，县级以上地方各级人民政府民政部门主管本行政区域内的慈善工作；县级以上人民政府有关部门依照本法和其他有关法律法规，在各自的职责范围内做好相关工作。

第七条 每年9月5日为“中华慈善日”。

第二章 慈善组织

第八条 本法所称慈善组织，是指依法成立、符合本法规定，以面向社会开展慈善活动为宗旨的非营利性组织。

慈善组织可以采取基金会、社会团体、社会服务机构等组织形式。

第九条 慈善组织应当符合下列条件：

（一）以开展慈善活动为宗旨；

（二）不以营利为目的；

（三）有自己的名称和住所；

（四）有组织章程；

（五）有必要的财产；

（六）有符合条件的组织机构和负责人；

（七）法律、行政法规规定的其他条件。

第十条 设立慈善组织，应当向县级以上人民政府民政部门申请登记，民政部门应当自受理申请之日起三十日内作出决定。符合本法规定条件的，准予登记并向社会公告；不符合本法规定条件的，不予登记并书面说明理由。

本法公布前已经设立的基金会、社会团体、社会服务机构等非营利性组织，可以向其登记的民政部门申请认定为慈善组织，民政部门应当自受理申请之日起二十日内作出决定。符合慈善组织条件的，予以认定并向社会公告；不符合慈善组织条件的，不予认定并书面说明理由。

有特殊情况需要延长登记或者认定期限的，报经国务院民政部门批准，可以适当延长，但延长的期限不得超过六十日。

第十一条 慈善组织的章程，应当符合法律法规的规定，并载明下列事项：

（一）名称和住所；

（二）组织形式；

（三）宗旨和活动范围；

（四）财产来源及构成；

（五）决策、执行机构的组成及职责；

（六）内部监督机制；

（七）财产管理使用制度；

（八）项目管理制度；

（九）终止情形及终止后的清算办法；

（十）其他重要事项。

第十二条 慈善组织应当根据法律法规以及章程的规定，建立健全内部治理结构，明确决策、执行、监督等方面的职责权限，开展慈善活动。

慈善组织应当执行国家统一的会计制度，依法进行会计核算，建立健全会计监督制度，并接受政府有关部门的监督管理。

第十三条 慈善组织应当每年向其登记的民政部门报送年度工作报告和财务会计报告。报告应当包括年度开展募捐和接受捐赠情况、慈善财产的管理使用情况、慈善项目实施情况以及慈善组织工作人员的工资福利情况。

第十四条 慈善组织的发起人、主要捐赠人以及管理人员，不得利用其关联关系损害慈善组织、受益人的利益和社会公共利益。

慈善组织的发起人、主要捐赠人以及管理人员与慈善组织发生交易行为的，不得参与慈善组织有关该交易行为的决策，有关交易情况应当向社会公开。

第十五条 慈善组织不得从事、资助危害国家安全和社会公共利益的活动，不得接受附加违反法律法规和违背社会公德条件的捐赠，不得对受益人附加违反法律法规和违背社会公德的条件。

第十六条 有下列情形之一的，不得担任慈善组织的负责人：

（一）无民事行为能力或者限制民事行为能力的；

（二）因故意犯罪被判处刑罚，自刑罚执行完毕之日起未逾五年的；

（三）在被吊销登记证书或者被取缔的组织担任负责人，自该组织被吊销登记证书或者被取缔之日起未逾五年的；

（四）法律、行政法规规定的其他情形。

第十七条 慈善组织有下列情形之一的，应当终止：

（一）出现章程规定的终止情形的；

（二）因分立、合并需要终止的；

（三）连续二年未从事慈善活动的；

（四）依法被撤销登记或者吊销登记证书的；

（五）法律、行政法规规定应当终止的其他情形。

第十八条 慈善组织终止，应当进行清算。

慈善组织的决策机构应当在本法第十七条规定的终止情形出现之日起三十日内成立清算组进行清算，并向社会公告。不成立清算组或者清算组不履行职责的，民政部门可以申请人民法院指定有关人员组成清算组进行清算。

慈善组织清算后的剩余财产，应当按照慈善组织章程的规定转给宗旨相同或者相近的慈善组织；章程未规定的，由民政部门主持转给宗旨相同或者相近的慈善组织，并向社会公告。

慈善组织清算结束后，应当向其登记的民政部门办理注销登记，并由民政部门向社会公告。

第十九条 慈善组织依法成立行业组织。

慈善行业组织应当反映行业诉求，推动行业交流，提高慈善行业公信力，促进慈善事业发展。

第二十条 慈善组织的组织形式、登记管理的具体办法由国务院制定。

第三章 慈善募捐

第二十一条 本法所称慈善募捐，是指慈善组织基于慈善宗旨募集财产的活动。

慈善募捐，包括面向社会公众的公开募捐和面向特定对象的定向募捐。

第二十二条 慈善组织开展公开募捐，应当取得公开募捐资格。依法登记满二年的慈善组织，可以向其登记的民政部门申请公开募捐资格。民政部门应当自受理申请之日起二十日内作出决定。慈善组织符合内部治理结构健全、运作规范的条件的，发给公开募捐资格证书；不符合条件的，不发给公开募捐资格证书并书面说明理由。

法律、行政法规规定自登记之日起可以公开募捐的基金会和社会团体，由民政部门直接发给公开募捐资格证书。

第二十三条 开展公开募捐，可以采取下列方式：

（一）在公共场所设置募捐箱；

（二）举办面向社会公众的义演、义赛、义卖、义展、义拍、慈善晚会等；

（三）通过广播、电视、报刊、互联网等媒体发布募捐信息；

（四）其他公开募捐方式。

慈善组织采取前款第一项、第二项规定的方式开展公开募捐的，应当在其登记的民政部门管辖区域内进行，确有必要在其登记的民政部门管辖区域外进行的，应当报其开展募捐活动所在地的县级以上人民政府民政部门备案。捐赠人的捐赠行为不受地域限制。

慈善组织通过互联网开展公开募捐的，应当在国务院民政部门统一或者指定的慈善信息平台发布募捐信息，并可以同时在其网站发布募捐信息。

第二十四条 开展公开募捐，应当制定募捐方案。募捐方案包括募捐目的、起止时间和地域、活动负责人姓名和办公地址、接受捐赠方式、银行账户、受益人、募得款物用途、募捐成本、剩余财产的处理等。

募捐方案应当在开展募捐活动前报慈善组织登记的民政部门备案。

第二十五条 开展公开募捐，应当在募捐活动现场或者募捐活动载体的显著位置，公布募捐组织名称、公开募捐资格证书、募捐方案、联系方式、募捐信息查询方法等。

第二十六条 不具有公开募捐资格的组织或者个人基于慈善目的，可以与具有公开募捐资格的慈善组织合作，由该慈善组织开展公开募捐并管理募得款物。

第二十七条 广播、电视、报刊以及网络服务提供者、电信运营商，应当对利用其平台开展公开募捐的慈善组织的登记证书、公开募捐资格证书进行验证。

第二十八条 慈善组织自登记之日起可以开展定向募捐。

慈善组织开展定向募捐，应当在发起人、理事会成员和会员等特定对象的范围内进行，并向募捐对象说明募捐目的、募得款物用途等事项。

第二十九条 开展定向募捐，不得采取或者变相采取本法第二十三条规定的方式。

第三十条 发生重大自然灾害、事故灾难和公共卫生事件等突发事件，需要迅速开展救助时，有关人民政府应当建立协调机制，提供需求信息，及时有序引导开展募捐和救助活动。

第三十一条 开展募捐活动，应当尊重和维护募捐对象的合法权益，保障募捐对象的知情权，不得通过虚构事实等方式欺骗、诱导募捐对象实施捐赠。

第三十二条 开展募捐活动，不得摊派或者变相摊派，不得妨碍公共秩序、企业生产经营和居民生活。

第三十三条 禁止任何组织或者个人假借慈善名义或者假冒慈善组织开展募捐活动，骗取财产。

第四章　慈善捐赠

第三十四条 本法所称慈善捐赠，是指自然人、法人和其他组织基于慈善目的，自愿、无偿赠与财产的活动。

第三十五条 捐赠人可以通过慈善组织捐赠，也可以直接向受益人捐赠。

第三十六条 捐赠人捐赠的财产应当是其有权处分的合法财产。捐赠财产包括货币、实物、房屋、有价证券、股权、知识产权等有形和无形财产。

捐赠人捐赠的实物应当具有使用价值，符合安全、卫生、环保等标准。

捐赠人捐赠本企业产品的，应当依法承担产品质量责任和义务。

第三十七条 自然人、法人和其他组织开展演出、比赛、销售、拍卖等经营性活动，承诺将全部或者部分所得用于慈善目的的，应当在举办活动前与慈善组织或者其他接受捐赠的人签订捐赠协议，活动结束后按照捐赠协议履行捐赠义务，并将捐赠情况向社会公开。

第三十八条 慈善组织接受捐赠，应当向捐赠人开具由财政部门统一监(印)制的捐赠票据。捐赠票据应当载明捐赠人、捐赠财产的种类及数量、慈善组织名称和经办人姓名、票据日期等。捐赠人匿名或者放弃接受捐赠票据的，慈善组织应当做好相关记录。

第三十九条 慈善组织接受捐赠，捐赠人要求签订书面捐赠协议的，慈善组织应当与捐赠人签订书面捐赠协议。

书面捐赠协议包括捐赠人和慈善组织名称，捐赠财产的种类、数量、质量、用途、交付时间等内容。

第四十条 捐赠人与慈善组织约定捐赠财产的用途和受益人时，不得指定捐赠人的利害关系人作为受益人。

任何组织和个人不得利用慈善捐赠违反法律规定宣传烟草制品，不得利用慈善捐赠以任何方式宣传法律禁止宣传的产品和事项。

第四十一条 捐赠人应当按照捐赠协议履行捐赠义务。捐赠人违反捐赠协议逾期未交付捐赠财产，有下列情形之一的，慈善组织或者其他接受捐赠的人可以要求交付；捐赠人拒不交付的，慈善组织和其他接受捐赠的人可以依法向人民法院申请支付令或者提起诉讼：

（一）捐赠人通过广播、电视、报刊、互联网等媒体公开承诺捐赠的；

（二）捐赠财产用于本法第三条第一项至第三项规定的慈善活动，并签订书面捐赠协议的。

捐赠人公开承诺捐赠或者签订书面捐赠协议后经济状况显著恶化，严重影响其生产经营或者家庭生活的，经向公开承诺捐赠地或者书面捐赠协议签订地的民政部门报告并向社会公开说明情况后，可以不再履行捐赠义务。

第四十二条 捐赠人有权查询、复制其捐赠财产管理使用的有关资料，慈善组织应当及时主动向捐赠人反馈有关情况。

慈善组织违反捐赠协议约定的用途，滥用捐赠财产的，捐赠人有权要求其改正；拒不改正的，捐赠人可以向民政部门投诉、举报或者向人民法院提起诉讼。

第四十三条 国有企业实施慈善捐赠应当遵守有关国有资产管理的规定，履行批准和备案程序。

第五章 慈善信托

第四十四条 本法所称慈善信托属于公益信托，是指委托人基于慈善目的，依法将其财产委托给受托人，由受托人按照委托人意愿以受托人名义进行管理和处分，开展慈善活动的行为。

第四十五条 设立慈善信托、确定受托人和监察人，应当采取书面形式。受托人应当在慈善信托文件签订之日起七日内，将相关文件向受托人所在地县级以上人民政府民政部门备案。

未按照前款规定将相关文件报民政部门备案的，不享受税收优惠。

第四十六条 慈善信托的受托人，可以由委托人确定其信赖的慈善组织或者信托公司担任。

第四十七条 慈善信托的受托人违反信托义务或者难以履行职责的，委托人可以变更受托人。变更后的受托人应当自变更之日起七日内，将变更情况报原备案的民政部门重新备案。

第四十八条 慈善信托的受托人管理和处分信托财产，应当按照信托目的，恪尽职守，履行诚信、谨慎管理的义务。

慈善信托的受托人应当根据信托文件和委托人的要求，及时向委托人报告信托事务处理情况、信托财产管理使用情况。慈善信托的受托人应当每年至少一次将信托事务处理情况及财务状况向其备案的民政部门报告，并向社会公开。

第四十九条 慈善信托的委托人根据需要，可以确定信托监察人。

信托监察人对受托人的行为进行监督，依法维护委托人和受益人的权益。信托监察人发现受托人违反信托义务或者难以履行职责的，应当向委托人报告，并有权以自己的名义向人民法院提起诉讼。

第五十条 慈善信托的设立、信托财产的管理、信托当事人、信托的终止和清算等事项，本章未规定的，适用本法其他有关规定；本法未规定的，适用《中华人民共和国信托法》的有关规定。

第六章 慈善财产

第五十一条 慈善组织的财产包括：

（一）发起人捐赠、资助的创始财产；

（二）募集的财产；

（三）其他合法财产。

第五十二条 慈善组织的财产应当根据章程和捐赠协议的规定全部用于慈善目的，不得在发起人、捐赠人以及慈善组织成员中分配。

任何组织和个人不得私分、挪用、截留或者侵占慈善财产。

第五十三条 慈善组织对募集的财产，应当登记造册，严格管理，专款专用。

捐赠人捐赠的实物不易储存、运输或者难以直接用于慈善目的的，慈善组织可以依法拍卖或者变卖，所得收入扣除必要费用后，应当全部用于慈善目的。

第五十四条 慈善组织为实现财产保值、增值进行投资的，应当遵循合法、安全、有效的原则，投资取得的收益应当全部用于慈善目的。慈善组织的重大投资方案应当经决策机构组成人员三分之二以上同意。政府资助的财产和捐赠协议约定不得投资的财产，不得用于投资。慈善组织的负责人和工作人员不得在慈善组织投资的企业兼职或者领取报酬。

前款规定事项的具体办法，由国务院民政部门制定。

第五十五条 慈善组织开展慈善活动，应当依照法律法规和章程的规定，按照募捐方案或者捐赠协议使用捐赠财产。慈善组织确需变更募捐方案规定的捐赠财产用途的，应当报民政部门备案；确需变更捐赠协议约定的捐赠财产用途的，应当征得捐赠人同意。

第五十六条 慈善组织应当合理设计慈善项目，优化实施流程，降低运行成本，提高慈善财产使用效益。

慈善组织应当建立项目管理制度，对项目实施情况进行跟踪监督。

第五十七条 慈善项目终止后捐赠财产有剩余的，按照募捐方案或者捐赠协议处理；募捐方案未规定或者捐赠协议未约定的，慈善组织应当将剩余财产用于目的相同或者相近的其他慈善项目，并向社会公开。

第五十八条 慈善组织确定慈善受益人，应当坚持公开、公平、公正的原则，不得指定慈善组织管理人员的利害关系人作为受益人。

第五十九条 慈善组织根据需要可以与受益人签订协议，明确双方权利义务，约定慈善财产的用途、数额和使用方式等内容。

受益人应当珍惜慈善资助，按照协议使用慈善财产。受益人未按照协议使用慈善财产或者有其他严重违反协议情形的，慈善组织有权要求其改正；受益人拒不改正的，慈善组织有权解除协议并要求受益人返还财产。

第六十条 慈善组织应当积极开展慈善活动，充分、高效运用慈善财产，并遵循管理费用最必要原则，厉行节约，减少不必要的开支。慈善组织中具有公开募捐资格的基金会开展慈善活动的年度支出，不得低于上一年总收入的百分之七十或者前三年收入平均数额的百分之七十；年度管理费用不得超过当年总支出的百分之十，特殊情况下，年度管理费用难以符合前述规定的，应当报告其登记的民政部门并向社会公开说明情况。

具有公开募捐资格的基金会以外的慈善组织开展慈善活动的年度支出和管理费用的标准，由国务院民政部门会同国务院财政、税务等部门依照前款规定的原则制定。

捐赠协议对单项捐赠财产的慈善活动支出和管理费用有约定的，按照其约定。

第七章 慈善服务

第六十一条 本法所称慈善服务，是指慈善组织和其他组织以及个人基于慈善目的，向社会或者他人提供的志愿无偿服务以及其他非营利服务。

慈善组织开展慈善服务，可以自己提供或者招募志愿者提供，也可以委托有服务专长的其他组织提供。

第六十二条 开展慈善服务，应当尊重受益人、志愿者的人格尊严，不得侵害受益人、志愿者的隐私。

第六十三条 开展医疗康复、教育培训等慈善服务，需要专门技能的，应当执行国家或者行业组织制定的标准和规程。

慈善组织招募志愿者参与慈善服务，需要专门技能的，应当对志愿者开展相关培训。

第六十四条 慈善组织招募志愿者参与慈善服务，应当公示与慈善服务有关的全部信息，告知服务过程中可能发生的风险。

慈善组织根据需要可以与志愿者签订协议，明确双方权利义务，约定服务的内容、方式和时间等。

第六十五条 慈善组织应当对志愿者实名登记，记录志愿者的服务时间、内容、评价等信息。根据志愿者的要求，慈善组织应当无偿、如实出具志愿服务记录证明。

第六十六条 慈善组织安排志愿者参与慈善服务，应当与志愿者的年龄、文化程度、技能和身体状况相适应。

第六十七条 志愿者接受慈善组织安排参与慈善服务的，应当服从管理，接受必要的培训。

第六十八条 慈善组织应当为志愿者参与慈善服务提供必要条件，保障志愿者的合法权益。

慈善组织安排志愿者参与可能发生人身危险的慈善服务前，应当为志愿者购买相应的人身意外伤害保险。

第八章 信息公开

第六十九条 县级以上人民政府建立健全慈善信息统计和发布制度。

县级以上人民政府民政部门应当在统一的信息平台，及时向社会公开慈善信息，并免费提供慈善信息发布服务。

慈善组织和慈善信托的受托人应当在前款规定的平台发布慈善信息，并对信息的真实性负责。

第七十条 县级以上人民政府民政部门和其他有关部门应当及时向社会公开下列慈善信息：

（一）慈善组织登记事项；

（二）慈善信托备案事项；

（三）具有公开募捐资格的慈善组织名单；

（四）具有出具公益性捐赠税前扣除票据资格的慈善组织名单；

（五）对慈善活动的税收优惠、资助补贴等促进措施；

（六）向慈善组织购买服务的信息；

（七）对慈善组织、慈善信托开展检查、评估的结果；

（八）对慈善组织和其他组织以及个人的表彰、处罚结果；

（九）法律法规规定应当公开的其他信息。

第七十一条 慈善组织、慈善信托的受托人应当依法履行信息公开义务。信息公开应当真实、完整、及时。

第七十二条 慈善组织应当向社会公开组织章程和决策、执行、监督机构成员信息以及国务院民政部门要求公开的其他信息。上述信息有重大变更的，慈善组织应当及时向社会公开。

慈善组织应当每年向社会公开其年度工作报告和财务会计报告。具有公开募捐资格的慈善组织的财务会计报告须经审计。

第七十三条 具有公开募捐资格的慈善组织应当定期向社会公开其募捐情况和慈善项目实施情况。

公开募捐周期超过六个月的，至少每三个月公开一次募捐情况，公开募捐活动结束后三个月内应当全面公开募捐情况。

慈善项目实施周期超过六个月的，至少每三个月公开一次项目实施情况，项目结束后三个月内应当全面公开项目实施情况和募得款物使用情况。

第七十四条 慈善组织开展定向募捐的，应当及时向捐赠人告知募捐情况、募得款物的管理使用情况。

第七十五条 慈善组织、慈善信托的受托人应当向受益人告知其资助标准、工作流程和工作规范等信息。

第七十六条 涉及国家秘密、商业秘密、个人隐私的信息以及捐赠人、慈善信托的委托人不同意公开的姓名、名称、住所、通讯方式等信息，不得公开。

第九章 促进措施

第七十七条 县级以上人民政府应当根据经济社会发展情况，制定促进慈善事业发展的政策和措施。

县级以上人民政府有关部门应当在各自职责范围内，向慈善组织、慈善信托受托人等提供慈善需求信息，为慈善活动提供指导和帮助。

第七十八条 县级以上人民政府民政部门应当建立与其他部门之间的慈善信息共享机制。

第七十九条 慈善组织及其取得的收入依法享受税收优惠。

第八十条 自然人、法人和其他组织捐赠财产用于慈善活动的，依法享受税收优惠。企业慈善捐赠支出超过法律规定的准予在计算企业所得税应纳税所得额时当年扣除的部分，允许结转以后三年内在计算应纳税所得额时扣除。

境外捐赠用于慈善活动的物资，依法减征或者免征进口关税和进口环节增值税。

第八十一条 受益人接受慈善捐赠，依法享受税收优惠。

第八十二条 慈善组织、捐赠人、受益人依法享受税收优惠的，有关部门应当及时办理相关手续。

第八十三条 捐赠人向慈善组织捐赠实物、有价证券、股权和知识产权的，依法免征权利转让的相关行政事业性费用。

第八十四条 国家对开展扶贫济困的慈善活动，实行特殊的优惠政策。

第八十五条 慈善组织开展本法第三条第一项、第二项规定的慈善活动需要慈善服务设施用地的，可以依法申请使用国有划拨土地或者农村集体建设用地。慈善服务设施用地非经法定程序不得改变用途。

第八十六条 国家为慈善事业提供金融政策支持，鼓励金融机构为慈善组织、慈善信托提供融资和结算等金融服务。

第八十七条 各级人民政府及其有关部门可以依法通过购买服务等方式，支持符合条件的慈善组织向社会提供服务，并依照有关政府采购的法律法规向社会公开相关情况。

第八十八条 国家采取措施弘扬慈善文化，培育公民慈善意识。

学校等教育机构应当将慈善文化纳入教育教学内容。国家鼓励高等学校培养慈善专业人才，支持高等学校和科研机构开展慈善理论研究。

广播、电视、报刊、互联网等媒体应当积极开展慈善公益宣传活动，普及慈善知识，传播慈善文化。

第八十九条 国家鼓励企业事业单位和其他组织为开展慈善活动提供场所和其他便利条件。

第九十条 经受益人同意，捐赠人对其捐赠的慈善项目可以冠名纪念，法律法规规定需要批准的，从其规定。

第九十一条 国家建立慈善表彰制度，对在慈善事业发展中做出突出贡献的自然人、法人和其他组织，由县级以上人民政府或者有关部门予以表彰。

第十章 监督管理

第九十二条 县级以上人民政府民政部门应当依法履行职责，对慈善活动进行监督检查，对慈善行业组织进行指导。

第九十三条 县级以上人民政府民政部门对涉嫌违反本法规定的慈善组织，有权采取下列措施：

（一）对慈善组织的住所和慈善活动发生地进行现场检查；

（二）要求慈善组织作出说明，查阅、复制有关资料；

（三）向与慈善活动有关的单位和个人调查与监督管理有关的情况；

（四）经本级人民政府批准，可以查询慈善组织的金融账户；

（五）法律、行政法规规定的其他措施。

第九十四条 县级以上人民政府民政部门对慈善组织、有关单位和个人进行检查或者调查时，检查人员或者调查人员不得少于二人，并应当出示合法证件和检查、调查通知书。

第九十五条 县级以上人民政府民政部门应当建立慈善组织及其负责人信用记录制度，并向社会公布。

民政部门应当建立慈善组织评估制度，鼓励和支持第三方机构对慈善组织进行评估，并向社会公布评估结果。

第九十六条 慈善行业组织应当建立健全行业规范，加强行业自律。

第九十七条 任何单位和个人发现慈善组织、慈善信托有违法行为的，可以向民政部门、其他有关部门或者慈善行业组织投诉、举报。民政部门、其他有关部门或者慈善行业组织接到投诉、举报后，应当及时调查处理。

国家鼓励公众、媒体对慈善活动进行监督，对假借慈善名义或者假冒慈善组织骗取财产以及慈善组织、慈善信托的违法违规行为予以曝光，发挥舆论和社会监督作用。

第十一章　法律责任

第九十八条　慈善组织有下列情形之一的，由民政部门责令限期改正；逾期不改正的，吊销登记证书并予以公告：

（一）未按照慈善宗旨开展活动的；

（二）私分、挪用、截留或者侵占慈善财产的；

（三）接受附加违反法律法规或者违背社会公德条件的捐赠，或者对受益人附加违反法律法规或者违背社会公德的条件的。

第九十九条　慈善组织有下列情形之一的，由民政部门予以警告、责令限期改正；逾期不改正的，责令限期停止活动并进行整改：

（一）违反本法第十四条规定造成慈善财产损失的；

（二）将不得用于投资的财产用于投资的；

（三）擅自改变捐赠财产用途的；

（四）开展慈善活动的年度支出或者管理费用的标准违反本法第六十条规定的；

（五）未依法履行信息公开义务的；

（六）未依法报送年度工作报告、财务会计报告或者报备募捐方案的；

（七）泄露捐赠人、志愿者、受益人个人隐私以及捐赠人、慈善信托的委托人不同意公开的姓名、名称、住所、通讯方式等信息的。

慈善组织违反本法规定泄露国家秘密、商业秘密的，依照有关法律的规定予以处罚。

慈善组织有前两款规定的情形，经依法处理后一年内再出现前款规定的情形，或者有其他情节严重情形的，由民政部门吊销登记证书并予以公告。

第一百条　慈善组织有本法第九十八条、第九十九条规定的情形，有违法所得的，由民政部门予以没收；对直接负责的主管人员和其他直接责任人员处二万元以上二十万元以下罚款。

第一百零一条　开展募捐活动有下列情形之一的，由民政部门予以警告、责令停止募捐活动；对违法募集的财产，责令退还捐赠人；难以退还的，由民政部门予以收缴，转给其他慈善组织用于慈善目的；对有关组织或者个人处二万元以上二十万元以下罚款：

（一）不具有公开募捐资格的组织或者个人开展公开募捐的；

（二）通过虚构事实等方式欺骗、诱导募捐对象实施捐赠的；

（三）向单位或者个人摊派或者变相摊派的；

(四)妨碍公共秩序、企业生产经营或者居民生活的。

广播、电视、报刊以及网络服务提供者、电信运营商未履行本法第二十七条规定的验证义务的，由其主管部门予以警告，责令限期改正；逾期不改正的，予以通报批评。

第一百零二条 慈善组织不依法向捐赠人开具捐赠票据、不依法向志愿者出具志愿服务记录证明或者不及时主动向捐赠人反馈有关情况的，由民政部门予以警告，责令限期改正；逾期不改正的，责令限期停止活动。

第一百零三条 慈善组织弄虚作假骗取税收优惠的，由税务机关依法查处；情节严重的，由民政部门吊销登记证书并予以公告。

第一百零四条 慈善组织从事、资助危害国家安全或者社会公共利益活动的，由有关机关依法查处，由民政部门吊销登记证书并予以公告。

第一百零五条 慈善信托的受托人有下列情形之一的，由民政部门予以警告，责令限期改正；有违法所得的，由民政部门予以没收；对直接负责的主管人员和其他直接责任人员处二万元以上二十万元以下罚款：

（一）将信托财产及其收益用于非慈善目的的；

（二）未按照规定将信托事务处理情况及财务状况向民政部门报告或者向社会公开的。

第一百零六条 慈善服务过程中，因慈善组织或者志愿者过错造成受益人、第三人损害的，慈善组织依法承担赔偿责任；损害是由志愿者故意或者重大过失造成的，慈善组织可以向其追偿。

志愿者在参与慈善服务过程中，因慈善组织过错受到损害的，慈善组织依法承担赔偿责任；损害是由不可抗力造成的，慈善组织应当给予适当补偿。

第一百零七条 自然人、法人或者其他组织假借慈善名义或者假冒慈善组织骗取财产的，由公安机关依法查处。

第一百零八条　县级以上人民政府民政部门和其他有关部门及其工作人员有下列情形之一的，由上级机关或者监察机关责令改正；依法应当给予处分的，由任免机关或者监察机关对直接负责的主管人员和其他直接责任人员给予处分：

（一）未依法履行信息公开义务的；

（二）摊派或者变相摊派捐赠任务，强行指定志愿者、慈善组织提供服务的；

（三）未依法履行监督管理职责的；

（四）违法实施行政强制措施和行政处罚的；

（五）私分、挪用、截留或者侵占慈善财产的；

（六）其他滥用职权、玩忽职守、徇私舞弊的行为。

第一百零九条　违反本法规定，构成违反治安管理行为的，由公安机关依法给予治安管理处罚；构成犯罪的，依法追究刑事责任。

第十二章　附则

第一百一十条　城乡社区组织、单位可以在本社区、单位内部开展群众性互助互济活动。

第一百一十一条　慈善组织以外的其他组织可以开展力所能及的慈善活动。

第一百一十二条　本法自2016年9月1日起施行。

中华人民共和国境外非政府组织境内活动管理法

（2016年4月28日第十二届全国人民代表大会常务委员会第二十次会议通过）

第一章　总则

第一条　为了规范、引导境外非政府组织在中国境内的活动，保障其合法权益，促进交流与合作，制定本法。

第二条 境外非政府组织在中国境内开展活动适用本法。

本法所称境外非政府组织，是指在境外合法成立的基金会、社会团体、智库机构等非营利、非政府的社会组织。

第三条 境外非政府组织依照本法可以在经济、教育、科技、文化、卫生、体育、环保等领域和济困、救灾等方面开展有利于公益事业发展的活动。

第四条 境外非政府组织在中国境内依法开展活动，受法律保护。

第五条 境外非政府组织在中国境内开展活动应当遵守中国法律，不得危害中国的国家统一、安全和民族团结，不得损害中国国家利益、社会公共利益和公民、法人以及其他组织的合法权益。

境外非政府组织在中国境内不得从事或者资助营利性活动、政治活动，不得非法从事或者资助宗教活动。

第六条 国务院公安部门和省级人民政府公安机关，是境外非政府组织在中国境内开展活动的登记管理机关。

国务院有关部门和单位、省级人民政府有关部门和单位，是境外非政府组织在中国境内开展活动的相应业务主管单位。

第七条 县级以上人民政府公安机关和有关部门在各自职责范围内对境外非政府组织在中国境内开展活动依法实施监督管理、提供服务。

国家建立境外非政府组织监督管理工作协调机制，负责研究、协调、解决境外非政府组织在中国境内开展活动监督管理和服务便利中的重大问题。

第八条 国家对为中国公益事业发展做出突出贡献的境外非政府组织给予表彰。

第二章 登记和备案

第九条 境外非政府组织在中国境内开展活动，应当依法登记设立代表机构；未登记设立代表机构需要在中国境内开展临时活动的，应当依法备案。

境外非政府组织未登记设立代表机构、开展临时活动未经备案的，不得在中国境内开展或者变相开展活动，不得委托、资助或者变相委托、资助中国境内任何单位和个人在中国境内开展活动。

第十条 境外非政府组织符合下列条件，根据业务范围、活动地域和开展活动的需要，可以申请在中国境内登记设立代表机构：

（一）在境外合法成立；

（二）能够独立承担民事责任；

（三）章程规定的宗旨和业务范围有利于公益事业发展；

（四）在境外存续二年以上并实质性开展活动；

（五）法律、行政法规规定的其他条件。

第十一条 境外非政府组织申请登记设立代表机构，应当经业务主管单位同意。

业务主管单位的名录由国务院公安部门和省级人民政府公安机关会同有关部门公布。

第十二条 境外非政府组织应当自业务主管单位同意之日起三十日内，向登记管理机关申请设立代表机构登记。申请设立代表机构登记，应当向登记管理机关提交下列文件、材料：

（一）申请书；

（二）符合本法第十条规定的证明文件、材料；

（三）拟设代表机构首席代表的身份证明、简历及其无犯罪记录证明材料或者声明；

（四）拟设代表机构的住所证明材料；

（五）资金来源证明材料；

（六）业务主管单位的同意文件；

（七）法律、行政法规规定的其他文件、材料。

登记管理机关审查境外非政府组织代表机构设立申请，根据需要可以组织专家进行评估。

登记管理机关应当自受理申请之日起六十日内作出准予登记或者不予登记的决定。

第十三条 对准予登记的境外非政府组织代表机构，登记管理机关发给登记证书，并向社会公告。登记事项包括：

（一）名称；

（二）住所；

（三）业务范围；

（四）活动地域；

（五）首席代表；

（六）业务主管单位。

境外非政府组织代表机构凭登记证书依法办理税务登记，刻制印章，在中国境内的银行开立银行账户，并将税务登记证件复印件、印章式样以及银行账户报登记管理机关备案。

第十四条 境外非政府组织代表机构需要变更登记事项的，应当自业务主管单位同意之日起三十日内，向登记管理机关申请变更登记。

第十五条 有下列情形之一的，境外非政府组织代表机构由登记管理机关注销登记，并向社会公告：

（一）境外非政府组织撤销代表机构的；

（二）境外非政府组织终止的；

（三）境外非政府组织代表机构依法被撤销登记或者吊销登记证书的；

（四）由于其他原因终止的。

境外非政府组织代表机构注销登记后，设立该代表机构的境外非政府组织应当妥善办理善后事宜。境外非政府组织代表机构不具有法人资格，涉及相关法律责任的，由该境外非政府组织承担。

第十六条 境外非政府组织未在中国境内设立代表机构，在中国境内开展临时活动的，应当与中国的国家机关、人民团体、事业单位、社会组织（以下称中方合作单位）合作进行。

第十七条 境外非政府组织开展临时活动，中方合作单位应当按照国家规定办理审批手续，并在开展临时活动十五日前向其所在地的登记管理机关备案。备案应当提交下列文件、材料：

（一）境外非政府组织合法成立的证明文件、材料；

（二）境外非政府组织与中方合作单位的书面协议；

（三）临时活动的名称、宗旨、地域和期限等相关材料；

（四）项目经费、资金来源证明材料及中方合作单位的银行账户；

（五）中方合作单位获得批准的文件；

（六）法律、行政法规规定的其他文件、材料。

在赈灾、救援等紧急情况下，需要开展临时活动的，备案时间不受前款规定的限制。

临时活动期限不超过一年，确实需要延长期限的，应当重新备案。

登记管理机关认为备案的临时活动不符合本法第五条规定的，应当及时通知中方合作单位停止临时活动。

第三章　活动规范

第十八条　境外非政府组织代表机构应当以登记的名称，在登记的业务范围和活动地域内开展活动。

境外非政府组织不得在中国境内设立分支机构，国务院另有规定的除外。

第十九条　境外非政府组织代表机构应当于每年12月31日前将包含项目实施、资金使用等内容的下一年度活动计划报业务主管单位，业务主管单位同意后十日内报登记管理机关备案。特殊情况下需要调整活动计划的，应当及时向登记管理机关备案。

第二十条　境外非政府组织在中国境内开展活动不得对中方合作单位、受益人附加违反中国法律法规的条件。

第二十一条　境外非政府组织在中国境内活动资金包括：

（一）境外合法来源的资金；

（二）中国境内的银行存款利息；

（三）中国境内合法取得的其他资金。

境外非政府组织在中国境内活动不得取得或者使用前款规定以外的资金。

境外非政府组织及其代表机构不得在中国境内进行募捐。

第二十二条　设立代表机构的境外非政府组织应当通过代表机构在登记管理机关备案的银行账户管理用于中国境内的资金。

开展临时活动的境外非政府组织应当通过中方合作单位的银行账户管理

用于中国境内的资金，实行单独记账，专款专用。

未经前两款规定的银行账户，境外非政府组织、中方合作单位和个人不得以其他任何形式在中国境内进行项目活动资金的收付。

第二十三条 境外非政府组织应当按照代表机构登记的业务范围、活动地域或者与中方合作单位协议的约定使用资金。

第二十四条 境外非政府组织代表机构应当执行中国统一的会计制度，聘请具有中国会计从业资格的会计人员依法进行会计核算。财务会计报告应当经中国境内会计师事务所审计。

第二十五条 境外非政府组织在中国境内开展活动，应当按照中国有关外汇管理的规定办理外汇收支。

第二十六条 境外非政府组织代表机构应当依法办理税务登记、纳税申报和税款缴纳等事项。

第二十七条 境外非政府组织代表机构在中国境内聘用工作人员应当遵守法律、行政法规，并将聘用的工作人员信息报业务主管单位和登记管理机关备案。

第二十八条 境外非政府组织代表机构、开展临时活动的境外非政府组织不得在中国境内发展会员，国务院另有规定的除外。

第二十九条 境外非政府组织代表机构应当设一名首席代表，可以根据业务需要设一至三名代表。

有下列情形之一的，不得担任首席代表、代表：

（一）无民事行为能力或者限制民事行为能力的；

（二）有犯罪记录的；

（三）依法被撤销登记、吊销登记证书的代表机构的首席代表、代表，自被撤销、吊销之日起未逾五年的；

（四）法律、行政法规规定的其他情形。

第三十条 开展临时活动的境外非政府组织，应当以经备案的名称开展活动。

境外非政府组织、中方合作单位应当于临时活动结束后三十日内将活动情况、资金使用情况等书面报送登记管理机关。

第三十一条 境外非政府组织代表机构应当于每年1月31日前向业务主管单位报送上一年度工作报告，经业务主管单位出具意见后，于3月31日前报送登记管理机关，接受年度检查。

年度工作报告应当包括经审计的财务会计报告、开展活动的情况以及人员和机构变动的情况等内容。

境外非政府组织代表机构应当将年度工作报告在登记管理机关统一的网站上向社会公开。

第三十二条 中国境内任何单位和个人不得接受未登记代表机构、开展临时活动未经备案的境外非政府组织的委托、资助，代理或者变相代理境外非政府组织在中国境内开展活动。

第四章 便利措施

第三十三条 国家保障和支持境外非政府组织在中国境内依法开展活动。各级人民政府有关部门应当为境外非政府组织在中国境内依法开展活动提供必要的便利和服务。

第三十四条 国务院公安部门和省级人民政府公安机关会同有关部门制定境外非政府组织活动领域和项目目录，公布业务主管单位名录，为境外非政府组织开展活动提供指引。

第三十五条 县级以上人民政府有关部门应当依法为境外非政府组织提供政策咨询、活动指导服务。

登记管理机关应当通过统一的网站，公布境外非政府组织申请设立代表机构以及开展临时活动备案的程序，供境外非政府组织查询。

第三十六条 境外非政府组织代表机构依法享受税收优惠等政策。

第三十七条 对境外非政府组织代表机构进行年度检查不得收取费用。

第三十八条 境外非政府组织代表机构首席代表和代表中的境外人员，可以凭登记证书、代表证明文件等依法办理就业等工作手续。

第五章 监督管理

第三十九条 境外非政府组织在中国境内开展活动，应当接受公安机关、有关部门和业务主管单位的监督管理。

第四十条 业务主管单位负责对境外非政府组织设立代表机构、变更登记事项、年度工作报告提出意见，指导、监督境外非政府组织及其代表机构依法开展活动，协助公安机关等部门查处境外非政府组织及其代表机构的违法行为。

第四十一条 公安机关负责境外非政府组织代表机构的登记、年度检查，境外非政府组织临时活动的备案，对境外非政府组织及其代表机构的违法行为进行查处。

公安机关履行监督管理职责，发现涉嫌违反本法规定行为的，可以依法采取下列措施：

（一）约谈境外非政府组织代表机构的首席代表以及其他负责人；

（二）进入境外非政府组织在中国境内的住所、活动场所进行现场检查；

（三）询问与被调查事件有关的单位和个人，要求其对与被调查事件有关的事项作出说明；

（四）查阅、复制与被调查事件有关的文件、资料，对可能被转移、销毁、隐匿或者篡改的文件、资料予以封存；

（五）查封或者扣押涉嫌违法活动的场所、设施或者财物。

第四十二条 公安机关可以查询与被调查事件有关的单位和个人的银行账户，有关金融机构、金融监督管理机构应当予以配合。对涉嫌违法活动的银行账户资金，经设区的市级以上人民政府公安机关负责人批准，可以提请人民法院依法冻结；对涉嫌犯罪的银行账户资金，依照《中华人民共和国刑事诉讼法》的规定采取冻结措施。

第四十三条 国家安全、外交外事、财政、金融监督管理、海关、税务、外国专家等部门按照各自职责对境外非政府组织及其代表机构依法实施监督管理。

第四十四条 国务院反洗钱行政主管部门依法对境外非政府组织代表机构、中方合作单位以及接受境外非政府组织资金的中国境内单位和个人开立、使用银行账户过程中遵守反洗钱和反恐怖主义融资法律规定的情况进行监督管理。

第六章 法律责任

第四十五条 境外非政府组织代表机构、开展临时活动的境外非政府组织或者中方合作单位有下列情形之一的，由设区的市级以上人民政府公安机关给予警告或者责令限期停止活动；没收非法财物和违法所得；情节严重的，由登记管理机关吊销登记证书、取缔临时活动：

（一）未按照规定办理变更登记、备案相关事项的；

（二）未按照登记或者备案的名称、业务范围、活动地域开展活动的；

（三）从事、资助营利性活动，进行募捐或者违反规定发展会员的；

（四）违反规定取得、使用资金，未按照规定开立、使用银行账户或者进行会计核算的；

（五）未按照规定报送年度活动计划、报送或者公开年度工作报告的；

（六）拒不接受或者不按照规定接受监督检查的。

境外非政府组织代表机构、开展临时活动的境外非政府组织或者中方合作单位以提供虚假材料等非法手段，取得代表机构登记证书或者进行临时活动备案的，或者有伪造、变造、买卖、出租、出借登记证书、印章行为的，依照前款规定处罚。

第四十六条 有下列情形之一的，由设区的市级以上人民政府公安机关予以取缔或者责令停止违法行为；没收非法财物和违法所得；对直接责任人员给予警告，情节严重的，处十日以下拘留：

（一）未经登记、备案，以境外非政府组织代表机构、境外非政府组织名义开展活动的；

（二）被撤销登记、吊销登记证书或者注销登记后以境外非政府组织代表机构名义开展活动的；

（三）境外非政府组织临时活动期限届满或者临时活动被取缔后在中国境内开展活动的；

（四）境外非政府组织未登记代表机构、临时活动未备案，委托、资助中国境内单位和个人在中国境内开展活动的。

中国境内单位和个人明知境外非政府组织未登记代表机构、临时活动未备案，与其合作的，或者接受其委托、资助，代理或者变相代理其开展活动、进行项目活动资金收付的，依照前款规定处罚。

第四十七条 境外非政府组织、境外非政府组织代表机构有下列情形之一的，由登记管理机关吊销登记证书或者取缔临时活动；尚不构成犯罪的，由设区的市级以上人民政府公安机关对直接责任人员处十五日以下拘留：

（一）煽动抗拒法律、法规实施的；

（二）非法获取国家秘密的；

（三）造谣、诽谤或者发表、传播其他有害信息，危害国家安全或者损害国家利益的；

（四）从事或者资助政治活动，非法从事或者资助宗教活动的；

（五）有其他危害国家安全、损害国家利益或者社会公共利益情形的。

境外非政府组织、境外非政府组织代表机构有分裂国家、破坏国家统一、颠覆国家政权等犯罪行为的，由登记管理机关依照前款规定处罚，对直接责任人员依法追究刑事责任。

第四十八条 境外非政府组织、境外非政府组织代表机构违反本法规定被撤销登记、吊销登记证书或者临时活动被取缔的，自被撤销、吊销、取缔之日起五年内，不得在中国境内再设立代表机构或者开展临时活动。

未登记代表机构或者临时活动未备案开展活动的境外非政府组织，自活动被取缔之日起五年内，不得在中国境内再设立代表机构或者开展临时活动。

有本法第四十七条规定情形之一的境外非政府组织，国务院公安部门可以将其列入不受欢迎的名单，不得在中国境内再设立代表机构或者开展临时活动。

第四十九条 境外非政府组织代表机构被责令限期停止活动的，由登记管理机关封存其登记证书、印章和财务凭证。对被撤销登记、吊销登记证书的，由登记管理机关收缴其登记证书、印章并公告作废。

第五十条 境外人员违反本法规定的，有关机关可以依法限期出境、遣送出境或者驱逐出境。

第五十一条 公安机关、有关部门和业务主管单位及其工作人员在境外非政府组织监督管理工作中，不履行职责或者滥用职权、玩忽职守、徇私舞弊的，依法追究法律责任。

第五十二条 违反本法规定，构成违反治安管理行为的，由公安机关依法给予治安管理处罚；构成犯罪的，依法追究刑事责任。

第七章 附则

第五十三条 境外学校、医院、自然科学和工程技术的研究机构或者学术组织与境内学校、医院、自然科学和工程技术的研究机构或者学术组织开展交流合作，按照国家有关规定办理。

前款规定的境外学校、医院、机构和组织在中国境内的活动违反本法第五条规定的，依法追究法律责任。

第五十四条 本法自2017年1月1日起施行。

全国基金会排行榜

1. 2014年全国基金会净资产Top 100

排名	基金会名称	基金会类型	成立时间	注册地	所在地	净资产（亿元）
1	清华大学教育基金会	非公募	1994	民政部	北京	43.89
2	北京大学教育基金会	非公募	1995	民政部	北京	34.68
3	河仁慈善基金会	非公募	2010	民政部	福建	27.89
4	陕西省神木县民生慈善基金会	非公募	2011	陕西	陕西	26.62
5	上海市慈善基金会	公募	1994	上海	上海	23.35
6	浙江大学教育基金会	非公募	2006	民政部	浙江	13.66
7	上海市大学生科技创业基金会	公募	2006	上海	上海	10.91
8	中国青少年发展基金会	公募	1989	民政部	北京	10.45
9	江苏陶欣伯助学基金会	非公募	2006	江苏	江苏	10.37
10	南京金陵文化保护发展基金会	非公募	2010	江苏	江苏	10.33
11	中华全国体育基金会	公募	1994	民政部	北京	9.57
12	中国扶贫基金会	公募	1989	民政部	北京	9.19
13	南京大学教育发展基金会	非公募	2005	江苏	江苏	8.64
14	上海民生艺术基金会	非公募	2010	上海	上海	8.13
15	上海交通大学教育发展基金会	非公募	2005	上海	上海	8.09
16	中国残疾人福利基金会	公募	1984	民政部	北京	7.71
17	中国光华科技基金会	公募	1993	民政部	北京	7.65
18	上海市拥军优属基金会	公募	1995	上海	上海	6.83
19	老牛基金会	非公募	2004	内蒙古	内蒙古	5.98
20	神华公益基金会	非公募	2010	民政部	北京	5.96
21	中国癌症基金会	公募	1984	民政部	北京	5.93
22	中国海油海洋环境与生态保护公益基金会	非公募	2012	民政部	北京	5.45
23	上海宋庆龄基金会	公募	1993	上海	上海	5.32
24	北京航空航天大学教育基金会	非公募	2005	民政部	北京	4.95
25	中国红十字基金会	公募	1994	民政部	北京	4.91
26	北京市中国人民大学教育基金会	非公募	2004	北京	北京	4.78
27	东南大学教育基金会	非公募	2005	江苏	江苏	4.67
28	腾讯公益慈善基金会	非公募	2007	民政部	广东	4.57

续表

排名	基金会名称	基金会类型	成立时间	注册地	所在地	净资产（亿元）
29	四川省青少年发展基金会	公募	1988	四川	四川	4.48
30	江苏元林慈善基金会	非公募	2012	江苏	江苏	4.40
31	北京师范大学教育基金会	非公募	2007	北京	北京	4.31
32	中国教育发展基金会	公募	2003	民政部	北京	4.29
33	上海市体育发展基金会	公募	1992	上海	上海	4.24
34	深圳壹基金公益基金会	公募	2010	广东	广东	4.08
35	中国儿童少年基金会	公募	1981	民政部	北京	3.99
36	中远慈善基金会	非公募	2005	民政部	北京	3.82
37	上海市老年基金会	公募	1992	上海	上海	3.79
38	中国妇女发展基金会	公募	1988	民政部	北京	3.65
39	厦门大学教育发展基金会	非公募	2006	福建	福建	3.57
40	慈济慈善事业基金会	非公募	2008	民政部	江苏	3.49
41	上海汽车工业科技发展基金会	非公募	1996	上海	上海	3.30
42	中国和平发展基金会	非公募	2011	民政部	北京	3.21
43	广东省扶贫基金会	公募	1994	广东	广东	3.20
44	爱德基金会	公募	1985	江苏	江苏	3.14
45	中国光彩事业基金会	公募	2005	民政部	北京	3.12
46	上海复旦大学教育发展基金会	非公募	2004	上海	上海	3.05
47	南京航空航天大学教育发展基金会	非公募	2006	江苏	江苏	3.00
48	西北工业大学教育基金会	非公募	2007	陕西	陕西	2.87
49	天津市华夏未来文化艺术基金会	公募	1993	天津	天津	2.83
50	中国博士后科学基金会	公募	1990	民政部	北京	2.82
51	广东省雁洋公益基金会	非公募	2013	广东	广东	2.81
52	上海文化发展基金会	公募	1992	上海	上海	2.72
53	苏州大学教育发展基金会	非公募	2006	江苏	江苏	2.63
54	中南大学教育基金会	非公募	2011	民政部	湖南	2.59
55	中国社会福利基金会	公募	2005	民政部	北京	2.55
56	广州市番禺区教育基金会	公募	1993	广东	广东	2.52
57	深圳市警察基金会	公募	1995	广东	广东	2.52
58	常州市见义勇为基金会	公募	1995	江苏	江苏	2.52
59	北京交通大学教育基金会	非公募	2009	民政部	北京	2.51
60	无锡市锡山区特困帮扶基金会	公募	2014	江苏	江苏	2.50
61	中国初级卫生保健基金会	公募	1996	民政部	北京	2.48

续表

排名	基金会名称	基金会类型	成立时间	注册地	所在地	净资产（亿元）
62	广东省中山大学教育发展基金会	非公募	2004	广东	广东	2.42
63	中国科学技术大学教育基金会	公募	1996	安徽	安徽	2.39
64	中国发展研究基金会	公募	1997	民政部	北京	2.37
65	上海市教育发展基金会	公募	1994	上海	上海	2.36
66	哈尔滨市道里区慈善基金会	公募	2000	黑龙江	黑龙江	2.27
67	爱佑慈善基金会	非公募	2008	民政部	北京	2.25
68	紫金矿业慈善基金会	非公募	2012	民政部	福建	2.23
69	福建富闽基金会	公募	1993	福建	福建	2.18
70	贵州省信合公益基金会	非公募	2013	贵州	贵州	2.18
71	中国青年创业就业基金会	公募	2006	民政部	北京	2.16
72	徐州市慈善基金会	公募	2008	江苏	江苏	2.11
73	中国绿化基金会	公募	1985	民政部	北京	2.11
74	上海工商界爱国建设特种基金会	非公募	1993	上海	上海	2.08
75	深圳大运留学基金会	公募	2011	广东	广东	2.06
76	中国公安民警英烈基金会	公募	2003	民政部	北京	2.03
77	福建省黄仲咸教育基金会	非公募	2004	福建	福建	2.02
78	江西省农村信用社百福慈善基金会	非公募	2011	江西	江西	2.02
79	苏州市党员关爱暨帮扶困难群众基金会	公募	2012	江苏	江苏	2.01
80	陕西省府谷县城乡居民大病医疗救助基金会	非公募	2010	陕西	陕西	2.00
81	泛海公益基金会	非公募	2010	民政部	北京	2.00
82	广东省华南理工大学教育发展基金会	非公募	2007	广东	广东	1.98
83	乌兰夫基金会	公募	1991	内蒙古	内蒙古	1.97
84	厦门市教育基金会	公募	1988	福建	福建	1.97
85	无锡公安大病特困救助基金会	非公募	2009	江苏	江苏	1.96
86	上海唐君远教育基金会	非公募	1999	上海	上海	1.95
87	南京林业大学教育发展基金会	非公募	2008	江苏	江苏	1.95
88	南京师范大学教育发展基金会	非公募	2006	江苏	江苏	1.95
89	中国友好和平发展基金会	公募	1996	民政部	北京	1.94
90	友成企业家扶贫基金会	非公募	2007	民政部	北京	1.92
91	福建新华都慈善基金会	非公募	2009	福建	福建	1.89
92	南京工程学院教育发展基金会	非公募	2007	江苏	江苏	1.87
93	广州市教育基金会	公募	1989	广东	广东	1.84
94	南京审计学院教育发展基金会	非公募	2006	江苏	江苏	1.83

续表

排名	基金会名称	基金会类型	成立时间	注册地	所在地	净资产（亿元）
95	上海市华东师范大学教育发展基金会	非公募	2007	上海	上海	1.81
96	泰州市见义勇为基金会	公募	2002	江苏	江苏	1.80
97	上海同济大学教育发展基金会	非公募	2006	上海	上海	1.80
98	江苏大学教育发展基金会	非公募	2007	江苏	江苏	1.80
99	中国绿色碳汇基金会	公募	2010	民政部	北京	1.79
100	吉林大学教育基金会	非公募	1997	吉林	吉林	1.74

2. 2014年全国基金会总收入Top100

排名	基金会名称	基金会类型	成立时间	注册地	所在地	总收入（亿元）
1	中国癌症基金会	公募	1984	民政部	北京	21.63
2	清华大学教育基金会	非公募	1994	民政部	北京	17.93
3	中国教育发展基金会	公募	2003	民政部	北京	11.02
4	上海市慈善基金会	公募	1994	上海	上海	9.13
5	中国博士后科学基金会	公募	1990	民政部	北京	9.01
6	北京大学教育基金会	非公募	1995	民政部	北京	7.87
7	江苏陶欣伯助学基金会	非公募	2006	江苏	江苏	7.23
8	中国光华科技基金会	公募	1993	民政部	北京	6.72
9	中国扶贫基金会	公募	1989	民政部	北京	6.52
10	中国青少年发展基金会	公募	1989	民政部	北京	5.21
11	中国妇女发展基金会	公募	1988	民政部	北京	4.79
12	广东省扶贫基金会	公募	1994	广东	广东	4.48
13	中国残疾人福利基金会	公募	1984	民政部	北京	3.84
14	陕西省神木县民生慈善基金会	非公募	2011	陕西	陕西	3.71
15	浙江大学教育基金会	非公募	2006	民政部	浙江	3.69
16	中国红十字基金会	公募	1994	民政部	北京	3.48
17	腾讯公益慈善基金会	非公募	2007	民政部	广东	3.26
18	中国初级卫生保健基金会	公募	1996	民政部	北京	3.19
19	华润慈善基金会	非公募	2010	民政部	广东	3.18
20	南京金陵文化保护发展基金会	非公募	2010	江苏	江苏	3.13
21	中国儿童少年基金会	公募	1981	民政部	北京	3.11
22	中国社会福利基金会	公募	2005	民政部	北京	2.54

续表

排名	基金会名称	基金会类型	成立时间	注册地	所在地	总收入（亿元）
23	福建新华都慈善基金会	非公募	2009	福建	福建	2.30
24	爱佑慈善基金会	非公募	2008	民政部	北京	2.12
25	上海交通大学教育发展基金会	非公募	2005	上海	上海	2.10
26	云南省医疗扶贫基金会	公募	2009	云南	云南	1.99
27	北京民生文化艺术基金会	非公募	2010	北京	北京	1.89
28	中国人口福利基金会	公募	1987	民政部	北京	1.89
29	广东省国强公益基金会	非公募	2013	广东	广东	1.87
30	中国光彩事业基金会	公募	2005	民政部	北京	1.85
31	深圳市现代创新发展基金会	非公募	2014	广东	广东	1.81
32	北京市红十字基金会	公募	2008	北京	北京	1.78
33	深圳壹基金公益基金会	公募	2010	广东	广东	1.75
34	湖南省文化艺术基金会	公募	2008	湖南	湖南	1.66
35	中华思源工程扶贫基金会	公募	2007	民政部	北京	1.62
36	中国文学艺术基金会	公募	1994	民政部	北京	1.59
37	广东省中山大学教育发展基金会	非公募	2004	广东	广东	1.58
38	河南省宋庆龄基金会	公募	1992	河南	河南	1.54
39	宁夏回族自治区燕宝慈善基金会	非公募	2010	宁夏	宁夏	1.50
40	贵州省青少年发展基金会	公募	1991	贵州	贵州	1.50
41	上海市大学生科技创业基金会	公募	2006	上海	上海	1.48
42	河仁慈善基金会	非公募	2010	民政部	福建	1.48
43	厦门大学教育发展基金会	非公募	2006	福建	福建	1.43
44	北京师范大学教育基金会	非公募	2007	北京	北京	1.41
45	慈济慈善事业基金会	非公募	2008	民政部	江苏	1.39
46	厦门仁爱医疗基金会	非公募	2013	福建	福建	1.39
47	上海市老年基金会	公募	1992	上海	上海	1.36
48	中国法律援助基金会	公募	1997	民政部	北京	1.33
49	广东省何享健慈善基金会	非公募	2013	广东	广东	1.31
50	北京市中国人民大学教育基金会	非公募	2004	北京	北京	1.30
51	北京市搜候中国城市文化基金会	非公募	2005	北京	北京	1.27
52	重庆大学教育发展基金会	非公募	2013	民政部	重庆	1.26
53	浙江敦和慈善基金会	非公募	2012	浙江	浙江	1.26
54	广东省汕头大学教育基金会	非公募	2009	广东	广东	1.25
55	中华全国体育基金会	公募	1994	民政部	北京	1.23

续表

排名	基金会名称	基金会类型	成立时间	注册地	所在地	总收入（亿元）
56	吉林大学教育基金会	非公募	1997	吉林	吉林	1.18
57	上海民生艺术基金会	非公募	2010	上海	上海	1.18
58	中国绿色碳汇基金会	公募	2010	民政部	北京	1.16
59	中国海油海洋环境与生态保护公益基金会	非公募	2012	民政部	北京	1.15
60	南京大学教育发展基金会	非公募	2005	江苏	江苏	1.15
61	西北工业大学教育基金会	非公募	2007	陕西	陕西	1.13
62	爱德基金会	公募	1985	江苏	江苏	1.10
63	中国青年创业就业基金会	公募	2006	民政部	北京	1.09
64	乌兰夫基金会	公募	1991	内蒙古	内蒙古	1.09
65	中华环境保护基金会	公募	1993	民政部	北京	1.04
66	云南省青少年发展基金会	公募	1994	云南	云南	1.03
67	山东省教育基金会	公募	2007	山东	山东	1.02
68	中国华侨公益基金会	公募	1998	民政部	北京	1.00
69	贵州省孔学堂发展基金会	公募	2013	贵州	贵州	0.99
70	安徽省人口基金会	公募	2008	安徽	安徽	0.99
71	中华少年儿童慈善救助基金会	公募	2009	民政部	北京	0.98
72	韬奋基金会	非公募	1986	民政部	北京	0.92
73	泛海公益基金会	非公募	2010	民政部	北京	0.91
74	中国下一代教育基金会	公募	2010	民政部	北京	0.90
75	老牛基金会	非公募	2004	内蒙古	内蒙古	0.89
76	上海复旦大学教育发展基金会	非公募	2004	上海	上海	0.88
77	中南大学教育基金会	非公募	2011	民政部	湖南	0.86
78	中国发展研究基金会	公募	1997	民政部	北京	0.86
79	中国健康促进基金会	公募	2006	民政部	北京	0.86
80	中国老龄事业发展基金会	公募	1986	民政部	北京	0.85
81	中国友好和平发展基金会	公募	1996	民政部	北京	0.82
82	上海市民办教育发展基金会	非公募	2014	上海	上海	0.81
83	四川省宜宾市教育基金会	公募	2007	四川	四川	0.80
84	上海同济大学教育发展基金会	非公募	2006	上海	上海	0.80
85	苏州大学教育发展基金会	非公募	2006	江苏	江苏	0.80
86	上海真爱梦想公益基金会	公募	2008	上海	上海	0.80
87	中国人权发展基金会	公募	1994	民政部	北京	0.79
88	湖北省扶贫基金会	公募	1994	湖北	湖北	0.78

续表

排名	基金会名称	基金会类型	成立时间	注册地	所在地	总收入（亿元）
89	无锡公安大病特困救助基金会	非公募	2009	江苏	江苏	0.78
90	大连慈善基金会	公募	2006	辽宁	辽宁	0.77
91	紫金矿业慈善基金会	非公募	2012	民政部	福建	0.76
92	苏州市吴江区慈善基金会	公募	2008	江苏	江苏	0.75
93	姜堰市教育发展基金会	公募	2012	江苏	江苏	0.74
94	南京医科大学教育发展基金会	非公募	2007	江苏	江苏	0.74
95	上海市拥军优属基金会	公募	1995	上海	上海	0.74
96	中华艺文基金会	非公募	2013	民政部	北京	0.71
97	河南省光彩事业基金会	公募	2007	河南	河南	0.71
98	北京力生心血管健康基金会	非公募	2010	北京	北京	0.71
99	中华国际医学交流基金会	公募	1988	民政部	北京	0.69
100	天津大学北洋教育发展基金会	非公募	1995	天津	天津	0.67

3. 2014年全国基金会捐赠收入Top100

排名	基金会名称	基金会类型	成立时间	注册地	所在地	捐赠收入（亿元）
1	中国癌症基金会	公募	1984	民政部	北京	21.31
2	清华大学教育基金会	非公募	1994	民政部	北京	14.90
3	上海市慈善基金会	公募	1994	上海	上海	7.30
4	江苏陶欣伯助学基金会	非公募	2006	江苏	江苏	7.01
5	中国光华科技基金会	公募	1993	民政部	北京	6.53
6	中国扶贫基金会	公募	1989	民政部	北京	6.13
7	北京大学教育基金会	非公募	1995	民政部	北京	5.68
8	中国妇女发展基金会	公募	1988	民政部	北京	4.68
9	广东省扶贫基金会	公募	1994	广东	广东	4.38
10	中国青少年发展基金会	公募	1989	民政部	北京	4.22
11	中国残疾人福利基金会	公募	1984	民政部	北京	3.54
12	中国初级卫生保健基金会	公募	1996	民政部	北京	3.17
13	腾讯公益慈善基金会	非公募	2007	民政部	广东	3.14
14	华润慈善基金会	非公募	2010	民政部	广东	3.11
15	浙江大学教育基金会	非公募	2006	民政部	浙江	3.02
16	南京金陵文化保护发展基金会	非公募	2010	江苏	江苏	3.00

续表

排名	基金会名称	基金会类型	成立时间	注册地	所在地	捐赠收入（亿元）
17	中国教育发展基金会	公募	2003	民政部	北京	2.53
18	中国社会福利基金会	公募	2005	民政部	北京	2.44
19	中国儿童少年基金会	公募	1981	民政部	北京	2.24
20	福建新华都慈善基金会	非公募	2009	福建	福建	2.16
21	爱佑慈善基金会	非公募	2008	民政部	北京	2.03
22	云南省医疗扶贫基金会	公募	2009	云南	云南	1.99
23	北京民生文化艺术基金会	非公募	2010	北京	北京	1.89
24	广东省国强公益基金会	非公募	2013	广东	广东	1.87
25	中国光彩事业基金会	公募	2005	民政部	北京	1.80
26	北京市红十字基金会	公募	2008	北京	北京	1.78
27	中国人口福利基金会	公募	1987	民政部	北京	1.69
28	深圳壹基金公益基金会	公募	2010	广东	广东	1.68
29	湖南省文化艺术基金会	公募	2008	湖南	湖南	1.65
30	中国红十字基金会	公募	1994	民政部	北京	1.64
31	深圳市现代创新发展基金会	非公募	2014	广东	广东	1.63
32	中华思源工程扶贫基金会	公募	2007	民政部	北京	1.58
33	上海交通大学教育发展基金会	非公募	2005	上海	上海	1.57
34	河南省宋庆龄基金会	公募	1992	河南	河南	1.54
35	宁夏回族自治区燕宝慈善基金会	非公募	2010	宁夏	宁夏	1.50
36	广东省中山大学教育发展基金会	非公募	2004	广东	广东	1.47
37	贵州省青少年发展基金会	公募	1991	贵州	贵州	1.47
38	厦门仁爱医疗基金会	非公募	2013	福建	福建	1.39
39	广东省何享健慈善基金会	非公募	2013	广东	广东	1.30
40	慈济慈善事业基金会	非公募	2008	民政部	江苏	1.30
41	厦门大学教育发展基金会	非公募	2006	福建	福建	1.28
42	北京市搜候中国城市文化基金会	非公募	2005	北京	北京	1.27
43	广东省汕头大学教育基金会	非公募	2009	广东	广东	1.23
44	北京师范大学教育基金会	非公募	2007	北京	北京	1.22
45	上海民生艺术基金会	非公募	2010	上海	上海	1.17
46	吉林大学教育基金会	非公募	1997	吉林	吉林	1.16
47	乌兰夫基金会	公募	1991	内蒙古	内蒙古	1.04
48	中国绿色碳汇基金会	公募	2010	民政部	北京	1.03
49	云南省青少年发展基金会	公募	1994	云南	云南	0.99

续表

排名	基金会名称	基金会类型	成立时间	注册地	所在地	捐赠收入（亿元）
50	中华全国体育基金会	公募	1994	民政部	北京	0.99
51	中国华侨公益基金会	公募	1998	民政部	北京	0.98
52	中华环境保护基金会	公募	1993	民政部	北京	0.98
53	山东省教育基金会	公募	2007	山东	山东	0.97
54	贵州省孔学堂发展基金会	公募	2013	贵州	贵州	0.96
55	西北工业大学教育基金会	非公募	2007	陕西	陕西	0.95
56	中华少年儿童慈善救助基金会	公募	2009	民政部	北京	0.95
57	安徽省人口基金会	公募	2008	安徽	安徽	0.92
58	爱德基金会	公募	1985	江苏	江苏	0.90
59	中国青年创业就业基金会	公募	2006	民政部	北京	0.88
60	中国下一代教育基金会	公募	2010	民政部	北京	0.86
61	韬奋基金会	非公募	1986	民政部	北京	0.85
62	上海复旦大学教育发展基金会	非公募	2004	上海	上海	0.82
63	中国老龄事业发展基金会	公募	1986	民政部	北京	0.81
64	上海同济大学教育发展基金会	非公募	2006	上海	上海	0.80
65	泛海公益基金会	非公募	2010	民政部	北京	0.80
66	上海市民办教育发展基金会	非公募	2014	上海	上海	0.80
67	老牛基金会	非公募	2004	内蒙古	内蒙古	0.79
68	中南大学教育基金会	非公募	2011	民政部	湖南	0.79
69	中国人权发展基金会	公募	1994	民政部	北京	0.78
70	苏州大学教育发展基金会	非公募	2006	江苏	江苏	0.78
71	中国海油海洋环境与生态保护公益基金会	非公募	2012	民政部	北京	0.77
72	中国健康促进基金会	公募	2006	民政部	北京	0.76
73	中国友好和平发展基金会	公募	1996	民政部	北京	0.76
74	大连慈善基金会	公募	2006	辽宁	辽宁	0.75
75	上海真爱梦想公益基金会	公募	2008	上海	上海	0.75
76	姜堰市教育发展基金会	公募	2012	江苏	江苏	0.74
77	南京医科大学教育发展基金会	非公募	2007	江苏	江苏	0.74
78	上海市老年基金会	公募	1992	上海	上海	0.73
79	苏州市吴江区慈善基金会	公募	2008	江苏	江苏	0.73
80	河南省光彩事业基金会	公募	2007	河南	河南	0.70
81	中国发展研究基金会	公募	1997	民政部	北京	0.69
82	无锡公安大病特困救助基金会	非公募	2009	江苏	江苏	0.66

续表

排名	基金会名称	基金会类型	成立时间	注册地	所在地	捐赠收入（亿元）
83	湖北省扶贫基金会	公募	1994	湖北	湖北	0.65
84	深圳市同心慈善基金会	非公募	2013	广东	广东	0.65
85	中华艺文基金会	非公募	2013	民政部	北京	0.65
86	河南足球事业发展基金会	公募	2008	河南	河南	0.64
87	天津大学北洋教育发展基金会	非公募	1995	天津	天津	0.64
88	南京中医药大学教育发展基金会	非公募	2006	江苏	江苏	0.62
89	湖北省青少年发展基金会	公募	1992	湖北	湖北	0.62
90	紫金矿业慈善基金会	非公募	2012	民政部	福建	0.61
91	中央财经大学教育基金会	非公募	2009	民政部	北京	0.61
92	浙江省新华爱心教育基金会	非公募	2007	浙江	浙江	0.60
93	贵州省宏立城公益基金会	非公募	2013	贵州	贵州	0.60
94	慈孝特困老人救助基金会	非公募	2014	民政部	北京	0.60
95	北京市中国人民大学教育基金会	非公募	2004	北京	北京	0.60
96	中华社会救助基金会	公募	2009	民政部	北京	0.59
97	上海中欧国际工商学院教育发展基金会	非公募	2005	上海	上海	0.56
98	张家港市慈善基金会	公募	2008	江苏	江苏	0.56
99	南京大学教育发展基金会	非公募	2005	江苏	江苏	0.55
100	广东省德耆慈善基金会	非公募	2012	广东	广东	0.55

4. 2014年全国基金会政府补助收入Top100

排名	基金会名称	基金会类型	成立时间	注册地	所在地	政府补助收入（万元）
1	中国博士后科学基金会	公募	1990	民政部	北京	89020
2	中国教育发展基金会	公募	2003	民政部	北京	82800
3	陕西省神木县民生慈善基金会	非公募	2011	陕西	陕西	17050
4	中国红十字基金会	公募	1994	民政部	北京	16100
5	上海市大学生科技创业基金会	公募	2006	上海	上海	12119
6	中国文学艺术基金会	公募	1994	民政部	北京	10280
7	中国法律援助基金会	公募	1997	民政部	北京	10000
8	上海市慈善基金会	公募	1994	上海	上海	9039
9	中国儿童少年基金会	公募	1981	民政部	北京	7832

续表

排名	基金会名称	基金会类型	成立时间	注册地	所在地	政府补助收入（万元）
10	重庆大学教育发展基金会	非公募	2013	民政部	重庆	7131
11	上海市老年基金会	公募	1992	上海	上海	5364
12	常州市天宁区见义勇为基金会	公募	2008	江苏	江苏	4000
13	四川省宜宾市教育基金会	公募	2007	四川	四川	3877
14	成都市锦江区社会组织发展基金会	公募	2011	四川	四川	3000
15	吉林省人才开发基金会	公募	2006	吉林	吉林	3000
16	上海市职工帮困基金会	公募	1992	上海	上海	2772
17	常州市钟楼区见义勇为基金会	公募	2008	江苏	江苏	2000
18	吉林省残疾人福利基金会	公募	2001	吉林	吉林	2000
19	北京国际音乐节艺术基金会	非公募	2005	北京	北京	1990
20	广东省博物馆事业发展基金会	公募	2012	广东	广东	1700
21	宁夏银川大学教育发展基金会	公募	2005	宁夏	宁夏	1641
22	重庆社会救助基金会	公募	2011	重庆	重庆	1500
23	中国人口福利基金会	公募	1987	民政部	北京	1462
24	深圳市拥军优属基金会	公募	2008	广东	广东	1299
25	溧阳市见义勇为基金会	公募	2007	江苏	江苏	1250
26	四川省志愿服务基金会	公募	2009	四川	四川	1210
27	上海市拥军优属基金会	公募	1995	上海	上海	1195
28	北京志愿服务基金会	公募	2009	北京	北京	1000
29	中华见义勇为基金会	公募	1993	民政部	北京	1000
30	湖南省教育基金会	公募	1990	湖南	湖南	820
31	中国绿化基金会	公募	1985	民政部	北京	803
32	张家港市见义勇为基金会	公募	2006	江苏	江苏	779
33	湖北省扶贫基金会	公募	1994	湖北	湖北	660
34	淮安大众助保基金会	非公募	2006	江苏	江苏	607
35	广州市羊城志愿服务基金会	非公募	2009	广东	广东	600
36	启东市见义勇为基金会	公募	2010	江苏	江苏	600
37	新疆维吾尔自治区送温暖工程基金会	公募	1993	新疆	新疆	600
38	常德市教育基金会	公募	1992	湖南	湖南	550
39	南通市通州区见义勇为基金会	公募	2011	江苏	江苏	500
40	成都市见义勇为基金会	公募	2008	四川	四川	500
41	吉林省青年创业就业基金会	公募	2009	吉林	吉林	500

续表

排名	基金会名称	基金会类型	成立时间	注册地	所在地	政府补助收入（万元）
42	山东省体育基金会	公募	2013	山东	山东	500
43	上海市长宁区教育基金会	公募	1992	上海	上海	500
44	宜宾市关心下一代基金会	公募	2013	四川	四川	500
45	浙江省体育基金会	公募	2014	浙江	浙江	500
46	重庆市青年创新创业基金会	公募	2009	重庆	重庆	500
47	珠海市禁毒基金会	公募	2005	广东	广东	500
48	福建省见义勇为基金会	公募	1994	福建	福建	471
49	福州见义勇为基金会	公募	1995	福建	福建	471
50	湖南省石门县教育基金会	公募	2014	湖南	湖南	470
51	抚顺市雷锋基金会	公募	2013	辽宁	辽宁	469
52	镇江市新区见义勇为基金会	公募	2007	江苏	江苏	458
53	苏州市相城区慈善基金会	公募	2008	江苏	江苏	455
54	深圳市社会公益基金会	公募	1992	广东	广东	450
55	浙江省老年事业发展基金会	公募	1989	浙江	浙江	432
56	中国京剧艺术基金会	公募	1992	民政部	北京	430
57	嘉兴市农业技术推广基金会	公募	2013	浙江	浙江	422
58	海门市美德基金会	公募	2014	江苏	江苏	400
59	河南省汝州市教育发展基金会	公募	2014	河南	河南	400
60	辽宁省昌图县教育基金会	公募	2014	辽宁	辽宁	400
61	青海公安民警英烈基金会	公募	2014	青海	青海	400
62	山西省临猗县教育基金会	公募	2014	山西	山西	400
63	泰兴市教育发展基金会	非公募	2014	江苏	江苏	400
64	中国残疾人福利基金会	公募	1984	民政部	北京	400
65	新疆巴音郭楞蒙古自治州送温暖工程基金会	公募	1996	新疆	新疆	385
66	湖南省扶贫基金会	非公募	1997	湖南	湖南	375
67	南通市爱心帮困基金会	非公募	2008	江苏	江苏	374
68	中国电影基金会	公募	1989	民政部	北京	370
69	辽宁省公安民警英烈救助基金会	公募	2012	辽宁	辽宁	368
70	长沙县教育基金会	公募	2004	湖南	湖南	360
71	首都见义勇为基金会	公募	2001	北京	北京	358
72	青海省青少年发展基金会	公募	1991	青海	青海	333
73	中国孔子基金会	公募	1984	民政部	山东	318

续表

排名	基金会名称	基金会类型	成立时间	注册地	所在地	政府补助收入（万元）
74	内蒙古包头市青山区教育基金会	公募	2013	内蒙古	内蒙古	304
75	北京市体育基金会	公募	1992	北京	北京	300
76	广西见义勇为基金会	公募	1994	广西	广西	300
77	河南省见义勇为基金会	公募	2005	河南	河南	300
78	湖南省关心下一代基金会	公募	2013	湖南	湖南	300
79	南京市中小学幼儿教师奖励基金会	非公募	1993	江苏	江苏	300
80	内蒙古草原文化保护发展基金会	公募	2006	内蒙古	内蒙古	300
81	潍坊市见义勇为基金会	公募	2013	山东	山东	300
82	徐州市慈善基金会	公募	2008	江苏	江苏	300
83	浙江省农业技术推广基金会	公募	1995	浙江	浙江	300
84	重庆市儿童医疗救助基金会	公募	2005	重庆	重庆	300
85	重庆市教育发展基金会	公募	2009	重庆	重庆	300
86	陕西省老龄事业发展基金会	公募	1988	陕西	陕西	290
87	浙江省台州市农业技术推广基金会	公募	2011	浙江	浙江	282
88	辽宁省见义勇为基金会	公募	1997	辽宁	辽宁	280
89	上海市体育发展基金会	公募	1992	上海	上海	270
90	四川省扶贫基金会	公募	1992	四川	四川	263
91	高邮市慈善基金会	公募	2007	江苏	江苏	260
92	厦门市翔安区教育基金会	公募	2012	福建	福建	255
93	抚顺市公安民警救助基金会	公募	2007	辽宁	辽宁	248
94	内蒙古社会治安见义勇为基金会	公募	1994	内蒙古	内蒙古	247
95	白城市夕阳红老龄事业发展基金会	非公募	2014	吉林	吉林	245
96	上海科普教育发展基金会	公募	2001	上海	上海	243
97	常德市鼎城区教育基金会	公募	2013	湖南	湖南	241
98	宁波市海曙区公益组织发展基金会	非公募	2013	浙江	浙江	231
99	绍兴市见义勇为基金会	公募	1989	浙江	浙江	229
100	常州市新北区见义勇为基金会	公募	2008	江苏	江苏	221

5. 2014年全国基金会投资收益Top100

排名	基金会名称	基金会类型	成立时间	注册地	所在地	投资收益（万元）
1	清华大学教育基金会	非公募	1994	民政部	北京	29221
2	北京大学教育基金会	非公募	1995	民政部	北京	21526
3	河仁慈善基金会	非公募	2010	民政部	福建	14500
4	中国青少年发展基金会	公募	1989	民政部	北京	9820
5	浙江敦和慈善基金会	非公募	2012	浙江	浙江	7505
6	北京市中国人民大学教育基金会	非公募	2004	北京	北京	6536
7	浙江大学教育基金会	非公募	2006	民政部	浙江	6152
8	南京大学教育发展基金会	非公募	2005	江苏	江苏	5464
9	上海交通大学教育发展基金会	非公募	2005	上海	上海	5255
10	上海市慈善基金会	公募	1994	上海	上海	4468
11	中国海油海洋环境与生态保护公益基金会	非公募	2012	民政部	北京	3758
12	中国扶贫基金会	公募	1989	民政部	北京	2909
13	上海宋庆龄基金会	公募	1993	上海	上海	2875
14	中国和平发展基金会	非公募	2011	民政部	北京	2787
15	神华公益基金会	非公募	2010	民政部	北京	2414
16	上海市拥军优属基金会	公募	1995	上海	上海	2246
17	江苏陶欣伯助学基金会	非公募	2006	江苏	江苏	2173
18	中远慈善基金会	非公募	2005	民政部	北京	2115
19	北京航空航天大学教育基金会	非公募	2005	民政部	北京	2076
20	上海科技发展基金会	公募	1992	上海	上海	2069
21	爱德基金会	公募	1985	江苏	江苏	1931
22	深圳市警察基金会	公募	1995	广东	广东	1888
23	天津市振兴文化艺术基金会	公募	2012	天津	天津	1878
24	江西省农村信用社百福慈善基金会	非公募	2011	江西	江西	1649
25	中国青年创业就业基金会	公募	2006	民政部	北京	1645
26	中国光华科技基金会	公募	1993	民政部	北京	1610
27	老牛基金会	非公募	2004	内蒙古	内蒙古	1501
28	紫金矿业慈善基金会	非公募	2012	民政部	福建	1500
29	上海市教育发展基金会	公募	1994	上海	上海	1471
30	西北工业大学教育基金会	非公募	2007	陕西	陕西	1407
31	福建新华都慈善基金会	非公募	2009	福建	福建	1381
32	常州市见义勇为基金会	公募	1995	江苏	江苏	1287
33	上海唐君远教育基金会	非公募	1999	上海	上海	1281

续表

排名	基金会名称	基金会类型	成立时间	注册地	所在地	投资收益（万元）
34	无锡公安大病特困救助基金会	非公募	2009	江苏	江苏	1138
35	泛海公益基金会	非公募	2010	民政部	北京	1135
36	浙江省农业技术推广基金会	公募	1995	浙江	浙江	1124
37	江苏元林慈善基金会	非公募	2012	江苏	江苏	1104
38	上海市大学生科技创业基金会	公募	2006	上海	上海	1075
39	广东省中山大学教育发展基金会	非公募	2004	广东	广东	1017
40	昆山市党员关爱暨帮扶困难群众基金会	公募	2012	江苏	江苏	1000
41	湖南省公安民警基金会	公募	1996	湖南	湖南	998
42	中国航天基金会	公募	1995	民政部	北京	998
43	中国红十字基金会	公募	1994	民政部	北京	994
44	湖南省教育基金会	公募	1990	湖南	湖南	982
45	复旦管理学奖励基金会	非公募	2005	上海	上海	955
46	纺织之光科技教育基金会	非公募	2008	民政部	北京	946
47	中国绿色碳汇基金会	公募	2010	民政部	北京	944
48	苏州市党员关爱暨帮扶困难群众基金会	公募	2012	江苏	江苏	935
49	万科公益基金会	非公募	2008	民政部	广东	925
50	江苏海澜教育发展基金会	非公募	2008	江苏	江苏	920
51	江苏省法律援助基金会	公募	2007	江苏	江苏	913
52	淮安市见义勇为基金会	公募	1994	江苏	江苏	912
53	友成企业家扶贫基金会	非公募	2007	民政部	北京	891
54	东莞市见义勇为基金会	公募	2006	广东	广东	888
55	中国妇女发展基金会	公募	1988	民政部	北京	864
56	苏州市吴江区党员关爱暨帮扶困难群众基金会	公募	2012	江苏	江苏	850
57	浙江正泰公益基金会	非公募	2009	浙江	浙江	841
58	合肥市公安民警基金会	公募	2012	安徽	安徽	830
59	东莞市医疗救济基金会	公募	1996	广东	广东	802
60	中科院研究生教育基金会	非公募	2009	民政部	北京	787
61	上海市民帮困互助基金会	公募	2003	上海	上海	779
62	爱佑慈善基金会	非公募	2008	民政部	北京	760
63	德康博爱基金会	非公募	2011	民政部	江苏	759
64	南京师范大学教育发展基金会	非公募	2006	江苏	江苏	733
65	上海工商界爱国建设特种基金会	非公募	1993	上海	上海	715

续表

排名	基金会名称	基金会类型	成立时间	注册地	所在地	投资收益（万元）
66	华润慈善基金会	非公募	2010	民政部	广东	711
67	云南省公安民警英烈基金会	公募	2005	云南	云南	710
68	桃源居公益事业发展基金会	非公募	2008	民政部	广东	695
69	广东省易方达教育基金会	非公募	2007	广东	广东	689
70	上海市科普基金会	公募	2005	上海	上海	689
71	浙江省马寅初人口福利基金会	公募	1994	浙江	浙江	684
72	上海市中小学幼儿教师奖励基金会	公募	2003	上海	上海	677
73	宁波鄞州银行公益基金会	非公募	2011	浙江	浙江	670
74	南都公益基金会	非公募	2007	民政部	北京	663
75	云南大益爱心基金会	非公募	2007	云南	云南	662
76	天津市南开中学教育基金会	非公募	2010	天津	天津	658
77	中国人寿慈善基金会	非公募	2007	民政部	北京	644
78	安徽大学教育基金会	非公募	2008	安徽	安徽	638
79	深圳壹基金公益基金会	公募	2010	广东	广东	638
80	宁波华茂教育基金会	非公募	2009	浙江	浙江	624
81	如皋市慈善基金会	公募	2007	江苏	江苏	624
82	凯风公益基金会	非公募	2007	民政部	北京	621
83	中国友好和平发展基金会	公募	1996	民政部	北京	613
84	智善公益基金会	非公募	2012	民政部	北京	606
85	韬奋基金会	非公募	1986	民政部	北京	606
86	浙江省新华爱心教育基金会	非公募	2007	浙江	浙江	589
87	上海市老年基金会	公募	1992	上海	上海	587
88	中华艺文基金会	非公募	2013	民政部	北京	578
89	上海视觉艺术学院教育发展基金会	非公募	2012	上海	上海	576
90	安徽省人口基金会	公募	2008	安徽	安徽	573
91	北京邮电大学教育基金会	非公募	2002	北京	北京	572
92	厦门市老年基金会	公募	1992	福建	福建	571
93	广西民族教育发展基金会	公募	2009	广西	广西	562
94	国家电网公益基金会	非公募	2009	民政部	北京	561
95	伊金霍洛旗圣地英才基金会	公募	2012	内蒙古	内蒙古	540
96	湖南省娄底市教育基金会	公募	2006	湖南	湖南	539
97	中国经济改革研究基金会	公募	1995	民政部	北京	526

续表

排名	基金会名称	基金会类型	成立时间	注册地	所在地	投资收益（万元）
98	张家港市党员关爱暨帮扶困难群众基金会	公募	2012	江苏	江苏	525
99	泰州市见义勇为基金会	公募	2002	江苏	江苏	520
100	乌兰夫基金会	公募	1991	内蒙古	内蒙古	510

6. 2014年全国基金会总支出Top100

排名	基金会名称	基金会类型	成立时间	注册地	所在地	总支出（亿元）
1	河南省宋庆龄基金会	公募	1992	河南	河南	23.57
2	中国癌症基金会	公募	1984	民政部	北京	19.30
3	中国教育发展基金会	公募	2003	民政部	北京	10.72
4	中国博士后科学基金会	公募	1990	民政部	北京	8.91
5	上海市慈善基金会	公募	1994	上海	上海	6.46
6	清华大学教育基金会	非公募	1994	民政部	北京	6.20
7	中国光华科技基金会	公募	1993	民政部	北京	5.99
8	中国妇女发展基金会	公募	1988	民政部	北京	5.42
9	中国扶贫基金会	公募	1989	民政部	北京	4.29
10	广东省扶贫基金会	公募	1994	广东	广东	4.22
11	中国残疾人福利基金会	公募	1984	民政部	北京	4.19
12	华润慈善基金会	非公募	2010	民政部	广东	3.98
13	中国青少年发展基金会	公募	1989	民政部	北京	3.89
14	中国儿童少年基金会	公募	1981	民政部	北京	3.79
15	中国红十字基金会	公募	1994	民政部	北京	3.64
16	北京大学教育基金会	非公募	1995	民政部	北京	3.09
17	中国初级卫生保健基金会	公募	1996	民政部	北京	2.42
18	深圳壹基金公益基金会	公募	2010	广东	广东	2.20
19	老牛基金会	非公募	2004	内蒙古	内蒙古	2.01
20	云南省医疗扶贫基金会	公募	2009	云南	云南	1.98
21	浙江大学教育基金会	非公募	2006	民政部	浙江	1.96
22	上海民生艺术基金会	非公募	2010	上海	上海	1.85
23	北京市红十字基金会	公募	2008	北京	北京	1.82
24	中国社会福利基金会	公募	2005	民政部	北京	1.68
25	中国人口福利基金会	公募	1987	民政部	北京	1.66

续表

排名	基金会名称	基金会类型	成立时间	注册地	所在地	总支出（亿元）
26	湖南省文化艺术基金会	公募	2008	湖南	湖南	1.62
27	爱佑慈善基金会	非公募	2008	民政部	北京	1.62
28	福建新华都慈善基金会	非公募	2009	福建	福建	1.56
29	北京民生文化艺术基金会	非公募	2010	北京	北京	1.55
30	神华公益基金会	非公募	2010	民政部	北京	1.54
31	宁夏回族自治区燕宝慈善基金会	非公募	2010	宁夏	宁夏	1.53
32	贵州省青少年发展基金会	公募	1991	贵州	贵州	1.50
33	中华思源工程扶贫基金会	公募	2007	民政部	北京	1.38
34	中国法律援助基金会	公募	1997	民政部	北京	1.35
35	中国光彩事业基金会	公募	2005	民政部	北京	1.34
36	北京市中国人民大学教育基金会	非公募	2004	北京	北京	1.34
37	上海市老年基金会	公募	1992	上海	上海	1.31
38	中国文学艺术基金会	公募	1994	民政部	北京	1.30
39	厦门仁爱医疗基金会	非公募	2013	福建	福建	1.25
40	广东省汕头大学教育基金会	非公募	2009	广东	广东	1.23
41	河仁慈善基金会	非公募	2010	民政部	福建	1.21
42	中华少年儿童慈善救助基金会	公募	2009	民政部	北京	1.21
43	中国青年创业就业基金会	公募	2006	民政部	北京	1.16
44	中国绿色碳汇基金会	公募	2010	民政部	北京	1.12
45	北京师范大学教育基金会	非公募	2007	北京	北京	1.08
46	重庆大学教育发展基金会	非公募	2013	民政部	重庆	1.07
47	中国下　代教育基金会	公募	2010	民政部	北京	1.04
48	中国华侨公益基金会	公募	1998	民政部	北京	1.00
49	腾讯公益慈善基金会	非公募	2007	民政部	广东	0.99
50	厦门大学教育发展基金会	非公募	2006	福建	福建	0.98
51	浙江敦和慈善基金会	非公募	2012	浙江	浙江	0.97
52	中国海油海洋环境与生态保护公益基金会	非公募	2012	民政部	北京	0.97
53	中华环境保护基金会	公募	1993	民政部	北京	0.95
54	上海文化发展基金会	公募	1992	上海	上海	0.95
55	苏州市吴江区慈善基金会	公募	2008	江苏	江苏	0.92
56	泛海公益基金会	非公募	2010	民政部	北京	0.91
57	慈济慈善事业基金会	非公募	2008	民政部	江苏	0.84

续表

排名	基金会名称	基金会类型	成立时间	注册地	所在地	总支出（亿元）
58	山东省教育基金会	公募	2007	山东	山东	0.83
59	爱德基金会	公募	1985	江苏	江苏	0.83
60	上海交通大学教育发展基金会	非公募	2005	上海	上海	0.80
61	广东省青少年发展基金会	公募	1994	广东	广东	0.79
62	大连慈善基金会	公募	2006	辽宁	辽宁	0.79
63	安利公益基金会	非公募	2011	民政部	北京	0.77
64	四川省青少年发展基金会	公募	1988	四川	四川	0.77
65	四川省宜宾市教育基金会	公募	2007	四川	四川	0.75
66	湖北省扶贫基金会	公募	1994	湖北	湖北	0.74
67	常熟市慈善基金会	公募	2007	江苏	江苏	0.74
68	广东省中山大学教育发展基金会	非公募	2004	广东	广东	0.74
69	云南省青少年发展基金会	公募	1994	云南	云南	0.73
70	南京大学教育发展基金会	非公募	2005	江苏	江苏	0.72
71	陕西省神木县民生慈善基金会	非公募	2011	陕西	陕西	0.68
72	湖北省青少年发展基金会	公募	1992	湖北	湖北	0.68
73	苏州大学教育发展基金会	非公募	2006	江苏	江苏	0.67
74	安徽省人口基金会	公募	2008	安徽	安徽	0.67
75	江苏元林慈善基金会	非公募	2012	江苏	江苏	0.66
76	河南足球事业发展基金会	公募	2008	河南	河南	0.66
77	上海市教育发展基金会	公募	1994	上海	上海	0.65
78	河南省光彩事业基金会	公募	2007	河南	河南	0.65
79	中国健康促进基金会	公募	2006	民政部	北京	0.65
80	姜堰市教育发展基金会	公募	2012	江苏	江苏	0.62
81	南京中医药大学教育发展基金会	非公募	2006	江苏	江苏	0.61
82	中华国际医学交流基金会	公募	1988	民政部	北京	0.61
83	上海市拥军优属基金会	公募	1995	上海	上海	0.61
84	浙江省新华爱心教育基金会	非公募	2007	浙江	浙江	0.60
85	常州市见义勇为基金会	公募	1995	江苏	江苏	0.60
86	北京力生心血管健康基金会	非公募	2010	北京	北京	0.59
87	广东省暨南大学教育发展基金会	非公募	2010	广东	广东	0.57
88	汕头市潮阳区公益基金会	公募	2012	广东	广东	0.57
89	湖南省青少年发展基金会	公募	1992	湖南	湖南	0.57

续表

排名	基金会名称	基金会类型	成立时间	注册地	所在地	总支出（亿元）
90	上海真爱梦想公益基金会	公募	2008	上海	上海	0.56
91	中国发展研究基金会	公募	1997	民政部	北京	0.56
92	中国老龄事业发展基金会	公募	1986	民政部	北京	0.55
93	韬奋基金会	非公募	1986	民政部	北京	0.55
94	紫金矿业慈善基金会	非公募	2012	民政部	福建	0.54
95	中国绿化基金会	公募	1985	民政部	北京	0.53
96	北京市企业家环保基金会	公募	2008	北京	北京	0.50
97	南京工程学院教育发展基金会	非公募	2007	江苏	江苏	0.50
98	友成企业家扶贫基金会	非公募	2007	民政部	北京	0.50
99	东南大学教育基金会	非公募	2005	江苏	江苏	0.50
100	深圳市佳兆业公益基金会	非公募	2011	广东	广东	0.50

7. 2014年全国基金会公益事业支出Top100

排名	基金会名称	基金会类型	成立时间	注册地	所在地	公益支出（亿元）
1	河南省宋庆龄基金会	公募	1992	河南	河南	23.50
2	中国癌症基金会	公募	1984	民政部	北京	19.11
3	中国教育发展基金会	公募	2003	民政部	北京	10.69
4	中国博士后科学基金会	公募	1990	民政部	北京	8.85
5	上海市慈善基金会	公募	1994	上海	上海	5.74
6	中国光华科技基金会	公募	1993	民政部	北京	5.74
7	清华大学教育基金会	非公募	1994	民政部	北京	5.72
8	中国妇女发展基金会	公募	1988	民政部	北京	5.31
9	广东省扶贫基金会	公募	1994	广东	广东	4.19
10	中国扶贫基金会	公募	1989	民政部	北京	4.10
11	中国残疾人福利基金会	公募	1984	民政部	北京	4.05
12	华润慈善基金会	非公募	2010	民政部	广东	3.96
13	中国儿童少年基金会	公募	1981	民政部	北京	3.68
14	中国青少年发展基金会	公募	1989	民政部	北京	3.63
15	中国红十字基金会	公募	1994	民政部	北京	3.50
16	北京大学教育基金会	非公募	1995	民政部	北京	3.03
17	中国初级卫生保健基金会	公募	1996	民政部	北京	2.38
18	深圳壹基金公益基金会	公募	2010	广东	广东	2.24

续表

排名	基金会名称	基金会类型	成立时间	注册地	所在地	公益支出（亿元）
19	云南省医疗扶贫基金会	公募	2009	云南	云南	1.97
20	浙江大学教育基金会	非公募	2006	民政部	浙江	1.94
21	老牛基金会	非公募	2004	内蒙古	内蒙古	1.86
22	北京市红十字基金会	公募	2008	北京	北京	1.81
23	上海民生艺术基金会	非公募	2010	上海	上海	1.79
24	中国社会福利基金会	公募	2005	民政部	北京	1.65
25	湖南省文化艺术基金会	公募	2008	湖南	湖南	1.62
26	中国人口福利基金会	公募	1987	民政部	北京	1.60
27	北京民生文化艺术基金会	非公募	2010	北京	北京	1.55
28	爱佑慈善基金会	非公募	2008	民政部	北京	1.54
29	神华公益基金会	非公募	2010	民政部	北京	1.54
30	福建新华都慈善基金会	非公募	2009	福建	福建	1.52
31	宁夏回族自治区燕宝慈善基金会	非公募	2010	宁夏	宁夏	1.52
32	贵州省青少年发展基金会	公募	1991	贵州	贵州	1.46
33	北京市中国人民大学教育基金会	非公募	2004	北京	北京	1.35
34	中华思源工程扶贫基金会	公募	2007	民政部	北京	1.33
35	中国光彩事业基金会	公募	2005	民政部	北京	1.33
36	中国法律援助基金会	公募	1997	民政部	北京	1.26
37	上海市老年基金会	公募	1992	上海	上海	1.26
38	厦门仁爱医疗基金会	非公募	2013	福建	福建	1.25
39	中国文学艺术基金会	公募	1994	民政部	北京	1.25
40	广东省汕头大学教育基金会	非公募	2009	广东	广东	1.23
41	河仁慈善基金会	非公募	2010	民政部	福建	1.18
42	中华少年儿童慈善救助基金会	公募	2009	民政部	北京	1.17
43	中国青年创业就业基金会	公募	2006	民政部	北京	1.13
44	中国绿色碳汇基金会	公募	2010	民政部	北京	1.07
45	重庆大学教育发展基金会	非公募	2013	民政部	重庆	1.06
46	北京师范大学教育基金会	非公募	2007	北京	北京	1.04
47	中国下一代教育基金会	公募	2010	民政部	北京	1.00
48	中国华侨公益基金会	公募	1998	民政部	北京	0.99
49	厦门大学教育发展基金会	非公募	2006	福建	福建	0.97
50	腾讯公益慈善基金会	非公募	2007	民政部	广东	0.96
51	浙江敦和慈善基金会	非公募	2012	浙江	浙江	0.96
52	中国海油海洋环境与生态保护公益基金会	非公募	2012	民政部	北京	0.94

续表

排名	基金会名称	基金会类型	成立时间	注册地	所在地	公益支出（亿元）
53	苏州市吴江区慈善基金会	公募	2008	江苏	江苏	0.92
54	中华环境保护基金会	公募	1993	民政部	北京	0.88
55	上海文化发展基金会	公募	1992	上海	上海	0.88
56	泛海公益基金会	非公募	2010	民政部	北京	0.87
57	慈济慈善事业基金会	非公募	2008	民政部	江苏	0.82
58	山东省教育基金会	公募	2007	山东	山东	0.82
59	上海交通大学教育发展基金会	非公募	2005	上海	上海	0.80
60	深圳市李伟波慈善基金会	非公募	2013	广东	广东	0.79
61	大连慈善基金会	公募	2006	辽宁	辽宁	0.78
62	四川省青少年发展基金会	公募	1988	四川	四川	0.75
63	爱德基金会	公募	1985	江苏	江苏	0.74
64	四川省宜宾市教育基金会	公募	2007	四川	四川	0.74
65	常熟市慈善基金会	公募	2007	江苏	江苏	0.74
66	安利公益基金会	非公募	2011	民政部	北京	0.74
67	湖北省扶贫基金会	公募	1994	湖北	湖北	0.73
68	广东省中山大学教育发展基金会	非公募	2004	广东	广东	0.72
69	云南省青少年发展基金会	公募	1994	云南	云南	0.71
70	南京大学教育发展基金会	非公募	2005	江苏	江苏	0.70
71	苏州大学教育发展基金会	非公募	2006	江苏	江苏	0.67
72	安徽省人口基金会	公募	2008	安徽	安徽	0.66
73	江苏元林慈善基金会	非公募	2012	江苏	江苏	0.65
74	河南省光彩事业基金会	公募	2007	河南	河南	0.65
75	河南足球事业发展基金会	公募	2008	河南	河南	0.64
76	湖北省青少年发展基金会	公募	1992	湖北	湖北	0.63
77	上海市教育发展基金会	公募	1994	上海	上海	0.63
78	姜堰市教育发展基金会	公募	2012	江苏	江苏	0.62
79	南京中医药大学教育发展基金会	非公募	2006	江苏	江苏	0.61
80	常州市见义勇为基金会	公募	1995	江苏	江苏	0.60
81	中国健康促进基金会	公募	2006	民政部	北京	0.60
82	浙江省新华爱心教育基金会	非公募	2007	浙江	浙江	0.58
83	广东省暨南大学教育发展基金会	非公募	2010	广东	广东	0.57
84	汕头市潮阳区公益基金会	公募	2012	广东	广东	0.56
85	陕西省神木县民生慈善基金会	非公募	2011	陕西	陕西	0.56
86	上海市拥军优属基金会	公募	1995	上海	上海	0.56

续表

排名	基金会名称	基金会类型	成立时间	注册地	所在地	公益支出（亿元）
87	湖南省青少年发展基金会	公募	1992	湖南	湖南	0.55
88	韬奋基金会	非公募	1986	民政部	北京	0.53
89	上海真爱梦想公益基金会	公募	2008	上海	上海	0.53
90	中国老龄事业发展基金会	公募	1986	民政部	北京	0.52
91	紫金矿业慈善基金会	非公募	2012	民政部	福建	0.52
92	中国发展研究基金会	公募	1997	民政部	北京	0.51
93	友成企业家扶贫基金会	非公募	2007	民政部	北京	0.51
94	南京工程学院教育发展基金会	非公募	2007	江苏	江苏	0.50
95	深圳市佳兆业公益基金会	非公募	2011	广东	广东	0.50
96	东南大学教育基金会	非公募	2005	江苏	江苏	0.49
97	北京市企业家环保基金会	公募	2008	北京	北京	0.48
98	中国绿化基金会	公募	1985	民政部	北京	0.48
99	上海复旦大学教育发展基金会	非公募	2004	上海	上海	0.47
100	上海科技发展基金会	公募	1992	上海	上海	0.46

8. 2014年全国基金会项目支出Top50

排名	项目名称	基金会名称	基金会类型	项目支出（亿元）
1	宁夏海原县产业扶贫项目	华润慈善基金会	非公募	2.95
2	回购海外流失文物皿方罍	湖南省文化艺术基金会	公募	1.61
3	资助办学	福建新华都慈善基金会	非公募	1.24
4	索坦患者援助项目	中国癌症基金会	公募	1.14
5	上海二十一世纪民生美术馆	上海民生艺术基金会	非公募	1.09
6	索坦患者援助项目	中国癌症基金会	公募	0.90
7	老牛生态恢复与保护基金项目	中国绿色碳汇基金会	公募	0.82
8	清华大学艺术博物馆	清华大学教育基金会	非公募	0.81
9	神华爱心行动项目	神华公益基金会	非公募	0.78
10	新体育馆及配套设施项目建设	广东省汕头大学教育基金会	非公募	0.77
11	重阳投资教育基金2014	北京市中国人民大学教育基金会	非公募	0.74
12	内蒙古盛乐国际生态示范区项目植被修复与保护子项目	老牛基金会	非公募	0.73
13	仪器设备捐赠	苏州大学教育发展基金会	非公募	0.62
14	赫赛汀患者援助项目	中国癌症基金会	公募	0.61

续表

排名	项目名称	基金会名称	基金会类型	项目支出（亿元）
15	中超联赛河南足球扶持	河南足球事业发展基金会	公募	0.57
16	春苗营养计划	安利公益基金会	非公募	0.50
17	文体综合馆及青年教师公共租赁住房建设一期	南京工程学院教育发展基金会	非公募	0.50
18	赫赛汀患者援助项目	中国癌症基金会	公募	0.50
19	南京中医药大学丰盛楼建设	南京中医药大学教育发展基金会	非公募	0.48
20	新医学院项目建设	广东省汕头大学教育基金会	非公募	0.46
21	索坦患者援助项目	中国癌症基金会	公募	0.46
22	丹东鸭绿江口湿地核心区修复项目	中华环境保护基金会	公募	0.46
23	遵义华润希望小镇项目	华润慈善基金会	非公募	0.45
24	李兆基科技大楼	清华大学教育基金会	非公募	0.45
25	赫赛汀患者援助项目	中国癌症基金会	公募	0.45
26	赫赛汀患者援助项目	中国癌症基金会	公募	0.42
27	老牛儿童探索博物馆项目	老牛基金会	非公募	0.40
28	老牛儿童探索博物馆项目	老牛基金会	非公募	0.40
29	索坦患者援助项目	中国癌症基金会	公募	0.39
30	赫赛汀患者援助项目	中国癌症基金会	公募	0.38
31	北京成龙慈善基金会	中国电影基金会	公募	0.35
32	元林老年大学	江苏元林慈善基金会	非公募	0.33
33	幸福在他乡	中国人口福利基金会	公募	0.31
34	健康快车眼科火车医院	中华健康快车基金会	公募	0.31
35	索坦患者援助项目	中国癌症基金会	公募	0.30
36	资助大学生村官创业项目	神华公益基金会	非公募	0.30
37	“资助中国国际经济研究和交流活动”项目	泛海公益基金会	非公募	0.30
38	体育运动健身中心	南京审计学院教育发展基金会	非公募	0.28
39	北京民生现代美术馆	上海民生艺术基金会	非公募	0.28
40	生命绿洲项目	中国初级卫生保健基金会	公募	0.26
41	春苗专项基金	中国下一代教育基金会	公募	0.26
42	上海二十一世纪民生美术馆	上海民生艺术基金会	非公募	0.26
43	资助常州大学西太湖校区建设	常州大学教育发展基金会	非公募	0.25
44	支持江苏理工学院建设	江苏理工学院教育发展基金会	非公募	0.25
45	慈孝养老事业和代英烈尽孝项目	慈孝特困老人救助基金会	非公募	0.25

续表

排名	项目名称	基金会名称	基金会类型	项目支出（亿元）
46	幸福在他乡	中国人口福利基金会	公募	0.25
47	抗震救灾	中国妇女发展基金会	公募	0.25
48	老年病防治博爱行动	浙江省康恩贝慈善救助基金会	非公募	0.25
49	雅安地震项目	深圳壹基金公益基金会	公募	0.24
50	佛山市顺德区国良职业培训学校	广东省国强公益基金会	非公募	0.24

9. 2014年全国基金会全职员工数量Top50

排名	基金会名称	基金会类型	成立时间	注册地	所在地	全员职工数量
1	中国扶贫基金会	公募	1989	民政部	北京	108
2	上海市慈善基金会	公募	1994	上海	上海	105
3	中国青少年发展基金会	公募	1989	民政部	北京	102
4	中国光华科技基金会	公募	1993	民政部	北京	78
5	爱德基金会	公募	1985	江苏省	江苏	68
6	中华思源工程扶贫基金会	公募	2007	民政部	北京	68
7	中国残疾人福利基金会	公募	1984	民政部	北京	60
8	清华大学教育基金会	非公募	1994	民政部	北京	57
9	中国妇女发展基金会	公募	1988	民政部	北京	57
10	深圳壹基金公益基金会	公募	2010	广东省	广东	56
11	腾讯公益慈善基金会	非公募	2007	民政部	广东	49
12	河南省宋庆龄基金会	公募	1992	河南省	河南	46
13	四川省扶贫基金会	公募	1992	四川省	四川	43
14	中国儿童少年基金会	公募	1981	民政部	北京	41
15	中国人口福利基金会	公募	1987	民政部	北京	40
16	浙江大学教育基金会	非公募	2006	民政部	浙江	38
17	老牛基金会	非公募	2004	内蒙古	内蒙古	35
18	中国红十字基金会	公募	1994	民政部	北京	35
19	爱佑慈善基金会	非公募	2008	民政部	北京	34
20	中国孔子基金会	公募	1984	民政部	山东	31
21	上海真爱梦想公益基金会	公募	2008	上海市	上海	29
22	友成企业家扶贫基金会	非公募	2007	民政部	北京	29
23	北京大学教育基金会	非公募	1995	民政部	北京	28

续表

排名	基金会名称	基金会类型	成立时间	注册地	所在地	全员职工数量
24	北京三一公益基金会	非公募	2013	北京市	北京	28
25	南京大学教育发展基金会	非公募	2005	江苏省	江苏	28
26	中国人权发展基金会	公募	1994	民政部	北京	28
27	北京新阳光慈善基金会	公募	2009	北京市	北京	26
28	北京文化发展基金会	公募	1996	北京市	北京	25
29	黑龙江省齐齐哈尔医学院教育发展基金会	非公募	2013	黑龙江	黑龙江	25
30	中国和平发展基金会	非公募	2011	民政部	北京	25
31	中国癌症基金会	公募	1984	民政部	北京	24
32	中国发展研究基金会	公募	1997	民政部	北京	24
33	中国健康促进基金会	公募	2006	民政部	北京	24
34	中国文学艺术基金会	公募	1994	民政部	北京	24
35	中华环境保护基金会	公募	1993	民政部	北京	24
36	河北进德公益基金会	非公募	2011	河北省	河北	23
37	北京故宫文物保护基金会	非公募	2010	北京市	北京	22
38	北京科学教育发展基金会	公募	2012	北京市	北京	22
39	北京师范大学教育基金会	非公募	2007	北京市	北京	22
40	广东省卓如医疗慈善救助基金会	非公募	2011	广东省	广东	22
41	中华社会救助基金会	公募	2009	民政部	北京	22
42	中华文学基金会	公募	1986	民政部	北京	22
43	浙江省新华爱心教育基金会	公募	2007	浙江省	浙江	21
44	慈济慈善事业基金会	非公募	2008	民政部	江苏	20
45	广东省鸿光心脏医疗救助基金会	非公募	2011	广东省	广东	20
46	援助西藏发展基金会	公募	1987	民政部	西藏	20
47	中国法律援助基金会	公募	1997	民政部	北京	20
48	中国海油海洋环境与生态保护公益基金会	非公募	2012	民政部	北京	20
49	安利公益基金会	非公募	2011	民政部	北京	19
50	福建大丰文化基金会	非公募	1991	福建省	福建	19

市县级基金会排行榜

1. 2014年市县级基金会净资产Top 30

排名	基金会名称	基金会类型	成立时间	注册地	所在地	净资产（亿元）
1	深圳壹基金公益基金会	公募	2010	广东	广东	4.08
2	无锡市锡山区特困帮扶基金会	公募	2014	江苏	江苏	2.50
3	深圳大运留学基金会	公募	2011	广东	广东	2.06
4	深圳市现代创新发展基金会	非公募	2014	广东	广东	1.71
5	深圳市明德实验教育基金会	非公募	2013	广东	广东	0.95
6	深圳市国际交流合作基金会	非公募	2014	广东	广东	0.56
7	徐州市守望家园生态文明建设基金会	非公募	2014	江苏	江苏	0.44
8	深圳市同心慈善基金会	非公募	2013	广东	广东	0.37
9	深圳市华强公益基金会	非公募	2012	广东	广东	0.35
10	泰兴市教育发展基金会	非公募	2014	江苏	江苏	0.34
11	深圳市关爱行动公益基金会	公募	2011	广东	广东	0.33
12	三明学院教育发展基金会	非公募	2013	福建	福建	0.31
13	百色市教育基金会	公募	2013	广西	广西	0.31
14	深圳市陈一丹公益慈善基金会	非公募	2013	广东	广东	0.30
15	淮阴卫生高等职业技术学校教育发展基金会	非公募	2014	江苏	江苏	0.30
16	深圳美丽园丁教育基金会	非公募	2013	广东	广东	0.25
17	深圳市桃源社区发展基金会	非公募	2012	广东	广东	0.25
18	深圳市深圳大学教育发展基金会	非公募	2013	广东	广东	0.23
19	无锡环境保护基金会	公募	2014	江苏	江苏	0.21
20	深圳市荣超公益基金会	非公募	2013	广东	广东	0.20
21	漳州市吴惠天慈善基金会	非公募	2014	福建	福建	0.19
22	深圳市深大土木教育基金会	非公募	2014	广东	广东	0.18
23	厦门仁爱医疗基金会	非公募	2013	福建	福建	0.18
24	晋江市梅岭教育基金会	非公募	2013	福建	福建	0.18
25	宁波市理想教育发展基金会	非公募	2014	浙江	浙江	0.17
26	六安市迎驾慈善基金会	非公募	2014	安徽	安徽	0.17
27	芜湖慈善基金会	非公募	2012	安徽	安徽	0.16
28	深圳市华会所生态环保基金会	非公募	2012	广东	广东	0.15

续表

排名	基金会名称	基金会类型	成立时间	注册地	所在地	净资产（亿元）
29	芜湖市爱心助学基金会	非公募	2009	安徽	安徽	0.13
30	深圳市志愿服务基金会	公募	2012	广东	广东	0.13

2. 2014年市县级基金会总收入Top30

排名	基金会名称	基金会类型	成立时间	注册地	所在地	总收入（亿元）
1	深圳市现代创新发展基金会	非公募	2014	广东	广东	1.81
2	深圳壹基金公益基金会	公募	2010	广东	广东	1.75
3	厦门仁爱医疗基金会	非公募	2013	福建	福建	1.39
4	深圳市同心慈善基金会	非公募	2013	广东	广东	0.65
5	深圳市佳兆业公益基金会	非公募	2011	广东	广东	0.47
6	徐州市守望家园生态文明建设基金会	非公募	2014	江苏	江苏	0.47
7	深圳市国际交流合作基金会	非公募	2014	广东	广东	0.46
8	深圳市华强公益基金会	非公募	2012	广东	广东	0.38
9	泰兴市教育发展基金会	非公募	2014	江苏	江苏	0.34
10	三明学院教育发展基金会	非公募	2013	福建	福建	0.30
11	淮阴卫生高等职业技术学校教育发展基金会	非公募	2014	江苏	江苏	0.30
12	深圳市关爱行动公益基金会	公募	2011	广东	广东	0.29
13	漳州市吴惠天慈善基金会	非公募	2014	福建	福建	0.20
14	深圳市深大土木教育基金会	非公募	2014	广东	广东	0.19
15	深圳市龙越慈善基金会	非公募	2011	广东	广东	0.18
16	宁波市理想教育发展基金会	非公募	2014	浙江	浙江	0.17
17	六安市迎驾慈善基金会	非公募	2014	安徽	安徽	0.17
18	深圳市深圳大学教育发展基金会	非公募	2013	广东	广东	0.15
19	深圳市前海华人国际资本管理教育基金会	非公募	2014	广东	广东	0.15
20	晋江市梅岭教育基金会	非公募	2013	福建	福建	0.13
21	深圳市松禾成长关爱基金会	非公募	2010	广东	广东	0.12
22	深圳市泉州商会慈善基金会	非公募	2014	广东	广东	0.12
23	金华市金兰公益基金会	非公募	2013	浙江	浙江	0.10
24	深圳市花样年公益基金会	非公募	2013	广东	广东	0.10
25	深圳市创想公益基金会	非公募	2014	广东	广东	0.09
26	杭州市关爱警察基金会	非公募	2014	浙江	浙江	0.09

续表

排名	基金会名称	基金会类型	成立时间	注册地	所在地	总收入（亿元）
27	深圳市三和仁爱文化基金会	非公募	2013	广东	广东	0.09
28	北流见义勇为慈善基金会	公募	2012	广西	广西	0.08
29	深圳市李伟波慈善基金会	非公募	2013	广东	广东	0.08
30	百色市教育基金会	公募	2013	广西	广西	0.08

3. 2014年市县级基金会捐赠收入Top30

排名	基金会名称	基金会类型	成立时间	注册地	所在地	捐赠收入（亿元）
1	深圳壹基金公益基金会	公募	2010	广东	广东	1.682
2	深圳市现代创新发展基金会	非公募	2014	广东	广东	1.630
3	厦门仁爱医疗基金会	非公募	2013	福建	福建	1.385
4	深圳市同心慈善基金会	非公募	2013	广东	广东	0.652
5	深圳市佳兆业公益基金会	非公募	2011	广东	广东	0.474
6	深圳市国际交流合作基金会	非公募	2014	广东	广东	0.456
7	徐州市守望家园生态文明建设基金会	非公募	2014	江苏	江苏	0.450
8	深圳市华强公益基金会	非公募	2012	广东	广东	0.380
9	三明学院教育发展基金会	非公募	2013	福建	福建	0.297
10	泰兴市教育发展基金会	非公募	2014	江苏	江苏	0.297
11	淮阴卫生高等职业技术学校教育发展基金会	非公募	2014	江苏	江苏	0.296
12	深圳市关爱行动公益基金会	公募	2011	广东	广东	0.280
13	漳州市吴惠天慈善基金会	非公募	2014	福建	福建	0.200
14	深圳市龙越慈善基金会	非公募	2011	广东	广东	0.180
15	深圳市深大土木教育基金会	非公募	2014	广东	广东	0.180
16	宁波市理想教育发展基金会	非公募	2014	浙江	浙江	0.174
17	六安市迎驾慈善基金会	非公募	2014	安徽	安徽	0.169
18	深圳市深圳大学教育发展基金会	非公募	2013	广东	广东	0.154
19	深圳市前海华人国际资本管理教育基金会	非公募	2014	广东	广东	0.152
20	晋江市梅岭教育基金会	非公募	2013	福建	福建	0.126
21	深圳市松禾成长关爱基金会	非公募	2010	广东	广东	0.117
22	深圳市泉州商会慈善基金会	非公募	2014	广东	广东	0.117
23	金华市金兰公益基金会	非公募	2013	浙江	浙江	0.100
24	深圳市创想公益基金会	非公募	2014	广东	广东	0.093

续表

排名	基金会名称	基金会类型	成立时间	注册地	所在地	捐赠收入（亿元）
25	深圳市TCL公益基金会	非公募	2012	广东	广东	0.090
26	杭州市关爱警察基金会	非公募	2014	浙江	浙江	0.086
27	深圳市三和仁爱文化基金会	非公募	2013	广东	广东	0.083
28	深圳市李伟波慈善基金会	非公募	2013	广东	广东	0.082
29	衢州市柯城区滨江教育专项基金会	非公募	2014	浙江	浙江	0.080
30	深圳市香港中文大学(深圳)教育基金会	非公募	2014	广东	广东	0.078

4. 2014年市县级基金会政府补助收入

排名	基金会名称	基金会类型	成立时间	注册地	所在地	政府补助收入（万元）
1	海门市美德基金会	公募	2014	江苏	江苏	400
2	泰兴市教育发展基金会	非公募	2014	江苏	江苏	400
3	宁波市海曙区公益组织发展基金会	非公募	2013	浙江	浙江	231
4	宁波市关心下一代基金会	非公募	2014	浙江	浙江	200
5	永嘉县社会组织发展基金会	非公募	2013	浙江	浙江	200
6	深圳市绿色低碳发展基金会	非公募	2013	广东	广东	120
7	晋江市青阳慈善基金会	非公募	2014	福建	福建	80
8	泰顺县雪溪爱心慈善基金会	非公募	2014	浙江	浙江	30
9	嘉兴市秀洲区新塍社区发展基金会	非公募	2014	浙江	浙江	14
10	平阳县社会组织发展基金会	非公募	2013	浙江	浙江	11
11	南京市律郸区银杏老龄公益基金会	非公募	2014	江苏	江苏	10
12	深圳市龙岗区南岭村社区基金会	非公募	2014	广东	广东	10
13	深圳市松禾成长关爱基金会	非公募	2010	广东	广东	10
14	温州市龙湾区社会组织发展基金会	非公募	2013	浙江	浙江	10
15	深圳市福顺公益基金会	非公募	2014	广东	广东	1

5. 2014年市县级基金会投资收益Top30

排名	基金会名称	基金会类型	成立时间	注册地	所在地	投资收益（万元）
1	深圳壹基金公益基金会	公募	2010	广东	广东	638
2	北流见义勇为慈善基金会	公募	2012	广西	广西	230

续表

排名	基金会名称	基金会类型	成立时间	注册地	所在地	投资收益（万元）
3	百色市教育基金会	公募	2013	广西	广西	157
4	芜湖慈善基金会	非公募	2012	安徽	安徽	141
5	深圳市陈一丹公益慈善基金会	非公募	2013	广东	广东	115
6	芜湖市爱心助学基金会	非公募	2009	安徽	安徽	115
7	深圳市桃源社区发展基金会	非公募	2012	广东	广东	102
8	深圳市深大土木教育基金会	非公募	2014	广东	广东	50
9	湖州师范学院陆增镛纪念馆教育基金会	非公募	2013	浙江	浙江	39
10	深圳市三和仁爱文化基金会	非公募	2013	广东	广东	31
11	深圳市马洪经济研究发展基金会	非公募	2011	广东	广东	25
12	深圳市绿色低碳发展基金会	非公募	2013	广东	广东	25
13	深圳市云龙教育发展基金会	非公募	2013	广东	广东	21
14	玉林市见义勇为基金会	公募	2013	广西	广西	20
15	深圳市五月花海公益基金会	非公募	2014	广东	广东	18
16	深圳市北大创新发展基金会	非公募	2011	广东	广东	15
17	杭州城市品牌建设基金会	非公募	2014	浙江	浙江	12
18	深圳市张连伟体育发展基金会	非公募	2013	广东	广东	10
19	合肥市巾帼妇女发展基金会	非公募	2013	安徽	安徽	8
20	北海天宁慈善基金会	非公募	2012	广西	广西	8
21	深圳市博雅文化研究基金会	非公募	2013	广东	广东	6
22	厦门大博医疗慈善基金会	非公募	2013	福建	福建	6
23	深圳市红荔扶贫基金会	非公募	2013	广东	广东	6
24	昆山昱庭公益基金会	非公募	2014	江苏	江苏	6
25	宁波市惠贞书院教育发展基金会	非公募	2014	浙江	浙江	5
26	温州市锦行慈善基金会	非公募	2013	浙江	浙江	5
27	金华市小脚丫公益基金会	非公募	2014	浙江	浙江	4
28	深圳美丽园丁教育基金会	非公募	2013	广东	广东	4
29	苏州明基友达公益基金会	非公募	2014	江苏	江苏	3
30	合肥市关爱环卫工人基金会	非公募	2011	安徽	安徽	2

6. 2014年市县级基金会总支出Top30

排名	基金会名称	基金会类型	成立时间	注册地	所在地	总支出（亿元）
1	深圳壹基金公益基金会	公募	2010	广东	广东	2.205
2	厦门仁爱医疗基金会	非公募	2013	福建	福建	1.253
3	深圳市佳兆业公益基金会	非公募	2011	广东	广东	0.496
4	深圳市同心慈善基金会	非公募	2013	广东	广东	0.310
5	深圳市关爱行动公益基金会	公募	2011	广东	广东	0.300
6	深圳市陈一丹公益慈善基金会	非公募	2013	广东	广东	0.121
7	深圳市松禾成长关爱基金会	非公募	2010	广东	广东	0.116
8	深圳市华强公益基金会	非公募	2012	广东	广东	0.110
9	深圳市TCL公益基金会	非公募	2012	广东	广东	0.109
10	深圳市龙越慈善基金会	非公募	2011	广东	广东	0.108
11	深圳市前海华人国际资本管理教育基金会	非公募	2014	广东	广东	0.100
12	深圳市现代创新发展基金会	非公募	2014	广东	广东	0.093
13	晋江市梅岭教育基金会	非公募	2013	福建	福建	0.093
14	深圳市泉州商会慈善基金会	非公募	2014	广东	广东	0.089
15	百色市教育基金会	公募	2013	广西	广西	0.088
16	深圳市明德实验教育基金会	非公募	2013	广东	广东	0.085
17	深圳市李伟波慈善基金会	非公募	2013	广东	广东	0.082
18	深圳美丽园丁教育基金会	非公募	2013	广东	广东	0.071
19	深圳市郑卫宁慈善基金会	非公募	2009	广东	广东	0.068
20	深圳市深圳大学教育发展基金会	非公募	2013	广东	广东	0.062
21	深圳市同维爱心公益基金会	非公募	2012	广东	广东	0.059
22	深圳市香港中文大学(深圳)教育基金会	非公募	2014	广东	广东	0.055
23	福建省长汀县陈柏村慈善基金会	非公募	2013	福建	福建	0.052
24	湖北省宜昌思源慈善基金会	非公募	2013	湖北	湖北	0.051
25	北流见义勇为慈善基金会	公募	2012	广西	广西	0.046
26	深圳市绿色低碳发展基金会	非公募	2013	广东	广东	0.038
27	深圳大运留学基金会	公募	2011	广东	广东	0.036
28	深圳市花样年公益基金会	非公募	2013	广东	广东	0.035
29	深圳市泽之润慈善基金会	非公募	2014	广东	广东	0.034
30	深圳市红树林湿地保护基金会	公募	2012	广东	广东	0.031

7. 2014年市县级基金会公益事业支出Top30

排名	基金会名称	基金会类型	成立时间	注册地	所在地	公益支出（亿元）
1	深圳壹基金公益基金会	公募	2010	广东	广东	2.245
2	厦门仁爱医疗基金会	非公募	2013	福建	福建	1.250
3	深圳市李伟波慈善基金会	非公募	2013	广东	广东	0.789
4	深圳市佳兆业公益基金会	非公募	2011	广东	广东	0.496
5	深圳市同心慈善基金会	非公募	2013	广东	广东	0.310
6	深圳市关爱行动公益基金会	公募	2011	广东	广东	0.289
7	深圳市陈一丹公益慈善基金会	非公募	2013	广东	广东	0.118
8	深圳市松禾成长关爱基金会	非公募	2010	广东	广东	0.113
9	深圳市TCL公益基金会	非公募	2012	广东	广东	0.107
10	深圳市华强公益基金会	非公募	2012	广东	广东	0.105
11	深圳市前海华人国际资本管理教育基金会	非公募	2014	广东	广东	0.100
12	深圳市龙越慈善基金会	非公募	2011	广东	广东	0.096
13	晋江市梅岭教育基金会	非公募	2013	福建	福建	0.092
14	深圳市泉州商会慈善基金会	非公募	2014	广东	广东	0.089
15	深圳市明德实验教育基金会	非公募	2013	广东	广东	0.085
16	百色市教育基金会	公募	2013	广西	广西	0.083
17	深圳美丽园丁教育基金会	非公募	2013	广东	广东	0.071
18	深圳市郑卫宁慈善基金会	非公募	2009	广东	广东	0.067
19	深圳市深圳大学教育发展基金会	非公募	2013	广东	广东	0.061
20	深圳市同维爱心公益基金会	非公募	2012	广东	广东	0.059
21	深圳市香港中文大学(深圳)教育基金会	非公募	2014	广东	广东	0.055
22	湖北省宜昌思源慈善基金会	非公募	2013	湖北	湖北	0.051
23	福建省长汀县陈柏村慈善基金会	非公募	2013	福建	福建	0.051
24	深圳市现代创新发展基金会	非公募	2014	广东	广东	0.049
25	北流见义勇为慈善基金会	公募	2012	广西	广西	0.043
26	深圳大运留学基金会	公募	2011	广东	广东	0.036
27	深圳市泽之润慈善基金会	非公募	2014	广东	广东	0.034
28	深圳市花样年公益基金会	非公募	2013	广东	广东	0.032
29	深圳市绿色低碳发展基金会	非公募	2013	广东	广东	0.031
30	深圳市南方科技大学教育基金会	非公募	2011	广东	广东	0.030

8. 2014年市县级基金会项目支出Top20

排名	项目名称	基金会名称	基金会类型	项目支出（万元）
1	雅安地震项目	深圳壹基金公益基金会	公募	2404
2	雅安地震项目	深圳壹基金公益基金会	公募	1404
3	紧急救灾项目	深圳壹基金公益基金会	公募	1346
4	紧急救灾项目	深圳壹基金公益基金会	公募	1256
5	雅安地震项目	深圳壹基金公益基金会	公募	1188
6	中南财大武汉学院图书馆捐赠项目	深圳市陈一丹公益慈善基金会	非公募	1000
7	河源市人民政府教育及农村扶贫项目	深圳市同心慈善基金会	非公募	1000
8	捐资设立深圳市前海国际资本管理学院	深圳市前海华人国际资本管理教育基金会	非公募	1000
9	雅安地震项目	深圳壹基金公益基金会	公募	840
10	明德激励体系改革项目	深圳市明德实验教育基金会	非公募	800
11	紧急救灾项目	深圳壹基金公益基金会	公募	550
12	鲁甸地震	深圳壹基金公益基金会	公募	547
13	雅安地震项目	深圳壹基金公益基金会	公募	542
14	助残扶弱	深圳市同心慈善基金会	非公募	500
15	雅安地震项目	深圳壹基金公益基金会	公募	473
16	海洋天堂项目	深圳壹基金公益基金会	公募	426
17	雅安地震项目	深圳壹基金公益基金会	公募	417
18	紧急救灾项目	深圳壹基金公益基金会	公募	400
19	TCL希望工程烛光奖	深圳市TCL公益基金会	非公募	400
20	爱佑慈善基金会捐助款	深圳市TCL公益基金会	非公募	400

9. 2014年市县级基金会全职员工数量Top20

排名	基金会名称	基金会类型	成立时间	注册地	所在地	全员职工数量
1	深圳壹基金公益基金会	公募	2010	广东省深圳市	广东	56
2	江阴文辉教育发展基金会	非公募	2014	江苏省无锡市江阴市	江苏	18
3	深圳市龙越慈善基金会	非公募	2011	广东省深圳市	广东	12
4	福州开元志业文教慈善基金会	非公募	2014	福建省福州市	福建	11
5	深圳市郑卫宁慈善基金会	非公募	2009	广东省深圳市	广东	10

续表

排名	基金会名称	基金会类型	成立时间	注册地	所在地	全员职工数量
6	北海喷施宝贤林发展基金会	非公募	2013	广西壮族自治区北海市	广西	9
7	深圳市远见教育发展基金会	非公募	2012	广东省深圳市	广东	9
8	马鞍山二中教育基金会	非公募	2013	安徽省马鞍山市	安徽	8
9	深圳市曾少强慈善基金会	非公募	2013	广东省深圳市	广东	8
10	深圳市华强公益基金会	非公募	2012	广东省深圳市	广东	8
11	深圳市缘聚慈善基金会	非公募	2014	广东省深圳市	广东	8
12	厦门春水爱心基金会	非公募	2013	福建省厦门市	福建	7
13	深圳市福德慈善基金会	非公募	2013	广东省深圳市	广东	7
14	深圳市关爱行动公益基金会	公募	2011	广东省深圳市	广东	7
15	深圳市雅图文化教育慈善基金会	非公募	2012	广东省深圳市	广东	7
16	深圳市云龙教育发展基金会	非公募	2013	广东省深圳市	广东	7
17	承德腰痛宁公益基金会	非公募	2014	河北省承德市	河北	6
18	杭州市拱墅区社会组织发展基金会	非公募	2014	浙江省杭州市拱墅区	浙江	6
19	深圳市东风南方爱心公益基金会	非公募	2013	广东省深圳市	广东	6
20	台州市授智文化助学基金会	非公募	2014	浙江省台州市	浙江	6

中小型基金会排行榜

1. 2014年中小型基金会净资产Top 100

排名	基金会名称	基金会类型	成立时间	注册地	所在地	净资产（万元）
1	福州市教育基金会	非公募	2010	福建	福建	2992
2	深圳市社会福利基金会	公募	2008	广东	广东	2976
3	湖南省湘潭大学教育基金会	非公募	2007	湖南	湖南	2971
4	长沙市见义勇为基金会	公募	2009	湖南	湖南	2970
5	泰州职业技术学院教育发展基金会	非公募	2011	江苏	江苏	2966
6	江苏省儿童少年福利基金会	公募	1984	江苏	江苏	2965
7	淮阴卫生高等职业技术学校教育发展基金会	非公募	2014	江苏	江苏	2964
8	广东省华南农业大学教育发展基金会	非公募	2010	广东	广东	2959
9	南京市江宁区见义勇为基金会	公募	2007	江苏	江苏	2947
10	中国科技馆发展基金会	公募	2010	民政部	北京	2947
11	宁波市鄞州区人民教育基金会	公募	2001	浙江	浙江	2940
12	新疆妇女儿童发展基金会	公募	2008	新疆	新疆	2934
13	上海浦发公益基金会	非公募	2008	上海	上海	2922
14	广东省妇女儿童基金会	公募	2009	广东	广东	2916
15	大连市青少年发展基金会	公募	2005	辽宁	辽宁	2910
16	吉林省教育基金会	公募	1988	吉林	吉林	2908
17	湖南弘慧教育发展基金会	非公募	2008	湖南	湖南	2904
18	上海市延芳慈善基金会	非公募	2014	上海	上海	2887
19	天津中国民航大学教育发展基金会	非公募	2006	天津	天津	2876
20	孙冶方经济科学基金会	非公募	1994	民政部	北京	2865
21	北京苹果慈善基金会	非公募	2005	北京	北京	2864
22	南航“十分”关爱基金会	非公募	2005	民政部	广东	2864
23	苏州市吴江区见义勇为基金会	公募	2009	江苏	江苏	2862
24	武汉市见义勇为基金会	公募	1993	湖北	湖北	2858
25	舟山市普陀区人民教育基金会	公募	1989	浙江	浙江	2851
26	山东省送温暖工程基金会	公募	1996	山东	山东	2838
27	安徽省金汇发展教育基金会	公募	1994	安徽	安徽	2822
28	云南省扶贫基金会	公募	1992	云南	云南	2809

续表

排名	基金会名称	基金会类型	成立时间	注册地	所在地	净资产（万元）
29	绍兴市人民教育基金会	公募	1990	浙江	浙江	2797
30	中国敦煌石窟保护研究基金会	公募	1995	民政部	甘肃	2797
31	南京理工大学泰州科技学院教育发展基金会	非公募	2008	江苏	江苏	2787
32	常州公安大病特困救助基金会	非公募	2010	江苏	江苏	2775
33	宁波诺丁汉大学教育发展基金会	非公募	2012	浙江	浙江	2775
34	上海民生公益基金会	非公募	2010	上海	上海	2772
35	江苏警官学院教育发展基金会	非公募	2008	江苏	江苏	2770
36	深圳市综研软科学发展基金会	非公募	2007	广东	广东	2768
37	江苏省扶贫基金会	公募	1993	江苏	江苏	2765
38	诸暨市人民教育基金会	公募	1998	浙江	浙江	2756
39	黑龙江省青少年发展基金会	公募	1988	黑龙江	黑龙江	2755
40	中国华夏文化遗产基金会	公募	2007	民政部	北京	2752
41	中国京剧艺术基金会	公募	1992	民政部	北京	2752
42	榆林市胡星元慈善基金会	非公募	2006	陕西	陕西	2751
43	北京中艺艺术基金会	公募	2009	北京	北京	2732
44	江苏仁医基金会	非公募	2009	江苏	江苏	2723
45	黑龙江省公安民警英烈基金会	公募	2005	黑龙江	黑龙江	2722
46	河南省教育发展基金会	公募	1998	河南	河南	2718
47	无锡市文化遗产保护基金会	公募	2007	江苏	江苏	2704
48	浙江省金融教育基金会	公募	1993	浙江	浙江	2702
49	思利及人公益基金会	非公募	2012	民政部	广东	2700
50	浙江树人大学暨王宽诚教育基金会	非公募	1992	浙江	浙江	2700
51	广西红十字基金会	公募	1995	广西	广西	2687
52	辽宁省体育基金会	公募	1989	辽宁	辽宁	2685
53	内蒙古自治区青少年发展基金会	公募	1990	内蒙古	内蒙古	2685
54	金华职业技术学院教育发展基金会	非公募	2009	浙江	浙江	2679
55	上海市青浦区教育基金会	公募	2007	上海	上海	2670
56	山东财经大学教育基金会	非公募	2008	山东	山东	2665
57	湘潭市教育发展基金会	公募	2005	湖南	湖南	2664
58	山西省青少年发展基金会	公募	1993	山西	山西	2662
59	浙江省舟山中浪慈善基金会	非公募	2010	浙江	浙江	2656
60	陕西省天骄煤矿子弟助学基金会	非公募	2010	陕西	陕西	2656

续表

排名	基金会名称	基金会类型	成立时间	注册地	所在地	净资产（万元）
61	四川省志愿服务基金会	公募	2009	四川	四川	2652
62	南京师范大学泰州学院教育发展基金会	非公募	2006	江苏	江苏	2651
63	广东省广东外语外贸大学教育发展基金会	非公募	2010	广东	广东	2647
64	福州大学教育发展基金会	非公募	2008	福建	福建	2646
65	福建省潘振东教育基金会	非公募	2006	福建	福建	2638
66	北京桂馨慈善基金会	非公募	2008	北京	北京	2634
67	内蒙古云曙碧公益事业基金会	非公募	2009	内蒙古	内蒙古	2632
68	太平洋国际交流基金会	非公募	2012	民政部	北京	2630
69	郑州市嵩山文明研究基金会	非公募	2013	河南	河南	2622
70	河南省宋河老子国学教育基金会	非公募	2010	河南	河南	2618
71	中国企业管理科学基金会	公募	1987	民政部	北京	2614
72	慈孝特困老人救助基金会	非公募	2014	民政部	北京	2611
73	山东省友芳公益基金会	非公募	2012	山东	山东	2610
74	四川省关心下一代基金会	公募	2010	四川	四川	2608
75	广西见义勇为基金会	公募	1994	广西	广西	2587
76	上海现代服务业发展研究基金会	公募	2012	上海	上海	2584
77	苏州工业园区慈善基金会	公募	2008	江苏	江苏	2581
78	温州大学教育发展基金会	非公募	2012	浙江	浙江	2573
79	中国生物多样性保护与绿色发展基金会	公募	1997	民政部	北京	2560
80	山西省人民教育基金会	公募	2005	山西	山西	2549
81	高邮市慈善基金会	公募	2007	江苏	江苏	2548
82	青海省青少年发展基金会	公募	1991	青海	青海	2542
83	聊城市见义勇为基金会	公募	2012	山东	山东	2541
84	深圳美丽园丁教育基金会	非公募	2013	广东	广东	2536
85	河南省见义勇为基金会	公募	2005	河南	河南	2531
86	上海市嘉定区教育奖励基金会	公募	1992	上海	上海	2529
87	长沙市公安民警互助基金会	非公募	2007	湖南	湖南	2524
88	太仓市慈善基金会	公募	2008	江苏	江苏	2516
89	深圳市桃源社区发展基金会	非公募	2012	广东	广东	2504
90	杭州市老龄事业发展基金会	公募	1988	浙江	浙江	2498
91	河南省宋庆龄基金会	公募	1992	河南	河南	2497
92	上海市儿童健康基金会	公募	1992	上海	上海	2496
93	赣州市红十字博爱基金会	公募	2011	江西	江西	2486

续表

排名	基金会名称	基金会类型	成立时间	注册地	所在地	净资产（万元）
94	三江学院教育发展基金会	非公募	2006	江苏	江苏	2484
95	淮海工学院教育发展基金会	非公募	2011	江苏	江苏	2484
96	福建省泉州第五中学教育基金会	非公募	2011	福建	福建	2484
97	湖南省浏阳市教育基金会	公募	2005	湖南	湖南	2475
98	苏州工艺美术职业技术学院教育发展基金会	非公募	2010	江苏	江苏	2459
99	岳阳市教师奖励基金会	公募	2004	湖南	湖南	2457
100	湖南省九嶷山舜帝陵基金会	公募	2004	湖南	湖南	2446

2. 2014年中小型基金会总收入Top 100

排名	基金会名称	基金会类型	成立时间	注册地	所在地	总收入（万元）
1	云南省医疗扶贫基金会	公募	2009	云南	云南	19877
2	河南省宋庆龄基金会	公募	1992	河南	河南	15439
3	宁夏回族自治区燕宝慈善基金会	非公募	2010	宁夏	宁夏	15027
4	厦门仁爱医疗基金会	非公募	2013	福建	福建	13853
5	姜堰市教育发展基金会	公募	2012	江苏	江苏	7432
6	北京力生心血管健康基金会	非公募	2010	北京	北京	7055
7	河南足球事业发展基金会	公募	2008	河南	河南	6453
8	慈孝特困老人救助基金会	非公募	2014	民政部	北京	5990
9	中国电影基金会	公募	1989	民政部	北京	5177
10	云南省光彩事业基金会	公募	2013	云南	云南	4752
11	深圳市佳兆业公益基金会	非公募	2011	广东	广东	4740
12	汕头市潮阳区公益基金会	公募	2012	广东	广东	4419
13	广东省卓如医疗慈善救助基金会	非公募	2011	广东	广东	4413
14	新奥公益慈善基金会	非公募	2005	河北	河北	4372
15	北京市企业家环保基金会	公募	2008	北京	北京	4340
16	重庆市扶贫基金会	公募	1994	重庆	重庆	4290
17	南京市鼓楼教育基金会	非公募	2013	江苏	江苏	3994
18	上海复星公益基金会	非公募	2012	上海	上海	3956
19	杭州市上城区教育发展基金会	公募	2005	浙江	浙江	3914
20	山东省南山老龄事业发展基金会	非公募	2012	山东	山东	3911
21	内蒙古自治区人民教育基金会	公募	1992	内蒙古	内蒙古	3882

续表

排名	基金会名称	基金会类型	成立时间	注册地	所在地	总收入（万元）
22	北京医学奖励基金会	非公募	2002	北京	北京	3784
23	四川省妇女发展基金会	公募	2008	四川	四川	3599
24	顺丰公益基金会	非公募	2012	民政部	广东	3538
25	中国医学基金会	公募	1987	民政部	北京	3470
26	北京国际音乐节艺术基金会	非公募	2005	北京	北京	3434
27	上海联劝公益基金会	公募	2009	上海	上海	3220
28	海南省残疾人基金会	公募	2013	海南	海南	3148
29	靖江市教育发展基金会	公募	2013	江苏	江苏	3082
30	上海市延芳慈善基金会	非公募	2014	上海	上海	3003
31	淮阴卫生高等职业技术学校教育发展基金会	非公募	2014	江苏	江苏	2965
32	上海医学创新发展基金会	非公募	2012	上海	上海	2890
33	甘肃省残疾人福利基金会	公募	2007	甘肃	甘肃	2860
34	陶行知教育基金会	非公募	2013	民政部	北京	2820
35	贵州省大地公益基金会	非公募	2014	贵州	贵州	2794
36	大连市青少年发展基金会	公募	2005	辽宁	辽宁	2780
37	浙江省康恩贝慈善救助基金会	非公募	2007	浙江	浙江	2749
38	北京市希思科临床肿瘤学研究基金会	非公募	2005	北京	北京	2741
39	中国文物保护基金会	公募	1990	民政部	北京	2727
40	北京巧女公益基金会	非公募	2012	北京	北京	2724
41	宁夏青少年发展基金会	公募	1993	宁夏	宁夏	2667
42	浙江省娃哈哈慈善基金会	非公募	2009	浙江	浙江	2649
43	河南省残疾人福利基金会	公募	2006	河南	河南	2626
44	北京达理公益基金会	非公募	2014	北京	北京	2569
45	青海省青少年发展基金会	公募	1991	青海	青海	2563
46	甘肃省青少年发展基金会	公募	1992	甘肃	甘肃	2501
47	汕尾市扶贫基金会	公募	2010	广东	广东	2468
48	北京春苗儿童救助基金会	非公募	2010	北京	北京	2459
49	浙江中医药大学教育基金会	非公募	2013	浙江	浙江	2435
50	四川省民生慈善基金会	公募	2014	四川	四川	2413
51	山东省友芳公益基金会	非公募	2012	山东	山东	2371
52	广东省合生珠江教育发展基金会	非公募	2007	广东	广东	2364
53	天津市关心下一代基金会	公募	2014	天津	天津	2300
54	贵州省教育发展基金会	公募	2011	贵州	贵州	2296

续表

排名	基金会名称	基金会类型	成立时间	注册地	所在地	总收入（万元）
55	无锡灵山慈善基金会	公募	2004	江苏	江苏	2293
56	北京中艺艺术基金会	公募	2009	北京	北京	2279
57	福建省闽南文化发展基金会	非公募	2013	福建	福建	2249
58	黑龙江省青少年发展基金会	公募	1988	黑龙江	黑龙江	2248
59	湖南弘慧教育发展基金会	非公募	2008	湖南	湖南	2235
60	北京康盟慈善基金会	非公募	2010	北京	北京	2221
61	广州市时代地产公益基金会	非公募	2007	广东	广东	2216
62	宁夏回族自治区扶贫基金会	公募	1996	宁夏	宁夏	2176
63	新疆妇女儿童发展基金会	公募	2008	新疆	新疆	2161
64	重庆市青少年发展基金会	公募	2009	重庆	重庆	2153
65	北京春晖博爱儿童救助公益基金会	非公募	2012	北京	北京	2135
66	云南省扶贫基金会	公募	1992	云南	云南	2117
67	天津市红十字基金会	公募	2012	天津	天津	2103
68	广东省豪爵慈善基金会	非公募	2007	广东	广东	2026
69	北京银泰公益基金会	非公募	2014	北京	北京	2025
70	上海韩天衡文化艺术基金会	非公募	2014	上海	上海	2019
71	江苏省儿童少年福利基金会	公募	1984	江苏	江苏	2018
72	上海荣昶公益基金会	非公募	2014	上海	上海	2010
73	漳州市吴惠天慈善基金会	非公募	2014	福建	福建	2000
74	上海大慈公益基金会	非公募	2014	上海	上海	2000
75	西藏自治区资本市场培训基金会	非公募	2014	西藏	西藏	2000
76	北京志远功臣关爱基金会	非公募	2012	北京	北京	1990
77	广西医科大学教育发展基金会	非公募	2014	广西	广西	1965
78	张家港市永联为民基金会	非公募	2010	江苏	江苏	1948
79	广东省妇女儿童基金会	公募	2009	广东	广东	1920
80	北京天使妈妈慈善基金会	非公募	2013	北京	北京	1916
81	湖南省炎帝陵基金会	公募	1994	湖南	湖南	1897
82	贵州省妇女儿童发展基金会	公募	2012	贵州	贵州	1886
83	九江市教育基金会	公募	2010	江西	江西	1884
84	长沙市明德至善教育基金会	非公募	2008	湖南	湖南	1868
85	沈阳市教育基金会	公募	2005	辽宁	辽宁	1866
86	四川省资中教育基金会	公募	2006	四川	四川	1859

续表

排名	基金会名称	基金会类型	成立时间	注册地	所在地	总收入（万元）
87	浙江省体育基金会	公募	2014	浙江	浙江	1859
88	深圳市深大土木教育基金会	非公募	2014	广东	广东	1852
89	郑州市嵩山文明研究基金会	非公募	2013	河南	河南	1851
90	重庆市青年创新创业基金会	公募	2009	重庆	重庆	1848
91	中国少年儿童文化艺术基金会	公募	1991	民政部	北京	1841
92	浙江省爱心事业基金会	公募	1995	浙江	浙江	1823
93	深圳市龙越慈善基金会	非公募	2011	广东	广东	1817
94	广东省华南农业大学教育发展基金会	非公募	2010	广东	广东	1815
95	内蒙古云曙碧公益事业基金会	非公募	2009	内蒙古	内蒙古	1811
96	江苏中南慈善基金会	非公募	2011	江苏	江苏	1803
97	濮阳市教育发展基金会	公募	2013	河南	河南	1799
98	南京中国药科大学教育发展基金会	非公募	2006	江苏	江苏	1793
99	北京百度公益基金会	非公募	2011	北京	北京	1772
100	宁夏银川大学教育发展基金会	公募	2005	宁夏	宁夏	1746

3. 2014年中小型基金会捐赠收入Top 100

排名	基金会名称	基金会类型	成立时间	注册地	所在地	捐赠收入（万元）
1	云南省医疗扶贫基金会	公募	2009	云南	云南	19877
2	河南省宋庆龄基金会	公募	1992	河南	河南	15419
3	宁夏回族自治区燕宝慈善基金会	非公募	2010	宁夏	宁夏	15010
4	厦门仁爱医疗基金会	非公募	2013	福建	福建	13850
5	姜堰市教育发展基金会	公募	2012	江苏	江苏	7421
6	河南足球事业发展基金会	公募	2008	河南	河南	6449
7	慈孝特困老人救助基金会	非公募	2014	民政部	北京	5990
8	中国电影基金会	公募	1989	民政部	北京	4803
9	云南省光彩事业基金会	公募	2013	云南	云南	4752
10	深圳市佳兆业公益基金会	非公募	2011	广东	广东	4740
11	广东省卓如医疗慈善救助基金会	非公募	2011	广东	广东	4410
12	新奥公益慈善基金会	非公募	2005	河北	河北	4372
13	汕头市潮阳区公益基金会	公募	2012	广东	广东	4329
14	北京市企业家环保基金会	公募	2008	北京	北京	4299

续表

排名	基金会名称	基金会类型	成立时间	注册地	所在地	捐赠收入（万元）
15	重庆市扶贫基金会	公募	1994	重庆	重庆	4121
16	上海复星公益基金会	非公募	2012	上海	上海	3956
17	南京市鼓楼教育基金会	非公募	2013	江苏	江苏	3947
18	山东省南山老龄事业发展基金会	非公募	2012	山东	山东	3911
19	内蒙古自治区人民教育基金会	公募	1992	内蒙古	内蒙古	3837
20	杭州市上城区教育发展基金会	公募	2005	浙江	浙江	3804
21	四川省妇女发展基金会	公募	2008	四川	四川	3594
22	北京医学奖励基金会	非公募	2002	北京	北京	3502
23	顺丰公益基金会	非公募	2012	民政部	广东	3502
24	上海联劝公益基金会	公募	2009	上海	上海	3097
25	靖江市教育发展基金会	公募	2013	江苏	江苏	3043
26	海南省残疾人基金会	公募	2013	海南	海南	3027
27	上海市延芳慈善基金会	非公募	2014	上海	上海	3000
28	淮阴卫生高等职业技术学校教育发展基金会	非公募	2014	江苏	江苏	2961
29	中国医学基金会	公募	1987	民政部	北京	2803
30	贵州省大地公益基金会	非公募	2014	贵州	贵州	2790
31	陶行知教育基金会	非公募	2013	民政部	北京	2775
32	大连市青少年发展基金会	公募	2005	辽宁	辽宁	2731
33	浙江省康恩贝慈善救助基金会	非公募	2007	浙江	浙江	2729
34	北京巧女公益基金会	非公募	2012	北京	北京	2723
35	中国文物保护基金会	公募	1990	民政部	北京	2695
36	北京市希思科临床肿瘤学研究基金会	非公募	2005	北京	北京	2678
37	浙江省娃哈哈慈善基金会	非公募	2009	浙江	浙江	2645
38	甘肃省残疾人福利基金会	公募	2007	甘肃	甘肃	2641
39	河南省残疾人福利基金会	公募	2006	河南	河南	2586
40	宁夏青少年发展基金会	公募	1993	宁夏	宁夏	2581
41	北京达理公益基金会	非公募	2014	北京	北京	2568
42	甘肃省青少年发展基金会	公募	1992	甘肃	甘肃	2498
43	浙江中医药大学教育基金会	非公募	2013	浙江	浙江	2431
44	汕尾市扶贫基金会	公募	2010	广东	广东	2419
45	四川省民生慈善基金会	公募	2014	四川	四川	2411
46	北京春苗儿童救助基金会	非公募	2010	北京	北京	2409

续表

排名	基金会名称	基金会类型	成立时间	注册地	所在地	捐赠收入（万元）
47	广东省合生珠江教育发展基金会	非公募	2007	广东	广东	2340
48	天津市关心下一代基金会	公募	2014	天津	天津	2300
49	无锡灵山慈善基金会	公募	2004	江苏	江苏	2249
50	福建省闽南文化发展基金会	非公募	2013	福建	福建	2249
51	北京康盟慈善基金会	非公募	2010	北京	北京	2220
52	广州市时代地产公益基金会	非公募	2007	广东	广东	2216
53	贵州省教育发展基金会	公募	2011	贵州	贵州	2203
54	青海省青少年发展基金会	公募	1991	青海	青海	2180
55	山东省友芳公益基金会	非公募	2012	山东	山东	2155
56	北京春晖博爱儿童救助公益基金会	非公募	2012	北京	北京	2122
57	重庆市青少年发展基金会	公募	2009	重庆	重庆	2109
58	云南省扶贫基金会	公募	1992	云南	云南	2100
59	新疆妇女儿童发展基金会	公募	2008	新疆	新疆	2098
60	黑龙江省青少年发展基金会	公募	1988	黑龙江	黑龙江	2092
61	宁夏回族自治区扶贫基金会	公募	1996	宁夏	宁夏	2091
62	湖南弘慧教育发展基金会	非公募	2008	湖南	湖南	2081
63	天津市红十字基金会	公募	2012	天津	天津	2074
64	北京银泰公益基金会	非公募	2014	北京	北京	2021
65	上海韩天衡文化艺术基金会	非公募	2014	上海	上海	2015
66	北京中艺艺术基金会	公募	2009	北京	北京	2015
67	广东省豪爵慈善基金会	非公募	2007	广东	广东	2000
68	上海大慈公益基金会	非公募	2014	上海	上海	2000
69	上海荣昶公益基金会	非公募	2014	上海	上海	2000
70	西藏自治区资本市场培训基金会	非公募	2014	西藏	西藏	2000
71	漳州市吴惠天慈善基金会	非公募	2014	福建	福建	2000
72	北京志远功臣关爱基金会	非公募	2012	北京	北京	1986
73	广西医科大学教育发展基金会	非公募	2014	广西	广西	1965
74	张家港市永联为民基金会	非公募	2010	江苏	江苏	1944
75	北京天使妈妈慈善基金会	非公募	2013	北京	北京	1907
76	湖南省炎帝陵基金会	公募	1994	湖南	湖南	1895
77	九江市教育基金会	公募	2010	江西	江西	1879
78	贵州省妇女儿童发展基金会	公募	2012	贵州	贵州	1869

续表

排名	基金会名称	基金会类型	成立时间	注册地	所在地	捐赠收入（万元）
79	长沙市明德至善教育基金会	非公募	2008	湖南	湖南	1866
80	中国少年儿童文化艺术基金会	公募	1991	民政部	北京	1826
81	江苏中南慈善基金会	非公募	2011	江苏	江苏	1803
82	广东省华南农业大学教育发展基金会	非公募	2010	广东	广东	1803
83	深圳市龙越慈善基金会	非公募	2011	广东	广东	1801
84	深圳市深大土木教育基金会	非公募	2014	广东	广东	1800
85	南京中国药科大学教育发展基金会	非公募	2006	江苏	江苏	1793
86	四川省资中教育基金会	公募	2006	四川	四川	1771
87	郑州市嵩山文明研究基金会	非公募	2013	河南	河南	1766
88	濮阳市教育发展基金会	公募	2013	河南	河南	1759
89	北京百度公益基金会	非公募	2011	北京	北京	1752
90	宁波市理想教育发展基金会	非公募	2014	浙江	浙江	1735
91	上海纽约大学教育发展基金会	非公募	2014	上海	上海	1728
92	北京市西部阳光农村发展基金会	非公募	2006	北京	北京	1720
93	北京市慈善基金会	公募	2013	北京	北京	1714
94	广东省妇女儿童基金会	公募	2009	广东	广东	1710
95	六安市迎驾慈善基金会	非公募	2014	安徽	安徽	1694
96	沈阳市教育基金会	公募	2005	辽宁	辽宁	1683
97	江苏省儿童少年福利基金会	公募	1984	江苏	江苏	1671
98	甘肃妇女儿童发展基金会	公募	1997	甘肃	甘肃	1659
99	广东省潮商公益基金会	非公募	2012	广东	广东	1623
100	浙江千训爱心慈善基金会	非公募	2011	浙江	浙江	1619

4. 2014年中小型基金会政府补助Top 100

排名	基金会名称	基金会类型	成立时间	注册地	所在地	政府补贴收入（万元）
1	北京国际音乐节艺术基金会	非公募	2005	北京	北京	1990
2	宁夏银川大学教育发展基金会	公募	2005	宁夏	宁夏	1641
3	重庆社会救助基金会	公募	2011	重庆	重庆	1500
4	深圳市拥军优属基金会	公募	2008	广东	广东	1299
5	四川省志愿服务基金会	公募	2009	四川	四川	1210

续表

排名	基金会名称	基金会类型	成立时间	注册地	所在地	政府补贴收入（万元）
6	张家港市见义勇为基金会	公募	2006	江苏	江苏	779
7	淮安大众助保基金会	非公募	2006	江苏	江苏	607
8	广州市羊城志愿服务基金会	非公募	2009	广东	广东	600
9	启东市见义勇为基金会	公募	2010	江苏	江苏	600
10	新疆维吾尔自治区送温暖工程基金会	公募	1993	新疆	新疆	600
11	南通市通州区见义勇为基金会	公募	2011	江苏	江苏	500
12	成都市见义勇为基金会	公募	2008	四川	四川	500
13	吉林省青年创业就业基金会	公募	2009	吉林	吉林	500
14	宜宾市关心下一代基金会	公募	2013	四川	四川	500
15	浙江省体育基金会	公募	2014	浙江	浙江	500
16	重庆市青年创新创业基金会	公募	2009	重庆	重庆	500
17	珠海市禁毒基金会	公募	2005	广东	广东	500
18	福建省见义勇为基金会	公募	1994	福建	福建	471
19	福州见义勇为基金会	公募	1995	福建	福建	471
20	湖南省石门县教育基金会	公募	2014	湖南	湖南	470
21	抚顺市雷锋基金会	公募	2013	辽宁	辽宁	469
22	镇江市新区见义勇为基金会	公募	2007	江苏	江苏	458
23	深圳市社会公益基金会	公募	1992	广东	广东	450
24	浙江省老年事业发展基金会	公募	1989	浙江	浙江	432
25	中国京剧艺术基金会	公募	1992	民政部	北京	430
26	嘉兴市农业技术推广基金会	公募	2013	浙江	浙江	422
27	海门市美德基金会	公募	2014	江苏	江苏	400
28	河南省汝州市教育发展基金会	公募	2014	河南	河南	400
29	辽宁省昌图县教育基金会	公募	2014	辽宁	辽宁	400
30	青海公安民警英烈基金会	公募	2014	青海	青海	400
31	山西省临猗县教育基金会	公募	2014	山西	山西	400
32	新疆巴音郭楞蒙古自治州送温暖工程基金会	公募	1996	新疆	新疆	385
33	湖南省扶贫基金会	非公募	1997	湖南	湖南	375
34	南通市爱心帮困基金会	非公募	2008	江苏	江苏	374
35	中国电影基金会	公募	1989	民政部	北京	370
36	长沙县教育基金会	公募	2004	湖南	湖南	360
37	青海省青少年发展基金会	公募	1991	青海	青海	333

续表

排名	基金会名称	基金会类型	成立时间	注册地	所在地	政府补贴收入（万元）
38	内蒙古包头市青山区教育基金会	公募	2013	内蒙古	内蒙古	304
39	广西见义勇为基金会	公募	1994	广西	广西	300
40	河南省见义勇为基金会	公募	2005	河南	河南	300
41	湖南省关心下一代基金会	公募	2013	湖南	湖南	300
42	南京市中小学幼儿教师奖励基金会	非公募	1993	江苏	江苏	300
43	内蒙古草原文化保护发展基金会	公募	2006	内蒙古	内蒙古	300
44	潍坊市见义勇为基金会	公募	2013	山东	山东	300
45	重庆市儿童医疗救助基金会	公募	2005	重庆	重庆	300
46	浙江省台州市农业技术推广基金会	公募	2011	浙江	浙江	282
47	辽宁省见义勇为基金会	公募	1997	辽宁	辽宁	280
48	高邮市慈善基金会	公募	2007	江苏	江苏	260
49	抚顺市公安民警救助基金会	公募	2007	辽宁	辽宁	248
50	内蒙古社会治安见义勇为基金会	公募	1994	内蒙古	内蒙古	247
51	白城市夕阳红老龄事业发展基金会	非公募	2014	吉林	吉林	245
52	常德市鼎城区教育基金会	公募	2013	湖南	湖南	241
53	宁波市海曙区公益组织发展基金会	非公募	2013	浙江	浙江	231
54	绍兴市见义勇为基金会	公募	1989	浙江	浙江	229
55	湖北省荆门聂绀弩诗词研究基金会	非公募	2012	湖北	湖北	221
56	南京市浦口区扶贫基金会	公募	2007	江苏	江苏	220
57	甘肃省残疾人福利基金会	公募	2007	甘肃	甘肃	212
58	宁夏盐池教育发展基金会	公募	2009	宁夏	宁夏	212
59	新疆生产建设兵团青年创业增收基金会	公募	2013	新疆	新疆	212
60	镇江市润州区见义勇为基金会	公募	2007	江苏	江苏	211
61	陕西省西安市老龄事业发展基金会	公募	1995	陕西	陕西	211
62	邵阳市教育基金会	公募	2013	湖南	湖南	210
63	浙江省富阳市老龄事业发展基金会	公募	2013	浙江	浙江	210
64	巴彦淖尔市人民教育基金会	公募	1995	内蒙古	内蒙古	208
65	贵州省体育发展基金会	公募	2011	贵州	贵州	200
66	杭州市见义勇为基金会	公募	1992	浙江	浙江	200
67	河北省职工互助基金会	非公募	2011	河北	河北	200
68	昆山市见义勇为基金会	公募	1997	江苏	江苏	200
69	内蒙古云曙碧公益事业基金会	非公募	2009	内蒙古	内蒙古	200

续表

排名	基金会名称	基金会类型	成立时间	注册地	所在地	政府补贴收入（万元）
70	宁波市关心下一代基金会	非公募	2014	浙江	浙江	200
71	青岛市见义勇为基金会	公募	2007	山东	山东	200
72	韶关市教育基金会	公募	1992	广东	广东	200
73	遂宁市关心下一代基金会	公募	2013	四川	四川	200
74	新疆生产建设兵团残疾人福利基金会	非公募	2014	新疆	新疆	200
75	永嘉县社会组织发展基金会	非公募	2013	浙江	浙江	200
76	浙江省革命老区发展基金会	公募	2011	浙江	浙江	200
77	重庆市武隆县扶贫基金会	公募	2012	重庆	重庆	200
78	株洲市教育基金会	公募	2005	湖南	湖南	200
79	舟山市农业技术推广基金会	公募	2012	浙江	浙江	189
80	湖南省平江县教育基金会	公募	2004	湖南	湖南	184
81	北京宋庄艺术发展基金会	公募	2011	北京	北京	178
82	河北省青年就业创业基金会	非公募	2009	河北	河北	176
83	北京立德未来助学公益基金会	非公募	2014	北京	北京	172
84	温州市鹿城区人民教育基金会	公募	2005	浙江	浙江	170
85	湖南省华容县教师奖励基金会	公募	2005	湖南	湖南	168
86	温州市农业技术推广基金会	公募	2012	浙江	浙江	157
87	内蒙古鄂尔多斯市扶贫基金会	公募	2009	内蒙古	内蒙古	155
88	河北省老年事业发展基金会	公募	2011	河北	河北	152
89	甘肃省见义勇为基金会	公募	1992	甘肃	甘肃	150
90	怀化市教育基金会	公募	2006	湖南	湖南	150
91	江苏省儿童少年福利基金会	公募	1984	江苏	江苏	150
92	厦门残疾人福利基金会	公募	2006	福建	福建	150
93	岳阳市教师奖励基金会	公募	2004	湖南	湖南	150
94	云南省亚洲微电影基金会	公募	2013	云南	云南	150
95	宿迁市见义勇为基金会	公募	2001	江苏	江苏	147
96	吉林省老龄事业发展基金会	公募	1992	吉林	吉林	145
97	永州市慈善基金会	公募	2008	湖南	湖南	140
98	昆明市见义勇为基金会	公募	2003	云南	云南	127
99	湖南省桂阳县教育基金会	公募	2005	湖南	湖南	127
100	河北省清河县教育基金会	非公募	2013	河北	河北	123

5. 2014年中小型基金会投资收益Top 100

排名	基金会名称	基金会类型	成立时间	注册地	所在地	投资收益（万元）
1	上海市科普基金会	公募	2005	上海	上海	689
2	浙江省马寅初人口福利基金会	公募	1994	浙江	浙江	684
3	三江源生态保护基金会	公募	2012	青海	青海	438
4	湘潭县教育发展基金会	公募	2010	湖南	湖南	381
5	河南省宋河老子国学教育基金会	非公募	2010	河南	河南	333
6	浙江福泰隆慈善基金会	非公募	2010	浙江	浙江	327
7	浙江省李书福资助教育基金会	非公募	2006	浙江	浙江	307
8	浙江省爱心事业基金会	公募	1995	浙江	浙江	274
9	北京绿化基金会	公募	1996	北京	北京	255
10	上海市自然与健康基金会	非公募	2004	上海	上海	253
11	株洲市教育基金会	公募	2005	湖南	湖南	241
12	湖南胡杨助学励学公益基金会	非公募	2011	湖南	湖南	240
13	浙江省金融教育基金会	公募	1993	浙江	浙江	236
14	北流见义勇为慈善基金会	公募	2012	广西	广西	230
15	广西华侨爱心基金会	公募	2009	广西	广西	230
16	聊城市见义勇为基金会	公募	2012	山东	山东	214
17	桂林市仁济慈善基金会	非公募	2007	广西	广西	212
18	上海市嘉定区教育奖励基金会	公募	1992	上海	上海	206
19	陕西省天骄煤矿子弟助学基金会	非公募	2010	陕西	陕西	203
20	山东财经大学教育基金会	非公募	2008	山东	山东	202
21	润慈公益基金会	非公募	2013	民政部	北京	200
22	海南成美慈善基金会	公募	2010	海南	海南	200
23	青海省希望明德关爱青少年基金会	非公募	2013	青海	青海	200
24	上海民生公益基金会	非公募	2010	上海	上海	200
25	安徽省残疾人福利基金会	公募	1985	安徽	安徽	195
26	安徽省金汇发展教育基金会	公募	1994	安徽	安徽	194
27	上海文学发展基金会	公募	1991	上海	上海	193
28	湖南岳阳长炼石化科技创新基金会	非公募	2012	湖南	湖南	188
29	四川省红十字基金会	公募	2010	四川	四川	187
30	江阴伟成师生教育基金会	非公募	2012	江苏	江苏	183
31	浙江树人大学暨王宽诚教育基金会	非公募	1992	浙江	浙江	181
32	陕西省西安残疾人福利基金会	公募	2005	陕西	陕西	181

续表

排名	基金会名称	基金会类型	成立时间	注册地	所在地	投资收益（万元）
33	苏州市法律援助基金会	公募	2008	江苏	江苏	180
34	淄博市见义勇为基金会	公募	2005	山东	山东	180
35	浙江中信金通教育基金会	非公募	2008	浙江	浙江	178
36	北京绿色未来环境基金会	非公募	2011	北京	北京	176
37	福建大丰文化基金会	非公募	1991	福建	福建	170
38	上海浦发公益基金会	非公募	2008	上海	上海	169
39	四川省洪雅县育才教育基金会	非公募	2013	四川	四川	165
40	湘乡市教育发展基金会	公募	2008	湖南	湖南	164
41	陕西省西安市老龄事业发展基金会	公募	1995	陕西	陕西	163
42	山东省送温暖工程基金会	公募	1996	山东	山东	162
43	淮安市关心下一代基金会	非公募	2012	江苏	江苏	161
44	大连市见义勇为基金会	公募	1993	辽宁	辽宁	160
45	南通市崇川区慈善基金会	公募	2007	江苏	江苏	158
46	湖南弘慧教育发展基金会	非公募	2008	湖南	湖南	154
47	天津市老年基金会	公募	1992	天津	天津	150
48	山西省代县雁门济困助学基金会	非公募	2012	山西	山西	150
49	山西省姚奠中国学教育基金会	非公募	2010	山西	山西	150
50	海门市见义勇为基金会	公募	2012	江苏	江苏	150
51	北京市董辅礽经济科学发展基金会	非公募	2004	北京	北京	150
52	上海嘉宝公益基金会	非公募	2013	上海	上海	145
53	高邮市慈善基金会	公募	2007	江苏	江苏	144
54	芜湖慈善基金会	非公募	2012	安徽	安徽	141
55	临沂市见义勇为基金会	公募	2010	山东	山东	140
56	益阳市教育基金会	公募	2005	湖南	湖南	140
57	上海发展研究基金会	公募	1993	上海	上海	138
58	上海市华侨事业发展基金会	公募	2006	上海	上海	136
59	北京市黄胄美术基金会	非公募	1989	北京	北京	135
60	漳州市见义勇为基金会	公募	1993	福建	福建	134
61	北京文化发展基金会	公募	1996	北京	北京	134
62	赣州市红十字博爱基金会	公募	2011	江西	江西	133
63	长沙市公安民警互助基金会	非公募	2007	湖南	湖南	130
64	湖南太阳慈善助学基金会	非公募	2014	湖南	湖南	129

续表

排名	基金会名称	基金会类型	成立时间	注册地	所在地	投资收益（万元）
65	四川省社会科学学术基金会	公募	2005	四川	四川	129
66	宜兴市见义勇为基金会	公募	2010	江苏	江苏	125
67	上海现代服务业发展研究基金会	公募	2012	上海	上海	122
68	北京绿能煤炭经济研究基金会	非公募	2011	北京	北京	122
69	湖南宋祖英助学基金会	非公募	2006	湖南	湖南	120
70	乌兰浩特市城乡困难群众大病医疗救助基金会	非公募	2011	内蒙古	内蒙古	120
71	黑龙江省青少年发展基金会	公募	1988	黑龙江	黑龙江	119
72	江苏省儿童少年福利基金会	公募	1984	江苏	江苏	118
73	四川省国电大渡河爱心帮扶基金会	非公募	2006	四川	四川	116
74	南京市中小学生科技活动基金会	公募	1992	江苏	江苏	116
75	天津市王克昌奖学基金会	非公募	2002	天津	天津	115
76	浙江省扶贫基金会	公募	1992	浙江	浙江	115
77	芜湖市爱心助学基金会	非公募	2009	安徽	安徽	115
78	安徽省见义勇为基金会	公募	2007	安徽	安徽	114
79	四川省关心下一代基金会	公募	2010	四川	四川	113
80	泗洪县见义勇为基金会	公募	2010	江苏	江苏	112
81	广西吕贻标爱心基金会	非公募	2013	广西	广西	110
82	江苏省老龄事业发展基金会	公募	1994	江苏	江苏	110
83	涟源市教育基金会	公募	2011	湖南	湖南	110
84	思利及人公益基金会	非公募	2012	民政部	广东	108
85	湖北省弘愿慈善基金会	非公募	2012	湖北	湖北	106
86	常德市鼎城区教育基金会	公募	2013	湖南	湖南	106
87	上海国际经济交流基金会	公募	1994	上海	上海	106
88	安徽桐城农商银行公益基金会	非公募	2013	安徽	安徽	104
89	湖南省平江县教育基金会	公募	2004	湖南	湖南	103
90	深圳市桃源社区发展基金会	非公募	2012	广东	广东	102
91	厦门中山医院基金会	非公募	1993	福建	福建	102
92	浙江省舟山中浪慈善基金会	非公募	2010	浙江	浙江	102
93	东莞市教育基金会	公募	2004	广东	广东	102
94	韶关市教育基金会	公募	1992	广东	广东	101
95	南通市爱心帮困基金会	非公募	2008	江苏	江苏	100
96	阜新市公安民警救助基金会	公募	2012	辽宁	辽宁	100

续表

排名	基金会名称	基金会类型	成立时间	注册地	所在地	投资收益（万元）
97	新昌县道才公益基金会	非公募	2013	浙江	浙江	100
98	延边大学教育基金会	非公募	2006	吉林	吉林	100
99	河北省静远教育基金会	非公募	2006	河北	河北	100
100	浙江省台州市农业技术推广基金会	公募	2011	浙江	浙江	99

6. 2014年中小型基金会总支出Top 100

排名	基金会名称	基金会类型	成立时间	注册地	所在地	总支出（万元）
1	河南省宋庆龄基金会	公募	1992	河南	河南	235733
2	云南省医疗扶贫基金会	公募	2009	云南	云南	19759
3	宁夏回族自治区燕宝慈善基金会	非公募	2010	宁夏	宁夏	15318
4	厦门仁爱医疗基金会	非公募	2013	福建	福建	12529
5	河南足球事业发展基金会	公募	2008	河南	河南	6561
6	姜堰市教育发展基金会	公募	2012	江苏	江苏	6170
7	北京力生心血管健康基金会	非公募	2010	北京	北京	5915
8	汕头市潮阳区公益基金会	公募	2012	广东	广东	5695
9	北京市企业家环保基金会	公募	2008	北京	北京	5049
10	深圳市佳兆业公益基金会	非公募	2011	广东	广东	4965
11	中国电影基金会	公募	1989	民政部	北京	4729
12	北京医学奖励基金会	非公募	2002	北京	北京	4492
13	广东省卓如医疗慈善救助基金会	非公募	2011	广东	广东	4195
14	江苏中南慈善基金会	非公募	2011	江苏	江苏	4179
15	榆林市胡星元慈善基金会	非公募	2006	陕西	陕西	4169
16	新奥公益慈善基金会	非公募	2005	河北	河北	4083
17	山东省南山老龄事业发展基金会	非公募	2012	山东	山东	3971
18	内蒙古自治区人民教育基金会	公募	1992	内蒙古	内蒙古	3859
19	中国医学基金会	公募	1987	民政部	北京	3516
20	重庆市扶贫基金会	公募	1994	重庆	重庆	3470
21	上海复星公益基金会	非公募	2012	上海	上海	3464
22	云南省光彩事业基金会	公募	2013	云南	云南	3457
23	北京国际音乐节艺术基金会	非公募	2005	北京	北京	3454
24	汕尾市扶贫基金会	公募	2010	广东	广东	3401

续表

排名	基金会名称	基金会类型	成立时间	注册地	所在地	总支出（万元）
25	慈孝特困老人救助基金会	非公募	2014	民政部	北京	3379
26	四川省妇女发展基金会	公募	2008	四川	四川	3089
27	北京巧女公益基金会	非公募	2012	北京	北京	3054
28	三江学院教育发展基金会	非公募	2006	江苏	江苏	3015
29	浙江省康恩贝慈善救助基金会	非公募	2007	浙江	浙江	3013
30	上海联劝公益基金会	公募	2009	上海	上海	2964
31	北京市希思科临床肿瘤学研究基金会	非公募	2005	北京	北京	2906
32	天津桃李源文化基金会	非公募	2010	天津	天津	2882
33	陶行知教育基金会	非公募	2013	民政部	北京	2804
34	河南省残疾人福利基金会	公募	2006	河南	河南	2799
35	诸暨市人民教育基金会	公募	1998	浙江	浙江	2798
36	甘肃省残疾人福利基金会	公募	2007	甘肃	甘肃	2751
37	陕西省红十字基金会	公募	2009	陕西	陕西	2699
38	中国文物保护基金会	公募	1990	民政部	北京	2696
39	浙江省娃哈哈慈善基金会	非公募	2009	浙江	浙江	2686
40	宁夏青少年发展基金会	公募	1993	宁夏	宁夏	2603
41	上海医学创新发展基金会	非公募	2012	上海	上海	2590
42	江苏理工学院教育发展基金会	非公募	2006	江苏	江苏	2503
43	深圳市新浩爱心基金会	非公募	2005	广东	广东	2440
44	北京康盟慈善基金会	非公募	2010	北京	北京	2422
45	靖江市教育发展基金会	公募	2013	江苏	江苏	2422
46	贵州省教育发展基金会	公募	2011	贵州	贵州	2361
47	南京市鼓楼教育基金会	非公募	2013	江苏	江苏	2343
48	黑龙江省青少年发展基金会	公募	1988	黑龙江	黑龙江	2293
49	青海省青少年发展基金会	公募	1991	青海	青海	2214
50	贵州省大地公益基金会	非公募	2014	贵州	贵州	2203
51	贵州省妇女儿童发展基金会	公募	2012	贵州	贵州	2138
52	张家港市永联为民基金会	非公募	2010	江苏	江苏	2124
53	北京春晖博爱儿童救助公益基金会	非公募	2012	北京	北京	2097
54	广州市时代地产公益基金会	非公募	2007	广东	广东	2091
55	大连市青少年发展基金会	公募	2005	辽宁	辽宁	2089
56	甘肃省青少年发展基金会	公募	1992	甘肃	甘肃	2050

续表

排名	基金会名称	基金会类型	成立时间	注册地	所在地	总支出（万元）
57	广东省合生珠江教育发展基金会	非公募	2007	广东	广东	2037
58	北京仁泽公益基金会	非公募	2012	北京	北京	2024
59	重庆市青少年发展基金会	公募	2009	重庆	重庆	2021
60	北京春苗儿童救助基金会	非公募	2010	北京	北京	1908
61	广东省潮商公益基金会	非公募	2012	广东	广东	1877
62	杭州市上城区教育发展基金会	公募	2005	浙江	浙江	1848
63	长沙市明德至善教育基金会	非公募	2008	湖南	湖南	1843
64	无锡灵山慈善基金会	公募	2004	江苏	江苏	1808
65	吉林省教育基金会	公募	1988	吉林	吉林	1802
66	山东省人口关爱基金会	公募	2007	山东	山东	1801
67	广东省妇女儿童基金会	公募	2009	广东	广东	1800
68	广东省侨心慈善基金会	非公募	2007	广东	广东	1793
69	北京银泰公益基金会	非公募	2014	北京	北京	1787
70	福州大学教育发展基金会	非公募	2008	福建	福建	1783
71	重庆市青年创新创业基金会	公募	2009	重庆	重庆	1761
72	江苏科技大学教育发展基金会	非公募	2007	江苏	江苏	1748
73	广东省华南农业大学教育发展基金会	非公募	2010	广东	广东	1747
74	浙江省爱心事业基金会	公募	1995	浙江	浙江	1728
75	内蒙古自治区扶贫基金会	公募	1997	内蒙古	内蒙古	1724
76	新疆妇女儿童发展基金会	公募	2008	新疆	新疆	1697
77	北京达理公益基金会	非公募	2014	北京	北京	1696
78	扬州市教育发展基金会	非公募	2011	江苏	江苏	1680
79	重庆市华岩文教基金会	公募	2006	重庆	重庆	1665
80	天津市红十字基金会	公募	2012	天津	天津	1638
81	惠来县教育基金会	公募	1988	广东	广东	1634
82	北京百度公益基金会	非公募	2011	北京	北京	1632
83	中国少数民族文化艺术基金会	公募	1988	民政部	北京	1614
84	沈阳市教育基金会	公募	2005	辽宁	辽宁	1610
85	四川省资中教育基金会	公募	2006	四川	四川	1585
86	海南省残疾人基金会	公募	2013	海南	海南	1583
87	河北精英教育基金会	非公募	2013	河北	河北	1570
88	北京故宫文物保护基金会	非公募	2010	北京	北京	1566

续表

排名	基金会名称	基金会类型	成立时间	注册地	所在地	总支出（万元）
89	江苏省儿童少年福利基金会	公募	1984	江苏	江苏	1562
90	天津市残疾人福利基金会	公募	1990	天津	天津	1547
91	九江市教育基金会	公募	2010	江西	江西	1541
92	北京蔚蓝公益基金会	非公募	2011	北京	北京	1536
93	福建省正荣公益基金会	非公募	2013	福建	福建	1533
94	四川省残疾人福利基金会	公募	1985	四川	四川	1526
95	北京妇女儿童发展基金会	公募	1992	北京	北京	1516
96	湖南青年创业就业基金会	公募	2009	湖南	湖南	1514
97	广西民族大学教育基金会	非公募	2012	广西	广西	1493
98	援助西藏发展基金会	公募	1987	民政部	西藏	1490
99	上海市人口福利基金会	公募	1992	上海	上海	1489
100	北京市西部阳光农村发展基金会	非公募	2006	北京	北京	1480

7. 2014年中小型基金会公益事业支出Top 100

排名	基金会名称	基金会类型	成立时间	注册地	所在地	公益支出（万元）
1	河南省宋庆龄基金会	公募	1992	河南	河南	235003
2	云南省医疗扶贫基金会	公募	2009	云南	云南	19678
3	宁夏回族自治区燕宝慈善基金会	非公募	2010	宁夏	宁夏	15192
4	厦门仁爱医疗基金会	非公募	2013	福建	福建	12500
5	深圳市李伟波慈善基金会	非公募	2013	广东	广东	7893
6	河南足球事业发展基金会	公募	2008	河南	河南	6404
7	姜堰市教育发展基金会	公募	2012	江苏	江苏	6170
8	汕头市潮阳区公益基金会	公募	2012	广东	广东	5640
9	深圳市佳兆业公益基金会	非公募	2011	广东	广东	4964
10	北京市企业家环保基金会	公募	2008	北京	北京	4761
11	北京医学奖励基金会	非公募	2002	北京	北京	4295
12	榆林市胡星元慈善基金会	非公募	2006	陕西	陕西	4161
13	江苏中南慈善基金会	非公募	2011	江苏	江苏	4145
14	新奥公益慈善基金会	非公募	2005	河北	河北	4051
15	广东省卓如医疗慈善救助基金会	非公募	2011	广东	广东	3995
16	山东省南山老龄事业发展基金会	非公募	2012	山东	山东	3935
17	内蒙古自治区人民教育基金会	公募	1992	内蒙古	内蒙古	3838

续表

排名	基金会名称	基金会类型	成立时间	注册地	所在地	公益支出（万元）
18	中国电影基金会	公募	1989	民政部	北京	3711
19	云南省光彩事业基金会	公募	2013	云南	云南	3444
20	重庆市扶贫基金会	公募	1994	重庆	重庆	3436
21	上海复星公益基金会	非公募	2012	上海	上海	3414
22	汕尾市扶贫基金会	公募	2010	广东	广东	3369
23	慈孝特困老人救助基金会	非公募	2014	民政部	北京	3317
24	兰州理工大学教育发展基金会	非公募	2013	甘肃	甘肃	3252
25	北京国际音乐节艺术基金会	非公募	2005	北京	北京	3133
26	四川省妇女发展基金会	公募	2008	四川	四川	3065
27	北京巧女公益基金会	非公募	2012	北京	北京	3047
28	三江学院教育发展基金会	非公募	2006	江苏	江苏	3014
29	浙江省康恩贝慈善救助基金会	非公募	2007	浙江	浙江	2969
30	中国医学基金会	公募	1987	民政部	北京	2955
31	北京市希思科临床肿瘤学研究基金会	非公募	2005	北京	北京	2840
32	天津桃李源文化基金会	非公募	2010	天津	天津	2829
33	诸暨市人民教育基金会	公募	1998	浙江	浙江	2798
34	河南省残疾人福利基金会	公募	2006	河南	河南	2731
35	甘肃省残疾人福利基金会	公募	2007	甘肃	甘肃	2702
36	浙江省娃哈哈慈善基金会	非公募	2009	浙江	浙江	2685
37	上海联劝公益基金会	公募	2009	上海	上海	2682
38	陶行知教育基金会	非公募	2013	民政部	北京	2649
39	陕西省红十字基金会	公募	2009	陕西	陕西	2641
40	中国文物保护基金会	公募	1990	民政部	北京	2575
41	宁夏青少年发展基金会	公募	1993	宁夏	宁夏	2557
42	江苏理工学院教育发展基金会	非公募	2006	江苏	江苏	2502
43	靖江市教育发展基金会	公募	2013	江苏	江苏	2420
44	淮阴工学院教育发展基金会	非公募	2011	江苏	江苏	2345
45	南京市鼓楼教育基金会	非公募	2013	江苏	江苏	2340
46	北京康盟慈善基金会	非公募	2010	北京	北京	2262
47	贵州省教育发展基金会	公募	2011	贵州	贵州	2239
48	黑龙江省青少年发展基金会	公募	1988	黑龙江	黑龙江	2204
49	青海省青少年发展基金会	公募	1991	青海	青海	2202
50	贵州省大地公益基金会	非公募	2014	贵州	贵州	2188
51	张家港市永联为民基金会	非公募	2010	江苏	江苏	2114

续表

排名	基金会名称	基金会类型	成立时间	注册地	所在地	公益支出（万元）
52	贵州省妇女儿童发展基金会	公募	2012	贵州	贵州	2112
53	大连市青少年发展基金会	公募	2005	辽宁	辽宁	2083
54	甘肃省青少年发展基金会	公募	1992	甘肃	甘肃	2042
55	广州市时代地产公益基金会	非公募	2007	广东	广东	2036
56	北京仁泽公益基金会	非公募	2012	北京	北京	1974
57	北京春晖博爱儿童救助公益基金会	非公募	2012	北京	北京	1970
58	广东省合生珠江教育发展基金会	非公募	2007	广东	广东	1949
59	重庆市青少年发展基金会	公募	2009	重庆	重庆	1880
60	北京春苗儿童救助基金会	非公募	2010	北京	北京	1853
61	广东省潮商公益基金会	非公募	2012	广东	广东	1841
62	杭州市上城区教育发展基金会	公募	2005	浙江	浙江	1824
63	山东省人口关爱基金会	公募	2007	山东	山东	1798
64	吉林省教育基金会	公募	1988	吉林	吉林	1797
65	长沙市明德至善教育基金会	非公募	2008	湖南	湖南	1793
66	福州大学教育发展基金会	非公募	2008	福建	福建	1780
67	广东省侨心慈善基金会	非公募	2007	广东	广东	1771
68	北京银泰公益基金会	非公募	2014	北京	北京	1759
69	广东省妇女儿童基金会	公募	2009	广东	广东	1756
70	广东省华南农业大学教育发展基金会	非公募	2010	广东	广东	1745
71	江苏科技大学教育发展基金会	非公募	2007	江苏	江苏	1744
72	新疆妇女儿童发展基金会	公募	2008	新疆	新疆	1681
73	扬州市教育发展基金会	非公募	2011	江苏	江苏	1675
74	无锡灵山慈善基金会	公募	2004	江苏	江苏	1667
75	浙江省爱心事业基金会	公募	1995	浙江	浙江	1666
76	内蒙古自治区扶贫基金会	公募	1997	内蒙古	内蒙古	1636
77	惠来县教育基金会	公募	1988	广东	广东	1627
78	北京百度公益基金会	非公募	2011	北京	北京	1604
79	天津市红十字基金会	公募	2012	天津	天津	1600
80	重庆市华岩文教基金会	公募	2006	重庆	重庆	1571
81	四川省资中教育基金会	公募	2006	四川	四川	1563
82	河北精英教育基金会	非公募	2013	河北	河北	1560
83	北京故宫文物保护基金会	非公募	2010	北京	北京	1550
84	北京达理公益基金会	非公募	2014	北京	北京	1540
85	北京蔚蓝公益基金会	非公募	2011	北京	北京	1529

续表

排名	基金会名称	基金会类型	成立时间	注册地	所在地	公益支出（万元）
86	中国少数民族文化艺术基金会	公募	1988	民政部	北京	1525
87	九江市教育基金会	公募	2010	江西	江西	1523
88	天津市残疾人福利基金会	公募	1990	天津	天津	1496
89	广西民族大学教育基金会	非公募	2012	广西	广西	1492
90	沈阳市教育基金会	公募	2005	辽宁	辽宁	1489
91	福建省正荣公益基金会	非公募	2013	福建	福建	1479
92	江苏省儿童少年福利基金会	公募	1984	江苏	江苏	1464
93	陕西省青少年发展基金会	公募	2011	陕西	陕西	1463
94	海南省残疾人基金会	公募	2013	海南	海南	1458
95	湖南青年创业就业基金会	公募	2009	湖南	湖南	1455
96	北京市西部阳光农村发展基金会	非公募	2006	北京	北京	1448
97	四川省残疾人福利基金会	公募	1985	四川	四川	1444
98	援助西藏发展基金会	公募	1987	民政部	西藏	1425
99	南京艺术学院教育发展基金会	非公募	2006	江苏	江苏	1422
100	北京妇女儿童发展基金会	公募	1992	北京	北京	1409

8. 2014年中小型基金会项目支出Top 50

排名	项目名称	基金会名称	基金会类型	项目支出（万元）
1	回购海外流失文物皿方罍	湖南省文化艺术基金会	公募	16145
2	资助办学	福建新华都慈善基金会	非公募	12400
3	索坦患者援助项目	中国癌症基金会	公募	11395
4	索坦患者援助项目	中国癌症基金会	公募	8958
5	新体育馆及配套设施项目建设	广东省汕头大学教育基金会	非公募	7657
6	内蒙古盛乐国际生态示范区项目植被修复与保护子项目	老牛基金会	非公募	7318
7	赫赛汀患者援助项目	中国癌症基金会	公募	6119
8	中超联赛河南足球扶持	河南足球事业发展基金会	公募	5683
9	文体综合馆及青年教师公共租赁住房建设一期	南京工程学院教育发展基金会	非公募	5000
10	赫赛汀患者援助项目	中国癌症基金会	公募	4988
11	南京中医药大学丰盛楼建设	南京中医药大学教育发展基金会	非公募	4767
12	新医学院项目建设	广东省汕头大学教育基金会	非公募	4606

续表

排名	项目名称	基金会名称	基金会类型	项目支出（万元）
13	索坦患者援助项目	中国癌症基金会	公募	4551
14	赫赛汀患者援助项目	中国癌症基金会	公募	4487
15	赫赛汀患者援助项目	中国癌症基金会	公募	4245
16	老牛儿童探索博物馆项目	老牛基金会	非公募	4004
17	老牛儿童探索博物馆项目	老牛基金会	非公募	4004
18	索坦患者援助项目	中国癌症基金会	公募	3897
19	赫赛汀患者援助项目	中国癌症基金会	公募	3775
20	北京成龙慈善基金会	中国电影基金会	公募	3485
21	健康快车眼科火车医院	中华健康快车基金会	公募	3050
22	索坦患者援助项目	中国癌症基金会	公募	3010
23	体育运动健身中心	南京审计学院教育发展基金会	非公募	2800
24	生命绿洲项目	中国初级卫生保健基金会	公募	2612
25	春苗专项基金	中国下一代教育基金会	公募	2591
26	资助常州大学西太湖校区建设	常州大学教育发展基金会	非公募	2500
27	支持江苏理工学院建设	江苏理工学院教育发展基金会	非公募	2500
28	慈孝养老事业和代英烈尽孝项目	慈孝特困老人救助基金会	非公募	2488
29	老年病防治博爱行动	浙江省康恩贝慈善救助基金会	非公募	2450
30	佛山市顺德区国良职业培训学校	广东省国强公益基金会	非公募	2400
31	清华大学凯风人文社科图书馆	凯风公益基金会	非公募	2192
32	8.03鲁甸抗震救灾	云南省光彩事业基金会	公募	2150
33	荒漠化防治项目（阿拉善盟沙漠地区）	北京市企业家环保基金会	公募	2148
34	吉安职业技术学院专项用于图文信息中心建设项目	河仁慈善基金会	非公募	2000
35	学校维修改造、设备补助	绍兴县人民教育基金会	公募	1812
36	向江苏大学捐赠——仪器设备购置	江苏大学教育发展基金会	非公募	1800
37	学校引进人才团队建设项目	广东省暨南大学教育发展基金会	非公募	1735
38	医药卫生科技创新—贵州中医药示范基地项目	中国医药卫生事业发展基金会	公募	1700
39	番禺新校区学生宿舍楼T4栋工程建设项目	广东省暨南大学教育发展基金会	非公募	1700
40	“永远的故宫”项目之专项资助故宫学院	北京故宫文物保护基金会	非公募	1500
41	社会各界及校友个人捐赠	广西民族大学教育基金会	非公募	1492
42	盛华职业学院工程2014	威盛信望爱公益基金会	非公募	1476

续表

排名	项目名称	基金会名称	基金会类型	项目支出（万元）
43	北京春晖博爱儿童救助公益基金会	北京达理公益基金会	非公募	1402
44	援建璧山区人民医院	重庆市红十字基金会	公募	1401
45	定向捐款	吉林省教育基金会	公募	1400
46	番禺新校区图书馆建设项目	广东省暨南大学教育发展基金会	非公募	1400
47	柯西幼儿园基建补助	绍兴县人民教育基金会	公募	1300
48	教育基金捐助–北京林业大学	北京巧女公益基金会	非公募	1300
49	中国文学艺术发展专项基金	中国文学艺术基金会	公募	1250
50	内蒙古盛乐国际生态示范区项目沟壑治理子项目	老牛基金会	非公募	1229

9. 2014年中小型基金会全职员工数量Top 50

排名	基金会名称	基金会类型	成立时间	注册地	所在地	全员职工数量
1	中国光华科技基金会	公募	1993	民政部	北京	78
2	中华思源工程扶贫基金会	公募	2007	民政部	北京	68
3	腾讯公益慈善基金会	非公募	2007	民政部	广东	49
4	河南省宋庆龄基金会	公募	1992	河南省	河南	46
5	四川省扶贫基金会	公募	1992	四川省	四川	43
6	浙江大学教育基金会	非公募	2006	民政部	浙江	38
7	老牛基金会	非公募	2004	内蒙古自治区	内蒙古	35
8	爱佑慈善基金会	非公募	2008	民政部	北京	34
9	上海真爱梦想公益基金会	公募	2008	上海市	上海	29
10	北京三一公益基金会	非公募	2013	北京市	北京	28
11	中国人权发展基金会	公募	1994	民政部	北京	28
12	北京新阳光慈善基金会	公募	2009	北京市	北京	26
13	北京文化发展基金会	公募	1996	北京市	北京	25
14	黑龙江省齐齐哈尔医学院教育发展基金会	非公募	2013	黑龙江省	黑龙江	25
15	中国癌症基金会	公募	1984	民政部	北京	24
16	中国健康促进基金会	公募	2006	民政部	北京	24
17	中国文学艺术基金会	公募	1994	民政部	北京	24
18	河北进德公益基金会	非公募	2011	河北省	河北	23
19	北京故宫文物保护基金会	非公募	2010	北京市	北京	22

续表

排名	基金会名称	基金会类型	成立时间	注册地	所在地	全员职工数量
20	北京科学教育发展基金会	公募	2012	北京市	北京	22
21	北京师范大学教育基金会	非公募	2007	北京市	北京	22
22	广东省卓如医疗慈善救助基金会	非公募	2011	广东省	广东	22
23	中华社会救助基金会	公募	2009	民政部	北京	22
24	中华文学基金会	公募	1986	民政部	北京	22
25	浙江省新华爱心教育基金会	公募	2007	浙江省	浙江	21
26	广东省鸿光心脏医疗救助基金会	非公募	2011	广东省	广东	20
27	援助西藏发展基金会	公募	1987	民政部	西藏	20
28	福建大丰文化基金会	非公募	1991	福建省	福建	19
29	福建省黄仲咸教育基金会	非公募	2004	福建省	福建	19
30	丽水学院教育基金会	非公募	2013	浙江省	浙江	19
31	中国下一代教育基金会	公募	2010	民政部	北京	19
32	北京市企业家环保基金会	公募	2008	北京市	北京	18
33	江阴文辉教育发展基金会	非公募	2014	江苏省无锡市江阴市	江苏	18
34	上海华信公益基金会	非公募	2011	上海市	上海	18
35	上海市医药卫生发展基金会	公募	2012	上海市	上海	18
36	中国博士后科学基金会	公募	1990	民政部	北京	18
37	复旦管理学奖励基金会	非公募	2005	上海市	上海	17
38	江西省青少年发展基金会	公募	1991	江西省	江西	17
39	四川大学教育基金会	非公募	2010	民政部	四川	17
40	北京京华公益事业基金会	公募	2010	北京市	北京	16
41	北京市仁爱慈善基金会	非公募	2006	北京市	北京	16
42	贵州师范大学教育发展基金会	非公募	2015	贵州省	贵州	16
43	河南足球事业发展基金会	公募	2008	河南省	河南	16
44	黑龙江省白渔泡贫困精神病人救助基金会	非公募	2014	黑龙江省	黑龙江	16
45	厦门苏颂科技教育基金会	非公募	2013	福建省	福建	16
46	上海宋庆龄基金会	公募	1993	上海市	上海	16
47	中国华文教育基金会	公募	2004	民政部	北京	16
48	中国留学人才发展基金会	公募	2007	民政部	北京	16
49	中国社会福利基金会	公募	2005	民政部	北京	16
50	中华少年儿童慈善救助基金会	公募	2009	民政部	北京	16

致 谢

随着中国基金会行业的蓬勃发展，距离《中国基金会发展独立研究报告》第一次发表已是第六个年头。此前绿皮书的主编均为业界知名学者，如康晓光教授、邓国胜教授等。高质量的基金会绿皮书也为行业研究奠定了坚实的基础。当基金会中心网总裁程刚先生邀请我加入“2016年度基金会绿皮书”的编写工作时，自己刚迈入博士二年级的学习，深感无法企及各位学术前辈们的高度。然而，有机会研究和分析全行业核心数据对于我而言无疑具有超级吸引力。在此特别感谢程刚先生诚挚的邀请，耐心地为我展现了基金会中心网核心数据库的庞大架构，将我引入奇妙的数据世界。同时，也非常感谢我的导师王名教授的悉心指导，并且将他对于中国公益行业总体分析和慈善法制定过程中的感悟在本年度绿皮书中一同分享。

与蓝皮书或者其他报告不一样的是，绿皮书是基于基金会行业数据之上的深度挖掘。虽然自信对数据敏感，但深知这项工作的巨大挑战。两个月中，自学R语言，几千条代码（code），反反复复的和90后小伙伴们一条条扣数据，经常熬战到天明。我们使用了以往绿皮书三倍的篇幅对数据进行挖掘，并且第一次使用了交叉变量进行分析。在数据分析过程中，我们发现了市县级基金会和中小型基金会已经成为中国基金会发展主力军的现象，单列出这两组基金会，进行数据挖掘和分析。除此以外，我们第一次交叉分析了基金会和智库的数据，首次呈现了基金会支持智库发展的现状。这些都是本次绿皮书的诸多小亮点，也是我们进步最大的部分。在此，特别感谢史冬波师兄对于R语言的指导和帮助，也真心感谢朱旭峰老师和贾杨师姐对于智库的洞见。

撰写过程中，基金会中心网的陶泽副总裁、郭长艳部长、刘东启部长与陈黎明为本年度绿皮书的撰写投入了大量的时间和精力，对此表示衷心的感谢。也再一次感谢支持本书出版的浙江敦和基金会。这份报告得益于每个人的支持和帮助，在此表示诚挚的谢意！对于中国基金会的未来和基金会研究，我充满信心，并且想要在这条路一直走下去。感谢所有的朋友和家人，特别是母亲和Rosie，让我更加坚定！

陈敏 Marian

六月 23, 2016